周易答問

郑吉雄 著

图书在版编目(CIP)数据

周易答问 / 郑吉雄著. —上海：上海古籍出版社，2019.12

ISBN 978-7-5325-9436-8

Ⅰ. ①周… Ⅱ. ①郑… Ⅲ. ①《周易》—通俗读物 Ⅳ. ①B221.5-49

中国版本图书馆CIP数据核字(2019)第269082号

周易答问

郑吉雄 著

上海古籍出版社出版发行

（上海瑞金二路272号 邮政编码200020）

（1）网址：www.guji.com.cn

（2）E-mail：guji1@guji.com.cn

（3）易文网网址：www.ewen.co

上海展强印刷有限公司印刷

开本850×1168 1/32 印张12.875 插页5 字数218,000

2019年12月第1版 2019年12月第1次印刷

印数：1—3,100

ISBN 978-7-5325-9436-8

B·1122 定价：68.00元

如有质量问题，请与承印公司联系

电话：021-66366565

自　序

本书题名《周易答问》，旨在回答关于《周易》一书各方面的问题，体例就是现代“问答”（Q&A）的一问一答。全书共有六十四个问题，应六十四卦之数。

在《周易》的传注传统中，用“答问”或“问答”作为书名讲解《周易》的著作并不多。即使有，像全祖望《经史问答》中的“《周易》问目”，不过十几条问答，讲解虽详尽，却未涵括《易》学的各方面。又如朱熹门生所编《朱子语类》中《周易》的部分，由众多门生记录下朱子回答他们扣问《易》理相关的问题，也是很典型的问答体裁著作，但有相当一部分是针对一个问题而记载多位弟子抄录的答案，内容或有重复，不能说很周延。这部《周易答问》，有不少问题是来自朋友和学生的提问，当中也有不少自问自答。我试着将复杂的问题，尽量深入浅出地讲解清楚，因为我的撰著初心，是希望揭开《周易》的神秘面纱，让更多读者分享到这部经典的智慧。尽管立意如此,《周易》的内在理路实在繁复。我能做到的，就是省略琐碎考证的文字（譬如《周易》撰著的历史背景），将学说原理繁难的部分做较为概括的、扼要的说明。如未臻理想，尚祈读者见谅。

《周易》是忧患之书，三千年以来，每在世衰道微的时候，特别受到注目，而有种种研究解释。18世纪以降,《周易》逐渐传播至全球，和更多不同文明发生碰撞，溅起无穷的智慧火花。当前全球自然环境污染严重，物种急速灭绝，气候趋于极端，环境难民流浪，末日时钟（Doomsday clock）在2018年1月又被拨快半分钟，距离午夜只剩两分钟。文明文化的冲突激起人类相互间的新仇旧恨，更容易让人兴起从《周易》中感知“变”与“不变”的动机，同时也表明，用清晰有力的论证去消解世俗对于《周易》一书种种误会的需要，更形迫切。

古往今来,《周易》一直给人的感觉是充满神秘的占筮之书。“神秘”拓宽了经典诠释的空间，和“占筮”结合起来，让相信的人敬畏它，让不相信的人鄙视它。敬畏它的人觉得它不是神秘而是神圣，鄙视它的人认为它没有神秘只有迷信。就这样，世俗分裂为两个阵营，对《周易》产生了南辕北辙的评价。

《礼记·中庸》说："自诚明，谓之性；自明诚，谓之教。"远离迷信，发扬人性内在的光辉，是人文精神的第一步。至于涉及迷信的部分，尽量耐心用科学（但不一定是"实证"）的态度，层层解剖个中内容，才是实事求是的态度。

本书问题大致编排如下：第1～20问讲解《周易》经传文献问题；第21～42问，先谈天文原理，继而阴阳五行、宗教等课题；第43问以下讨论天人、生死、时位、礼教、图象等课题；最后4问以漫谈上下经首尾共八个卦作为收结。综合全书，申论义理较详，但也不废象数、图象、史事、校勘等各方面。这部《答问》和去年问世的《周易阶梯》，写起来各有侧重。除了基本的文献介绍不得不再次胪列讲解外，《阶梯》已经讲述的，《答问》就尽量从略；《阶梯》未发挥的，《答问》则多加详述。这两部书各有限制，各有体裁结构的设计，也各有章节平衡的考虑；有时受限于读者群的设定，部分课题不能连篇累牍，委曲周备。深入的研究，还是要看我编写中尚未出版的《周易源流研究》。总之《答问》、《阶梯》二书体例不同，各有侧重，希望能收相辅相成的效果。

我研究《周易》，有不少论点与当代《易》学界流行的观点大相径庭，包括《易》非占筮记录、易道主刚、经传不能分离、《易》卦取象于人体、经典文字“一字多义”（polysemy）、《易》理与天文历法原理不尽相符等等。这些论点，详见我过去20年发表过的学术论文，在本书中只能点到为止。我研究《周易》，其实从没有故作标新立异之想，只随研究材料把我引领到哪里，就忠实地汇报所闻、所见、所感、所思，自信言必有据，未敢妄言欺世。在漫长的研究经典、历史与思想的路途上，我时觉踽踽独行，聆听着“希声”的“大音”，恍若不系之舟，在生命的江海里浪游。夬卦九三爻辞“君子夬夬独行”，描述的大约就是我的心情。

郑吉雄书于香港大围名城寓庐

2019年5月14日

目　录

乾以易知

文本结构

要认识《周易》的灵魂，先了解它的骨干

历史背景

探求《周易》成书源流——人的轶事，书的故事

提纲挈领

《周易》义理幻化的海市蜃楼，有迹可寻

仰观俯察

雷霆风雨

《易》与自然——天道往复循环，天文历法之变

阴阳五行

阴阳相摩，五行顺布——《周易》哲理的鼓荡

形神关系

天与人、形与神——《易》理秘义的显隐变化

儒道交融

入世与出世——《周易》与儒、道思想的交融

弥纶天地

天人、生死、时位

探知《周易》的死生之说、幽明之故、时位感通

礼教象教

礼教与象教——经天纬地，究极天人分际

事有终始

别卦选讲

经分上下，原始反终——卦义讲解示例

附　录

乾 以 易 知

文本结构

要认识《周易》的灵魂

先了解它的骨干

1.《周易》的名称和基本构成为何?

《周易》，古代或称《易》，英文音译为*Zhouyi*（或作*Zhou Yi*）。又称《易经》，减省了“周”字，英译为*I Ching*，或*Yijing*（或作*Yi Jing*）。至于英文意译，则通常为*The Book of Changes*或*The Classic of Changes*，意思就是“变化之书”。至于英译应该用单数“Change”抑或复数“Changes”的问题，一般若将“易”作为一个抽象概念则可用单数，若将它指涉遍及人事物的变化现象则用复数。

《周易》和《易经》两个名称，无论如何并不相同。人们自然会问，究竟哪一个才是标准的呢?

首先让我解释一下《周易》的名义。有两种说法：第一种将“周”字理解为“周朝”的意思，“周易”就是周朝的题为《易》的经典。周朝年代一般认为是公元前1046年（近年考古年代学一般接受的周武王灭殷商之年）至公元前256年（东周赧王卒）。周朝以前是殷商，另有类似《周易》但内容不同、题为《归藏》的经典。再往上推，被殷商消灭的夏朝，相传也有一部性质相同的经典，题为《连山》。当然也有人怀疑，《归藏》和《连山》都没有特别将朝代名称镶嵌到书名，说《周易》的“周”字是周朝的意思，没有什么道理。附“周”字甲骨文：

（《合集》33200）

另一种说法，则将“周”读为“周匝”、“周遍”，《周易·系辞传》：“知周乎万物，而道济天下，故不过。”就是用这个“周遍”的意思。就像圆周，没有起点，也没有终点，事理就无止境地循环。当然，这也就可以说，每一处都是起点，也是终点。这种解释的理据是：《周易》处处表达周而复始的思想。六十四卦以乾卦䷀为首卦，第六十四卦是未济卦䷿。“未济”就是没有结束之意，那就代表了周而复始。

又六十四卦之中，两卦为一组（binary couple），表达事理的两面性。前一卦由最下方的初爻开始，逐步向上发展至上爻（读卦爻，必须由下至上。《说卦传》说：“数往者顺，知来者逆。是故《易》，逆数也。”）；然后转入后一卦的初爻，再逐步向上发展。如此也是周而复始。

上述两种对书名“周”字的解释，第一种符合历史事实，《周易》的确是周民族灭殷商前后撰写的经典。《连山》、《归藏》没有镶嵌朝代名称，并不代表《周易》不可以取朝代作为书名。所以《周易》的“周”字是朝代名称，并不需要什么道理。根据史书记载，《周易》初撰，与周文王有关，至迟西周中叶应已写定。所以说它和周朝有关故用“周”字，是有根据的。但另一方面，《周易》的阴阳哲学精神原本就是循环、周匝、周而复始，所以后一种说法也有它的道理。

《周易》在最早的文献记载中，只称为《易》，就像《诗经》称为《诗》、《尚书》称为《书》一样。《易》字后面加一个“经”字，成为《易经》，代表的是经典化（canonization）过程的完成，是战国中晚期以后的事。所以它应该不会出现得太早。但是，这也不表示《周易》一名一定比《易经》早。说到底，今天已经很难确定哪一个才是它原本立名的意思。

《周易》的灵魂是“阴、阳”两个抽象观念。它的躯干、结构，则包含七个元素：爻或爻题（line / line title）、爻辞（line judgment）、卦（trigram / hexagram）、卦体（linear figure）、卦名（name）、卦辞（hexagram judgment）、卦序（sequence）。以下举咸卦为例，详细标示各个元素。

卦 / 卦名	卦辞	爻题	爻	爻　　辞
咸 ䷞	咸，亨，利贞。取女，吉。	上六	- -	上六：咸其辅、颊、舌。
		九五	—	九五：咸其脢，无悔。
		九四	—	九四：贞吉，悔亡。憧憧往来，朋从尔思。
		九三	—	九三：咸其股，执其随，往吝。
		六二	- -	六二：咸其腓，凶。居吉。
		初六	- -	初六：咸其拇。

至于“卦序”，则是指六十四卦的次序。《周易》分为两部分，称上经（upper volume）、下经（lower volume）。“上经”三十卦，以“乾、坤”二卦起始，以“坎、离”（坎卦原称“习坎”）二卦告终；“下经”三十四卦，以“咸、恒”二卦起始，以“既济、未济”二卦告终。

七个元素和“阴、阳”结合起来，形成了“经”的主体。

战国时期，上距卦爻辞的撰著总有六七百年了，陆续出现了解释《周易》经文的著作，后人称为《易传》，流传至今的所谓“今本”（received texts）共有七种。

1973 年湖南长沙马王堆汉墓有出土文献（excavated texts）帛书（silk manuscript）《周易》，连带有几种《易传》，和流传下来的今本七种《易传》比较，在内容和编辑上有很多不同。

也有些《周易》研究者用《易经》这个的名称专指“经”的部分，和“传”的著作《易传》的名称对立起来，以作区别。但也有人习惯将“经”、“传”合起来一起称为《易经》。

历史上，也有侧重讲“伏羲《易》”的人就称呼这部书作《易经》，特意不去强调标示朝代的“周”字；侧重讲“文王《易》”的人就称呼它作《周易》，强调它就是周朝的经典（详参后文“先天”、“后天”的介绍）。这样的区分未必完全合理，因为“周”字有“周朝”和“周匝”两个解释。再说，古代人运用名称，有时并不会每次都煞有介事地认真讲究，两个名称混着用的情形也很多。无论如何，这个区分也在一定程度上说明了这部经典在英语世界有 *Zhouyi*（或 *Zhou Yi*）和 *Yijing*（或 *Yi Jing*）两个译名的背景。

2. 什么是卦辞、爻题和爻辞？

卦爻辞是《周易》“经”的主要内容，是对于“卦”和“爻”的说明文字，同时解说卦与爻的意义，宣示卦与爻的训诲。

从占筮角度看，卦爻辞是揲蓍成卦之后获得的占断，所以有人说它就像庙里求签的签诗。

从内容本质看，卦爻辞具有高度系统性，内容讲述的大多是政治、伦常、人生的哲理，《周易》也因此成为一个朝代的神圣经典。

先讲“卦辞”。六十四卦，每一卦紧接着“卦名”之后，有“卦辞”，传统学者或称之为“彖辞”，或简称“彖”。读者小心不要和解释“卦辞”的《彖传》混淆了。“卦辞”以占筮的形成撰写，阐述伦理的、道德的意思。有时则只论吉凶，有时也引申卦的义理。最短的卦辞只有两个字（如大有卦卦辞“元亨”），卦辞字数超过20字的共七个卦，分别是井䷯、小过䷽24

字，蒙䷃23字、复䷗22字、损䷨、萃䷬均21字，坤卦䷁因采用申论的写法，卦辞最长，多至30字，和其他卦有显著的不同。

其次讲“爻题”。六十四卦，每卦六爻，每爻有“爻题”，就是“爻”的“标题”，例如上九、六二之类，说明它的阴阳性质和位置上下。它的读法是由下至上，初爻（最下一爻）和上爻（最高一爻）的首字，用“初”和“上”标示爻的位置，次字用“六”和“九”标示爻属阴或属阳——“六”代表“阴”，“九”代表“阳”。中间四爻，次序反转，首字用“六、九”标示“阴、阳”，次字标示“爻位”（二、三、四、五）。

再次是“爻辞”。《周易》六十四卦，每卦六爻，合共三百八十四爻。每一爻紧接着“爻题”之下，有“爻辞”，文字内容有长有短，有的只论吉凶，如恒卦䷟九二爻辞“悔亡”；有的阐释爻义，如否卦䷋六三爻辞“包羞”。长者如睽卦䷥上九爻辞“睽孤：见豕负涂，载鬼一车；先张之弧，后说之弧；匪寇，婚媾。往，遇雨则吉”，引申一则故事（先是眼前出现了背上沾满污泥的野猪，接着又遇到一辆车子载着一群来自鬼方的异族人；先是张开弓箭防备，弄明白后拿出酒壶让彼此愉悦，因为他们不是歹徒，而是去迎娶），说明“睽孤”二字的意思，“往，遇雨则吉”则是占断的文字。有时一段爻辞分别讲述三件事，如明夷卦䷣初九爻辞“明夷于飞，垂其翼。君子于行，三日不食。有攸往，主人有言”，利用三件事来引喻同一个意思，申论一“爻”的教诲。这说明了爻辞有很多是象征语言，近似于今天我们说的“寓言”，并不是真实的生活记录或历史事实，目的是申明一爻的意旨。

3. 八卦和六十四卦原理结构为何?

“阴”、“阳”是抽象观念，也是《周易》原理的内核。“爻”是呈现“阴、阳”两个抽象观念的载体，是表现“阴、阳”观念的基本单位。它的形式呈现，最小的单位就是“爻”，然后才有“卦”。“爻”是《易》最小的单位，就是一条连续的横线“—”表述“阳”，英文称为“solid line”，或者一条中断的横线“--”表述“阴”，英文称为“broken line”。用三条线而形成三爻的卦，共八个，称为八“经卦”或“单卦”（trigram）。

“爻”是抽象思维的产物。传说最早画八卦的是伏羲，创造文字的也是伏羲。汉代许慎《说文解字》将造字的方法区分为六种：象形、指事、会意、形声、假借、转注。其中出现最早的可能是象形和指事。象形是描绘出事物的形状，例如“日”的甲骨文是“”，“月”的甲骨文是“”，而指事则是“一”、“二”之类。参考《系辞传》所说“上古结绳而治，后世圣人

易之以书契”，在绳子上打一个结代表“一”，两个结代表“二”，作为最早的“指事”文字，是“具象”之中有“抽象”，抽象之中有具象。至于阳爻“⚊”和阴爻“⚋”，则是更高阶的抽象思维，它已不是一、二、三、四等明显量化的符号，当施用在《易》的阴阳互变的世界时，这两种“爻”可以引申表述一切属于“阳”和“阴”的事物。这就是抽象。而我们知道，早在公元前三四千年甚至可能更早的出土文物中，已经有原始卦、爻的痕迹，即使相传夏朝约在公元前二千年已有所谓“三《易》”之一的《连山》，也显示“爻”作为一种文字或符号，早就被上古人类所发明并纯熟地运用。笔者特别突出“爻”作为抽象思维的用意，在于提醒那些将《周易》鄙视为民俗迷信的人们，不要低估古代人的智慧。文化文明的形成固然有先后、迟早之分，但几千年前人类可能已有的智慧是不可忽略的。我们今天看《易》的演变，由最早的“爻”而成“卦”开始，那种抽象思维的飞跃，真是不能小觑的。

八　卦

乾	坤	坎	离	震	艮	巽	兑
☰	☷	☵	☲	☳	☶	☴	☱

六爻的卦，共六十四个，每个由两“经卦”重叠而成，称为“别卦”或“重卦”（hexagram）。居下的三爻称为“下体”或“内卦”，居上的三爻称为“上体”或“外卦”。

六十四卦组成了“经”的主体。每个卦都有一个名称，是《周易》作者在继承殷商王朝的《归藏》的一部分卦名的基础上（详参本书《归藏》的介绍），加入自己的创作，将卦名、卦辞、爻题、爻辞等七个元素相合一起而成。

六十四卦有一套排列次序。上经共三十卦，以乾、坤二卦为第一、二卦开始，以习坎、离二卦为第廿九、三十卦结束。下经三十四卦，以咸、恒二卦为第卅一、卅二卦开始，以既济、未济二卦为第六十三、六十四卦结束（详参本书上经、下经的介绍）。过去有学者怀疑这个卦序很晚才定下来，但据种种迹象推断，这个30/34分为上下经的卦序，应该是最初撰著时，就已定下来了。

六十四卦及其次序

（由上至下、由左至右，并附汉语拼音）

䷀ 乾 Qian	䷁ 坤 Kun	䷂ 屯 Zhun	䷃ 蒙 Meng	䷄ 需 Xu	䷅ 讼 Song	䷆ 师 Shi	䷇ 比 Bi
䷈ 小畜 Xiao xu	䷉ 履 Lv	䷊ 泰 Tai	䷋ 否 Pi	䷌ 同人 Tong ren	䷍ 大有 Da you	䷎ 谦 Qian	䷏ 豫 Yu
䷐ 随 Sui	䷑ 蛊 Gu	䷒ 临 Lin	䷓ 观 Guan	䷔ 噬嗑 Shi he	䷕ 贲 Bi	䷖ 剥 Bo	䷗ 复 Fu
䷘ 无妄 Wu wang	䷙ 大畜 Da chu	䷚ 颐 Yi	䷛ 大过 Da guo	䷜ 习坎 Xi kan	䷝ 离 Li		
䷞ 咸 Xian	䷟ 恒 Heng	䷠ 遯 Dun	䷡ 大壮 Da zhuang	䷢ 晋 Jin	䷣ 明夷 Ming yi	䷤ 家人 Jia ren	䷥ 睽 Kui
䷦ 蹇 Jian	䷧ 解 Jie	䷨ 损 Sun	䷩ 益 Yi	䷪ 夬 Jue	䷫ 姤 Gou	䷬ 萃 Cui	䷭ 升 Sheng
䷮ 困 Kun	䷯ 井 Jing	䷰ 革 Ge	䷱ 鼎 Ding	䷲ 震 Zhen	䷳ 艮 Gen	䷴ 渐 Jian	䷵ 归妹 Guimei
䷶ 丰 Feng	䷷ 旅 Lv	䷸ 巽 Xun	䷹ 兑 Dui	䷺ 涣 Huan	䷻ 节 Jie	䷼ 中孚 Zhong fu	䷽ 小过 Xiao guo
䷾ 既济 Ji ji	䷿ 未济 Wei ji						

4. 六十四卦名称和读音有什么讲究?

古往今来，通过抄写和印刷产生了不同的版本，有些卦名写成文字，有不同的写法。例如乾卦☰，在马王堆帛书《周易》中写成“键”；井卦䷯，在上海博物馆藏战国楚竹书《周易》中写成“汬”。

读音方面，有的只有一个读音，例如“乾”注音为Qian。不过若干简体字印刷的版本没有注意，将此字印为“干”，有人就误读为Gan。这种情形，和*I Ching*是Wade-Giles注音，但不懂得的人就误读为Eye Ching而不是*Yijing*，是一样的。读者必须注意，避免犯错。

有些卦名的字，有两个或以上的读音，例如贲卦䷕的“贲”字，作“文采”意义读如“比”(Bi)，作“刚勇”意义读如“奔”(Ben)。但此卦六爻皆用“文采”的意义，故不读“虎贲”之“贲”。又如屯卦䷂的“屯”字，作“囤积”意义读“囤”(Tun)，作“困难”意义读“谆”(Zhun)。因为此卦六爻皆用“困难”的意义，故不读“囤积”的“囤”。唯有九五爻辞“屯其膏”例外，虽然兼有“囤积财富”与“因财富囤积而受困”两义，但仍以前者为主，因此“屯其膏”的“屯”字应该读“囤”（Tun）。

又如夬卦䷪，有人读“怪”（Guai），也有人读“决”（Jue）。因为夬卦六爻皆发挥“刚决”的意旨，因此读为“决”（Jue）比较合适。

大畜卦䷙的情形有点特殊。此卦与小畜䷈虽不属于同一组，但名称和意义上有关联。小畜卦主旨为畜积德行，故读为“蓄积”之“蓄”（Xu），那么大畜卦应该也采相同读音。然而，此卦各爻提到“豮豕之牙”、“童牛之牿”、“良马逐”，都以大型牲畜为喻象，所以卦名应该读“牲畜”之“畜”（Chu），较为符合。当然，读Xu也不能说错。

习坎卦䷜的问题不在读音，而是古今习惯将此卦卦名简称为“坎”。我们试向上追溯，《彖传》说：“习坎，重险也。”《象传》说：“水洊至，习坎。君子以常德行，习教事。”可见两《传》作者所读到的卦名就是“习坎”而不是“坎”。由此肯定“坎”是后人的简称。当然，读者明白了这个事实，即使随顺一般习惯，称此卦为“坎”，也是可以接受的，因为不会混淆。

5. 为什么《周易》以30卦/34卦分为上、下？

上文讲到《周易》经文分为“上、下”两部分，称为“上经、下经”。上经三十卦，下经三十四卦，汉代《易》学家所见到的《周易》已是这样。

读者直觉会认为，六十四卦分为上、下，不是应该32/32吗？30/34的区分有什么理由呢？

历来有不同的解释。汉代《易》学家一般的理解是，《周易》上经说“天道”，下经说“人事”。到了晋朝，韩康伯为《易传》作注，认为《易》“错综天人”，意思是天道之中有人事，人事之中也有天道，在《周易》书中纠缠在一起，很难用“天道、人事”去划分。

韩康伯讲的很有道理。《周易》以自然律则为基础，讲自然哲学，再推衍到政治、伦常、人生等人事。所以一端是“天道”，另一端是“人事”，像天秤的两端，相互平衡。因此读《周易》的人会注意到，《周易》重视“天道”但又不是单讲客观的自然，卦爻辞充满对人生、人心、人文等属于“人事”的启示，但又处处强调自然律则。天道与人事一定是互相渗透、牵制的，难以分开。

标准答案如下：

> 六十四卦的序列，和卦体六爻的形式结构有关系。六十四卦，每两卦为一组，形式上有两类：
>
> 甲类是一组卦体阴阳相反，称之为“变”。所谓“阴阳相反”，就是一组两个卦相互之间阳爻变为阴爻、阴爻变为阳爻，所以这两个卦是两个不同的形式结构。属于这一类的卦共有四组，八个卦，代表八个不同的形式结构。
>
> 乙类是一组卦体上下颠倒，称之为“覆”。所谓“上下颠倒”，就是每一组虽然也有两个卦，但只是一种形式的上下颠倒而已。所以一组两个卦，用的是同一个形式结构。属于这一类的卦共有二十八组、五十六个卦，代表二十八种不同的形式结构。

以上两类，《易》学术语称为“非覆即变”。

“上经”三十卦中，符合甲类“变”的形式的共三组，六个卦，共有六种形式结构（乾䷀、坤䷁、颐䷚、大过䷛、习坎䷜、离䷝）。另外符合乙类“覆”的形式的共十二组，二十四个卦，共十二种形式结构。“变”与“覆”相加，合计十八种形式结构。

“下经”三十四卦中，符合甲类“变”的形式只有一组，两个卦，共有两种形式结构（中孚䷼、小过䷽）。另外符合乙类“覆”的形式的共十六组，三十二个卦，共有十六种形式结构。“变”与“覆”相加，合计十八种形式结构。

从形式结构的分布来看，上经和下经完全平衡。图1最左方“此八卦皆覆之但为本卦”，就是我所说四组共八个属于“变”的卦：乾与坤、颐与大过、习坎与离、中孚与小过，都是相互为“变”，各有卦体：

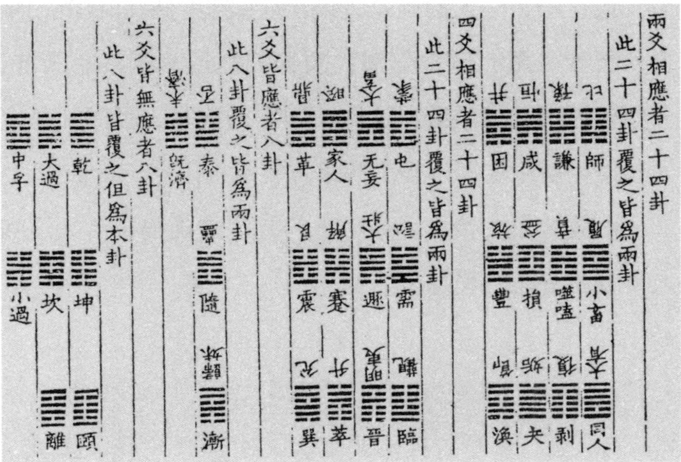

图1

我们要注意，有一些组别，例如泰卦䷊与否卦䷋、既济卦䷾与未济卦䷿，虽然看起来亦可以用“变”的原理解释（阴爻阳爻互变），但实质上它们在原理上是上下颠倒形成的，所以仍然归属于乙类的“覆”卦。

当然，因为作者早已作古，没有人知道最初的考虑是否如上述的解释。但除此以外，也没有其他更合理的解释了。

讲“卦序”，当然不能只计算形式结构的分布，因此历来也有不同学者的解释，何以上经以乾、坤二卦为开始，以习坎、离二卦为终结；下经以咸、恒二卦为开始，以既济、未济二卦为终结。最合理的解释是：乾、坤，分别代表天与地；习坎、离，分别代表水和火。天、地、水、火，的确是人类产生文明的最重要的四项自然要素。咸、恒，分别代表夫妇之道；既济、未济，分别代表事功的成败，这四项因素的确是人世间让每个人获得生活稳定和幸福的四条重要支柱。

由此看来，传本《周易》的卦序的确很符合天道和人事融为一体的理念。

6.《易传》有哪七种?

在中国经学传统，解释“经”的著作都称为“传”。《易传》就是解释《周易》经文的著作。

历代相传的《易传》共有七种，其中三种各分为上、下，总计十个单元，故称之为“十翼”：

《彖传》上、下

《象传》上、下

《系辞传》(汉人或称为《易大传》)上、下

《文言传》

《说卦传》

《序卦传》

《杂卦传》

前三种之中,《彖传》和《象传》跟随经文分上、下而分为上、下,《系辞传》则原本分上、下，以上总计六

个单元。再加上后四种，共十个单元。故学者又称这七种著作为《十翼》。英文通译为*Ten Wings*。

“十翼”的名义，最早见于《易纬·乾凿度》。“翼”字采取鸟翼之意，有“羽翼经典”的意思，让“经”的意义起飞，英文*Ten Wings*符合了原意。

《十翼》之外，还有湖南长沙马王堆出土帛书《周易》的几种《易传》:《二三子问》、《易之义》(或题为《衷》)、《要》、《缪和》、《昭力》，是历史上从未出现过的，还有一个没有区分为上下两篇的新版本《系辞传》。值得注意的是，这个帛书本《系辞传》部分内容与今本相同，但今本《系辞传》的章节，也有一部分见于《要》、《易之义》。今本《说卦传》前三章主要内容亦大略见于《易之义》，有部分内容亦不同。这几篇新的“传”，语调和今本的《十翼》不同，也不见于其他的传承。目前推测是早期流传于两湖地区的特殊著作。

图2为马王堆帛書《周易》的一角：

这些解释经文的“传”，在汉代以前原本都是单独刊行。大约在东汉以后出现了新的版本，将《彖传》、《象传》、《文言传》的内容拆散分置入各卦之下。所以流传两千年一直到今天，图书馆里收藏的以及书店里贩售的《周易》,《彖》、《象》、《文言》等内容都分散在六十四卦之下。

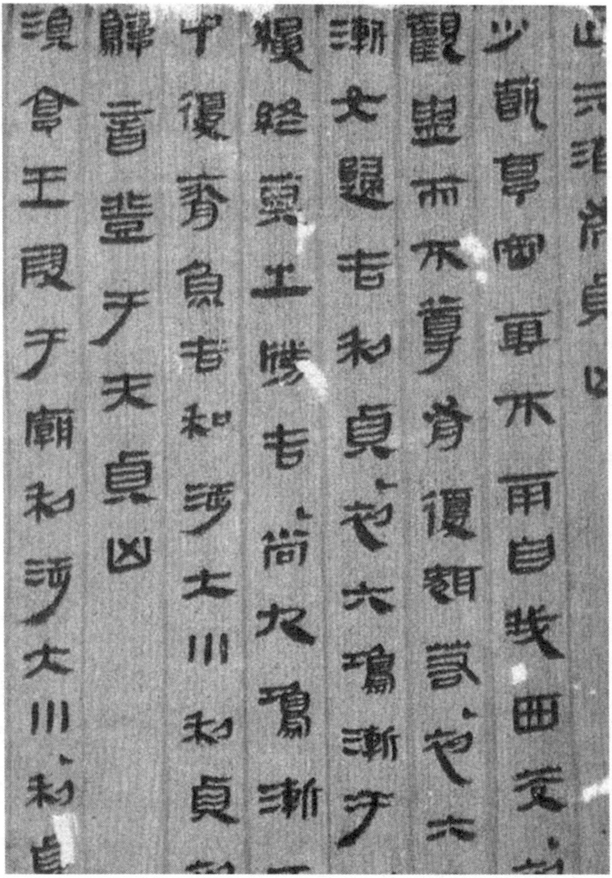

图2　马王堆帛书《周易》局部
引自《马王堆汉墓文物》，湖南出版社，1992年

《周易》和其他四部儒家经典（《诗经》、《尚书》、《春秋》、《礼记》）一样，成书时代比较早，文辞古奥。作者基于什么考虑，怀抱什么动机去撰写“经”的内容，已不可得知。不过中国古代文化文明有一项优良的传统，就是从事经典文献工作的人，一直高度重视原本的版本内容的保存，以及语言文字的训解。所以中国经典文献的研究中，版本学和校勘学、校雠学起源都很早，士大夫作为知识的保管人，都希望珍重经典中的每一个字，不但忠实地保存它们的结构原貌，也记录它们原来的意义。我们看《彖传》对《周易》六十四卦卦辞的解释，都是逐字解释，贴近着每一个字的意义去说明卦辞的意义。

读《周易》卦爻辞，一定要读《易传》，尤其是《彖传》、《象传》、《文言传》、《序卦传》和《说卦传》（《系辞传》内容较为庞大而复杂，但参考价值亦很高）。它们的作者也是卦爻辞最早的读者，和卦爻辞年代距离最近的专家，所以《易传》肯定是世上所有解释《周易》著作中的最具权威之作。

传统主流意见深信《易传》是孔子所撰。北宋欧阳修发表《易童子问》大胆推论《易传》不是孔子所撰，但受到传统礼教“尊孔”思想的影响，仍不能成为主流意见，大部分儒家学者都认为《易传》是孔子的作品。

20世纪初，疑古思潮大行，学者因为厌弃传统文化，一反19世纪以前经传合一的意见，坚持将《易传》和卦爻辞一刀两断。平心而论，《易传》肯定是解释卦爻辞的作品，所发挥思想的主体都从卦爻辞引申而来。但它的作者深受儒家思想影响，常常寄托“子曰”就是明显的证据。同时，作者也兼采战国时期流行的思想，所以也混杂了其他学派的观念。

我和傅凯瑄博士联名发表过一篇很长的文章《〈易传〉作者问题检讨》，讨论历代关于《易传》作者的争论，上篇刊于《船山学刊》第3期，第62—76页；下篇刊于第5期，第76—87页。读者可参考。

7. 七种《易传》的结构内容是什么?

以下扼要介绍七种《易传》的结构特色。

《彖传》

“彖”字《说文》解释为“豕走”，象形字。但《彖传》的“彖”不是用本义，而是决断之意。

《彖传》就是阐释卦辞决断内容的解经著作。作者给六十四卦每一卦写了一段或长或短的解释文字，合起来成为《彖传》。它的解经形式，通常先解释卦名、卦体、卦辞。解释也有几种形式，通常先解释“卦名”，再通过分析内、外卦（或称“上、下体”）来说明“卦体”（卦画），接着进一步说明“卦辞”的内容。此外，传统学者常将“卦辞”称为“彖辞”，因为“彖”有决断的意思。读者幸勿将《彖辞》和《彖传》混淆了。

附“彖”字金文：

《象传》

“象”字甲骨文原为大象的象形。但《象传》的“象”则是用为“形象”、“喻象”，是象征、喻象的意思，解释卦辞的“象”，传统称为《大象传》；解释爻辞的“象”，传统称为《小象传》。《大象传》用一句或两三句话，综合性地说明或者引申该卦包括卦名、卦辞等喻象及其意义。《小象传》紧贴着爻辞，逐句解释它的喻象，并常用押韵的形式撰写。它原则上仍依照上下二体的关系来开展。但有时讲爻位，有时申论爻和爻的关系；有时引申爻义，有时比附君子小人，没有一定的写法。由于《周易》卦和爻之间的关系，有时松散，有时紧凑，导致《大象传》和《小象传》看起来有差异，常被认为是不同作者所撰。笔者则推断它们是出自同一人的手笔。

附“象”字甲骨文：

（《合集》10222）

《文言传》

“文”就是“彣”，文采、装饰的意思。“文言”，就是用美丽的辞藻申论乾、坤二卦义理的光彩。它只解释乾、坤，其余六十二卦不适用，所以它的内容就被直接分置于两卦之下。它的内容主要就是发挥二卦的义理，尤其引申其中的政治伦理意涵，说明乾坤刚柔的法则是如何在自然界与人文界之中示现的。

附“文”字甲骨文：

（《合集》36534）

《系辞传》

“系”是联系、系缚的意思，将发挥《易》义的言辞，和经文一一联系上。它的内容较为庞杂，我在《周易阶梯》第四章将之分为十类，一一介绍。欧阳修《易童子问》曾点名批评了《系辞传》“繁衍丛脞”，观点和论点杂乱无章。湖南长沙出土马王堆帛书《易传》也有一篇《系辞传》，内容与今本《系辞》就颇不相同。此外，汉代司马谈、刘向、班固等人在提及相关内容时，常称之为《易大传》。但仔细推究，《系辞传》与《易大传》毕竟是两回事。近代大部分欧美汉学家就直接将《系辞传》译作*The Great Commentary*，严格来说这并不正确，因为汉人所引述的《易大传》内容和传本（received version）《系辞传》有出入，表示这两者不能被视为同一个作品。我的推测，《系辞传》性质上可能原就是一个尚未稳定的文本，同时有好几个不同的本子流传，有些人命名为《易大传》，有些人命名为《系辞传》。到了《周易》经传被官方承认之后，名称才确定下来。《系辞传》综合介绍了《易》的来源，阐述了义理，说明了象数，又以“子曰”为名，记录了二十四条解释“卦、爻”或卦爻辞义理的文字。

《说卦传》

“说”是解说的意思，《说卦传》主要解说八经卦的喻象。它和《系辞传》有些相似，内容讨论了不止一个主题。它首先介绍圣人作《易》的种种考虑“立天之道，曰阴与阳；立地之道，曰柔与刚；立人之道，曰仁与义”，确立了《周易》从天道讲人文，以人文看天道的大方向。接着是非常重要的“天地定位，山泽通气，雷风相薄，水火不相射”一段，和后面“帝出乎震”一章，都是讲卦位——卦的方位的。再接着引申《周易》的“象”，将八经卦各自衍伸至象征的事物，分为自然与人文，每卦多至十几项。有些《易》学家觉得它偏重“象数派”的理论，不予重视。这种观点并不公允。《说卦传》的说解对于解读卦爻辞的参考价值其实很高。譬如“兑”☱有“口舌”之象，六十四卦中有好多征验。它所讲述的“父母六子卦”卦象理论，是解释若干卦爻辞的钥匙，例如咸䷞、恒䷟二卦，若不用“父母六子卦”理论解释，就很难解得通。它所讲述的“卦位”也具有重要的参考价值，有助于了解古代文明的起源和发展。

《序卦传》

“序卦”就是排列六十四卦次序的意思，“序”字是动词。这篇“传”大约著成于战国晚期，和《诗序》、《书序》属同一类产物。从所列上下篇的六十四卦次序看，上篇三十卦，下篇三十四卦，与今本经文区分上下是一致的。作者顺着今本卦序，讲出一番道理，表示这个卦序就是最原始的卦序，反映了《周易》最原初的义理。它开宗明义说“有天地，然后万物生焉。盈天地之间者唯万物”，提出了存有论（注意：不是“唯物论”）的宇宙解说，认为“理”是后验的，而不是先验的，和中国哲学“气论”一系的思想相符。“盈天地间……”后来也成为中国传统思想家喜欢套用的命题方式。《序卦传》不只是排列出传本六十四卦的次序，还依次借由引申卦名和卦象的意义，就各卦如何承先启后，讲出一番道理，设法就六十四卦提出一整套系统性的解释。

《杂卦传》

“杂卦”就是杂取六十四卦各卦。这篇作品通过“变”与“覆”两种相互映照的对偶形式，依照次序和押韵的规律，针对每一卦提出短则一字、长则三至四句乃至十余字的解说，引申其意义。历代《易》家每注意到《杂卦传》有“错简”的问题——古书著于竹简，用“韦”将简一条条编缀在一起，有时韦断了，简散落了，重新编排时就会发生错误。这就是所谓“错简”——于是集中讨论它句子段落的排列先后。其实这篇作品十分优美，不但具有押韵的声音之美，而且把卦组合起来，用一个或几个字，简洁地注入感情与人文艺术的风采，用文字点染各卦的精神，实在是一篇具有艺术性的美文。

8. 可以用《易传》来解释《周易》经文吗?

答案当然是“可以”。

今天绝大部分读者对《周易》经传的了解，都被一个世纪以前疑古派学者建立的典范所误导:《周易》经文是占筮记录，没有思想和哲理；战国时期陆续写成的《易传》则是哲学书，和《周易》卦爻辞没有关系。因此，绝不可以用卦爻辞来理解《易传》，也不可反过来用《易传》解释《周易》经文。这个典范成为一个世纪以来研究《周易》的大框架，大部分人都走不出来。

这一套论述的真正目的，在于瓦解《周易》的解释系统，彻底摧毁这部经典（包括经和传）的核心价值。它是20世纪初中国知识分子反传统，厌弃中国文化，一心一意打倒中国传统文化的运动的一个环节。

我们不要忘了,《易传》作者是人类历史上最接近《周易》原创时代的读者，也是最早阅读并解释《周易》经文的人，我们有理由相信，他们的解释即使未必全部正确，但必然有相当的可信度。至于那些全盘否定《易传》解经合法性、却和《周易》经传相隔两千多年的20世纪初的学者们，我们固然不排除他们有言之成理的时候，但也未必全都可靠。今天一定要我们相信20世纪初的学者，而不去相信《易传》的作者，道理何在？

如果我们仔细阅读《易传》，必然会慢慢发现它们（尤其是《彖传》、《象传》）的作者，原来是非常负责任地在逐字逐句地解释卦、爻和卦爻辞的内容，然后我们就会明白，《周易》经文原来是艺术创作，蕴含了优美的哲理意涵。这样一来，将《周易》卦爻辞推论为纯粹占筮记录的论点就再也站不住脚了。由此可以想见，站在占筮派持论者的立场，用《易传》来解释《周易》经文必须是一种禁忌。

《周易》"经、传"的关系就像父母和子女。它们属于不同年代，有各自的背景，也有各自独立的生命。误以为父母和子女拥有一模一样的人生观和价值观，固然大错特错；但全盘否认父母和子女的血缘关系，将他们之间包括"基因"在内的一切关联一刀两断，也站不住脚！所以，我们的确需要适度地维持警觉，注意"经、传"之间可能存在差异，不要将"经、传"看成毫无分别，同时，我们也要注意"经、传"之间内在基因的传承关系。

受限于物质条件，经文（卦爻辞）的内容较《易传》简朴得多，文辞的模糊性也更强。因为模糊，所以诠释的空间更宽阔。《易传》就在这个基础上，将经文的内容做不同维度的诠释，把经文没有铺陈的意思说得更显豁明朗了。以下举两个例子说明。

第一个例子是《彖传》对坤卦䷁卦辞的解释。坤卦卦辞是警告殷商遗民应遵照新政府指示，迁往洛邑接受监管，而阐发“君子”（殷商遗民）检视自己的处境后，应懂得聪明地、柔顺地顺从周王朝的安排，到新的土地居住，学会和新统治民族相处。坤卦《彖传》说“至哉坤元”，和乾卦《彖传》“大哉乾元”呼应；“万物资生，乃顺承天，坤厚载物，德合无疆，含弘光大，品物咸亨”六句，在坤卦卦辞中并没有对应的内容，但第一句说明了“土地”养育万物的精神，接着五句除了歌颂“坤”作为“地”承载万物的伟大外，也确定了坤卦注定对乾卦的顺从。“牝马地类，行地无疆，柔顺利贞，君子攸行”解释卦辞“君子有攸往”一句；“先迷失道，后顺得常”解释“先迷后得主”一句，关键仍在“顺”、“常”两字，因为姿态柔顺、态度顺从而得到安贞；“西南得朋，乃与类行；东北丧朋，乃终有庆”，解释“利西南得朋，东北丧朋”两句，“类”就是同类，暗示“得朋”、“丧朋”的“朋”；“安贞之吉，应地无疆”，解释最后“安贞，吉”三字。以上说明《彖传》对于卦辞的解释，可谓将卦辞内容逐字逐句发挥新的意义，但又不脱离原本文字的意义。由此可见，《彖传》对《周易》的解释可谓匠心独运。

第二个例子是《象传》对遯卦䷠爻辞的解释。遯卦核心精神是“隐遯”的思想，它指导一位君子要如何用遯逃的方法，离开可怕的领导人、离开恶意的工作岗位，维护自己的尊严和自由。遯卦六爻之中，内卦三爻“遯尾，厉，勿用，有攸往”（初六）、“执之用黄牛之革，莫之胜说”（六二）、“系遯，有疾，厉。畜臣妾，吉”（九三）都有受困的象征；外卦三爻“好遯”、“嘉遯”、“肥遯”都能成功遯逃。卦爻辞简单点出几句话，《易传》作者阐释经文作者的意思，就有责任详细说明了。例如《象传》解释初爻说“遯尾之厉，不往何灾也”，那是最初一爻，位于遯逃的立足之地，条件未足，君子无力遯逃，那真是接近灾难的危险啊！《象传》解释六二说“执用黄牛，固志也”，六二在内，向外与九五相应，因此引申为心志的贞固，呼应九五的“嘉遯”（也可以解释作：唯有内在心志坚固，做好充分准备，遯逃才能有美好的结果）。所以《象传》解释九五爻辞说“嘉遯贞吉，以正志也”，反向呼应了六二所稳固的心志。由此可见《象传》为二爻和五爻阴阳相应的情形做了清楚而有力的铺陈。

以上两个例子，说明《周易》经文和传文之间，存在着既密切又有距离的关系。当然，《彖传》、《象传》解经的形式，是贴近经文逐字逐句解释。其他的《易传》并不都是这样。例如《序卦传》专讲六十四卦的序列所透露的起承转合的意义。《杂卦传》则是宏观而扼要地对比六十四卦的意旨，让读者易于掌握。《系辞传》因为内容庞杂，看起来有点像是将几种不同来源的解经文字编辑在一起，所以和《彖传》、《象传》相比，显得和经文的关系没那么密切。不过，事情不能单看表面，我们还要认真地追究它们内含的关系。

乾 以 易 知

历 史 背 景

探求《周易》成书源流

——人的轶事，书的故事

9.《易》字是什么意思?

“易”字的意思，原是阳光的显现的会意字（详下文）。但“易”字的传统解释却有两说：

第一，认为“易”字是“日”和“月”两个字的合体（即“合文”）（图3左）；第二，认为“易”字是蜥蜴（古代名为“守宫”）的象形（图3右）。

图3

这都是因为古文字演变，在篆体中讹变而附会的新解释。后世“日月为易”的种种解释（如图4）都是进一步的附会发展：

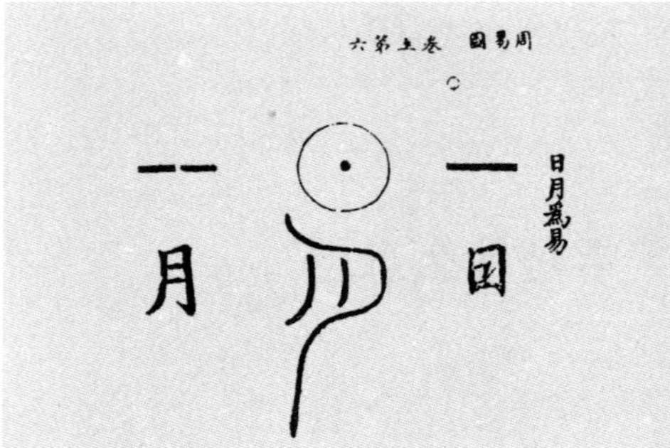

图4
引自《周易图》卷上，收入《正统道藏》洞真部灵图类阳字号

这两种说法都是根据流行于战国以后的篆书附会而成的，并不可靠。“日月为易”的讲法，因为刚好将“太阳”（日）和“太阴”（月）结合在一起，便于说明变易的哲理，所以传播最广。

近百年以来，因为新发现的古文字愈来愈多，古文字研究也愈趋蓬勃，对于“易”字的解释也有更多新的解说。其中受到较多学者接受的是“交易”的说法，认为甲骨文有“□”的字形，是从“益”字的形体“□”而来，“□”是会意字，表示将一个器皿的水注入另一器皿中，学者认为它引申为变易的意思。这个字在西周早期金文作“□”，有人认为甲骨文“□”的形体，是截取它的右上半部分而成。

不过笔者认为，“易”字甲骨文包括□、□、□、

、等形体，三点均象阳光照射，结构与“”的右上半不同。

《易》的哲理，原本就和阳光有关。太阳每天规律性地出现和隐没的变化，这种变化就是“易”。古人观察太阳规律性绕行地球，认为这种变化——易——主宰了人类和万物的生存。人间的一天，就是日出和日落一次循环；一月，是月亮圆缺变化一次循环；一年，是春夏秋冬往复一次循环。无论是日出日落、月的阴晴圆缺、季节的寒来暑往，都取决于日照的强、弱的变化。日照的变化，亘古不息，引申就是“变易”。

所以，《周易》所寄托“易”的思想，是阴阳哲学，也是一种专属北半球以太阳为中心的自然哲学。归根究底，地球地轴倾斜，或者说“黄（道）赤（道）交角”约23.5度，地球围绕太阳公转一年三百六十五又四分之一日，日照在南北回归线往返，就是“变易”；但这种循环节奏恒常稳定，故“易”又含有“不易”的意思；这种单一规律性的“变易”，主宰了天地间一切生命的节奏规律，故又引申为“简易”。汉代纬书《易纬·乾凿度》记“《易》一名而含三义：所谓易也，变易也，不易也”，就是这个意思。

10. 相传画八卦的“伏羲”是谁?

不同的文献记载“伏羲”的名号，有不同的写法：“伏”或作“宓”、“庖”、“虙”、“包”、“炮”等;“羲”或作“牺”、“戏”。那都因为汉语古今音韵差异（“伏”字古声母是轻唇音，“包”字声母是重唇音。古代并没有轻唇音，所以“伏”、“包”读音是一样的。中古以后才有“帮滂并明”重唇音、与“非敷奉微”轻唇音的分别），导致现代人难以明白不同字表述的是同一个读音。

现代汉语语音，“伏”字已经发展为轻唇音，和重唇音的“包”字读音已经区分，字的写法也不同。其实就文本而言，“伏羲”的各种写法，读音、字义基本都是一样的。由于伏羲的名字，通行就是“伏羲”，不论字形写成什么，它都应该读作“Fu Xi”。不少欧美汉学家将“包戏”注音作“Bao Xi”、将“庖羲”注音作“Pao Xi”，都是不对的。

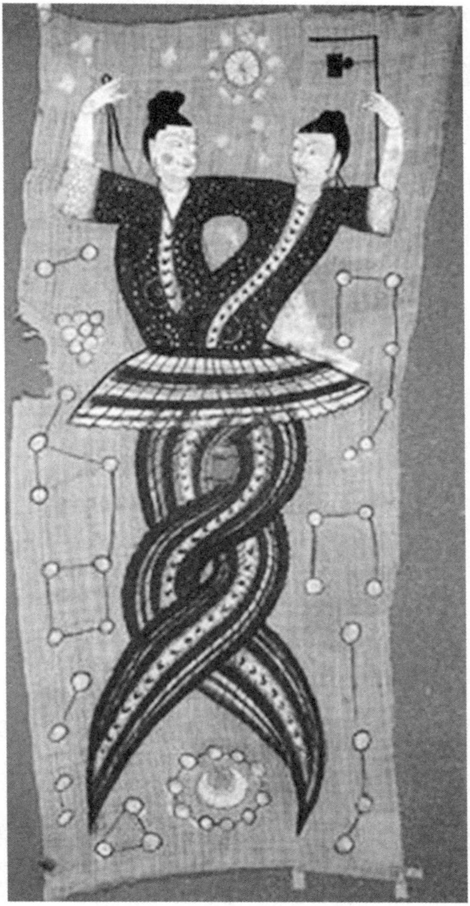

图5　伏羲图
1967年出土，现藏新疆维吾尔自治区博物馆

伏羲氏是传说中最早创造文字、画八卦的人，或为半人半兽的神话人物，因此被视为华夏文明的始祖。有的文献说他是“龙身人首”或“蛇身人首”，所以人类学家就解释伏羲是以“龙”作为图腾的古代氏族。也有的说伏羲氏和女娲氏是兄妹，也有传说他们是夫妇。神话亦曾记载他们俩生下人类，因为是兄妹，所以交合时以扇障面，而引起了画家绘画出这一类合形的图画。

相传伏羲氏“王天下”，仰观天文、俯察地理，又根据从黄河里浮现的龙马背负的“河图”，以及从洛水中登陆的神龟背甲上的文理形成的“洛书”，发明了文字、创造了八卦（详见本书“河图洛书”条）。

《庄子·胠箧》记载了“上古至德之世”的帝王，有“昔者容成氏、大庭氏、伯皇氏、中央氏、栗陆氏、骊畜氏、轩辕氏、赫胥氏、尊卢氏、祝融氏、伏羲氏、神农氏”。伏羲常被尊为“三皇”之首，是促成文化肇始的圣人。现在根据庄子的说法，原来在“三皇五帝”以前，还有很多后人根本不曾认识，甚至不曾听闻的圣人。出土的竹简《上博简》就有一篇章题为“容成氏”，属于战国时期文献，系统化地建立了上古帝王禅让事迹，透露出尚贤的思想。上述的次序大约代表了先后，伏羲氏显然也不算最早。

《管子》记载“虙戏作造六峜，以迎阴阳，作九九之数，以合天道，而天下化之”。“六峜”的“峜”字读作“法”，也有人读作“计”，是指一些解释自然秩序的原则。

司马迁《史记》只记载伏羲氏作八卦。但《封禅书》记载“太帝使素女鼓五十弦瑟，悲，帝禁不止，故破其瑟为二十五弦”，张守节《史记正义》解释说“太帝，谓太昊伏羲氏”。相传的古老史书《世本》也记载“庖羲氏作瑟，五十弦。瑟，洁也，使人清洁于心，淳一于行”。这是伏羲氏发明“瑟”这种作乐器的记载。

许慎《说文解字叙》引《系辞传》说：

> 古者庖牺氏之王天下也，仰则观象于天，俯则观法于地，视鸟兽之文，与地之宜，近取诸身，远取诸物，于是始作易八卦，以垂宪象。……黄帝之史仓颉，见鸟兽蹏迒之迹，知分理之可相别异也，初造书契，百官以乂，万民以察。

许慎认为伏羲作八卦和仓颉造文字是一脉相承的，是对人类文明的伟大贡献。

汉魏时期的史书记载，丰富了很多。如《帝王世纪》记载伏羲氏是太昊帝，父亲是燧人氏，以“风”为姓，蛇身人首。《白虎通义》较为详细，讲述上古文明未开，人民只知有母不知有父、过着相当原始生活的时候，“伏羲仰观象于天，俯察法于地，因夫妇、正五行，始定人道，画八卦，以治天下。天下伏而化之，故谓之伏羲也”。这是对伏羲名号的正式解释。

11. 什么是“三易”？

《周礼·春官·大卜》:“掌三易之法，一曰《连山》，二曰《归藏》，三曰《周易》。其经卦皆八，其别皆六十有四。”这是“三易”名称的文献来源。

“三易”是《连山》、《归藏》、《周易》的合称。《周易》被公认为代表周王朝的神圣经典，相传夏朝和殷商两代也都各有一部体例相同的经典，分别是《连山》(夏)和《归藏》(殷商)。也有传说指《连山》是神农氏所作，被夏朝所承继；也有一些传说记载伏羲获得《河图》后，据而撰成《连山》。

清代吴汝纶将“易”字解释为官职的名称，认为是“抱龟南面”负责占卜的官员。近代学者高亨进一步根据汉代许慎《说文解字》，将“易”字读为“觋”字，因“巫”专指女性，故用“觋”字专指男性，认为“三易”就是三代掌管卜筮的官员。于是将《易》、卜筮、巫术、政治相互之间画上等号。

从历史观察，一定先有把“夏、商、周”合称为“三代”的观念出现后，才有“三易”这样的讲法。而“三代”观念，最早由周民族记载在《诗经》、《尚书》等典册上。我们很难说“三代”是周民族虚构的。事实上殷商的存在，早已得到大量出土文物的支持，尤其是河南殷墟遗址，出土了大量殷商王朝的遗物。至于夏朝，直至现在还没有出土文物被证实是“夏朝”的遗物，不过“夏”这个朝代，记载于信史，曾经真实存在过，应该无可置疑。

《周易》是周王朝的产物。至于真正属于殷商的《归藏》没有人见过，中古时代有不少学者宣称读过《归藏》，后人不知道是真是伪。清代学者曾经遍搜中古时期文献，将其中所记载的《归藏》内容辑在一起，首次让学术界见到了《归藏》的风貌，当然其中也是真假难辨。幸而湖北王家台出土了一批秦简，其中有《归藏》简，学者用来校对清代学者辑佚（搜辑佚失的文献典籍）的成果，发现不但高度相似，还恰好能纠正清代辑佚本的错误。纵使秦简《归藏》和辑佚本《归藏》都有晚至周朝的史事记载，显然不是殷商时代的原物，但从古文明研究的角度看，仍是弥足珍贵的。

“三易”之中，《连山》最早。《山海经》记载“伏羲氏得河图，夏后氏因之，曰《连山》”。汉代桓谭《新论》说“《连山》八万言，《归藏》四千三百言”，以先秦以前的文献及书写工具发展程度来看，夏朝（一般补定为公元前2100—1600年）就有一部文献长达八万字，几乎是不可能的；《连山》和《归藏》相比，字数更是晚成书的后者的十八倍，也难以取信于人。同时代的经学家杜子春说：“《连山》伏羲，《归藏》黄帝。”这两句话有些没头没脑，不知道说的是时代还是作者。《连山》这部书一直到《隋书·经籍志》仍没有著录，到《旧唐书·艺文志》才有“《连山》十卷”的记载，可靠性就相当低了。传统学者提及《连山》，一种说法有八卦，一种说法已有六十四卦，以艮卦䷳为首卦，表达“似山出内气变也”（意思是云气在山峦中千变万化而出）的象征，被晚清国学大师章太炎批评为“无可奈何，强为之辞”。清代学者辑佚，亦有从汉魏以降的文献典籍中辑出据说是《连山》的片段内容。其中有“上七”、“初七”、“初八”等属于少阳、少阴的爻题。宋代文献引述汉代的纬书《春秋演孔图》记载，《连山》有“阳豫”、“游徙”等卦名。可惜中古时人读到的《连山》是真是假，都无法确定。再说，如果连可确证为夏朝的出土文物都缺乏，《连山》恐怕还只能是传说中的经典，我们也只好对它存疑了。

据东汉经学家郑玄的介绍，《连山》得名是因为以艮☶为首卦，而《归藏》得名是因为以坤☷为首卦，《周易》则以乾☰为首卦，并强调“揲蓍变易之数可占者也”（意思是：操算蓍草探求数字的变化来获得占验）。由此看来，“揲蓍变易”是《周易》的特色，是它有别于《连山》、《归藏》的地方。所以“三易”这个名称，只是用最晚出的《易》或《周易》的“易”字，对三代典册的一个概括统称。《连山》、《归藏》既没有“揲蓍变易”的特点，也就只适合被称为《连山》、《归藏》，不应该被人混称为《连山易》和《归藏易》。关于《归藏》，详见本书后文。

“三易”主要反映了人们对于历史的想象。这些想象，有一部分奠基于真实发生过的历史，一部分由历史加以渲染丰富来符合人事的需要（例如对某一民族或传统加以美化），也有一部分出于古人的想象以寄托他们的理想。由此而区分出历史、传说、神话三者。关于“三易”，这些传说都可参考，但未能尽信。

12.《归藏》是什么书？

《归藏》是殷商王朝的经典，其中也有六十四卦和卦辞。但根据目前的资料，并没有爻辞。

《归藏》是“三易”之一。《周礼·春官·簭人》记载“掌三易以辨九簭之名，一曰连山，二曰归藏，三曰周易”。《礼记·礼运》记载孔子说：

> 我欲观夏道，是故之杞，而不足征也；吾得《夏时》焉。我欲观殷道，是故之宋，而不足征也；吾得《坤乾》焉。

郑玄《注》解释说：“得《坤乾》，得殷阴阳之书也，其书存者有《归藏》。”原来它另有一个书名《坤乾》，而且被认为是以坤卦䷁作为全书首卦、乾卦作为第二卦，与《周易》以乾卦䷀为首卦、坤卦为第二卦不相同。

郑玄还解释了《归藏》这个名称："归藏者，万物莫不归而藏于其中。"因为它另一个书名是《坤乾》，又立坤为首卦。坤象征土地。而动物和植物都依赖土地生活，所谓"万物归而藏于其中"应该就是指万物依土地而生，死后也回归土地。

现今留存有两种版本的《归藏》。一是18世纪的学者如马国翰、洪颐煊等从5世纪以前的文献中搜辑出来的，被称为"辑佚本"。另一是1993年在湖北省江陵县王家台出土的秦简，被称为"王家台本"。后者有五十四个不同的卦画。这两个本子都不完整，但内容大致相同。其中若干部分，可以借用王家台本校对出辑佚本的错误。

不过要提醒一点，这两个版本，都记录了发生在周代的人物和历史，所以它们都不可能是殷商王朝编著的版本，而可能是殷商遗留下来，经过后人（可能是宋国人。宋国是安置殷商遗民的国家）编写的。

《归藏》有超过一半的卦名一字不变地被《周易》接受了，表示《周易》六十四卦卦名承继自《归藏》。以下列出《归藏》六十四卦卦名。卦序依照《周易》，以便于和《周易》比较；卦名的写法，兼列入"辑佚本"和"王家台本"的字形。括弧内是今本《周易》卦名。

䷀ 乾	䷁ 㒷 （坤）	䷂ 肫 （屯）	䷃ 蒙	䷄ 溽 （需）	䷅ 讼	䷆ 师	䷇ 比
䷈ 小毒畜， 少督 （小畜）	䷉ 履	䷊ 柰 （泰）	䷋ 否	䷌ 同人	䷍ 大有	䷎ 兼 （谦）	䷏ 分，介 （豫）
䷐ 马徒 （随）	䷑ 蜀 （蛊）	䷒ 林祸 （临）	䷓ 灌 （观）	䷔ 筮 （噬嗑）	䷕ 贲	䷖ 仆 （剥）	䷗ 复
䷘ 毋亡 （无妄）	䷙ 大毒畜 （大畜）	䷚ 颐	䷛ 大过	䷜ 荦 （坎）	䷝ 离	䷞ 钦 （咸）	䷟ 恒
䷠ 逯 （遯）	䷡ 大壮	䷢ 晋	䷣ 明尸 （明夷）	䷤ 散家人 （家人）	䷥ 瞿 （睽）	䷦ 蹇	䷧ 荔 （解）
䷨ 员 （损）	䷩ 諴 （益）	䷪ 规 （夬）	䷫ 夜 （姤）	䷬ 萃	䷭ 称 （升）	䷮ 困	䷯ 井
䷰ 革	䷱ 鼎	䷲ 厘 （震）	䷳ 狠 （艮）	䷴ 渐	䷵ 归妹	䷶ 丰	䷷ 旅
䷸ 巽	䷹ 兑	䷺ 奂 （涣）	䷻ 节	䷼ 中孚	䷽ 小过	䷾ 岑霁 （既济）	䷿ 未济

宋代罗泌（1131—1189）《路史·发挥·论三易》说："初㒷、初乾、初离、初荦、初兑、初艮、初厘、初奭，此《归藏》之易也。"其余像《周易》"随"卦名为

“马徒”,“临”卦为“林祸”,“小畜”、“大畜”两卦为“小毒畜”、“大毒畜”,“家人”卦为“散家人”。也有一些用了不同的字形,例如“需”卦作“溽”,“谦”卦作“兼”,“解”卦作“荔”,“豫”卦作“分”或“介”,“姤”卦作“夜”,等等。

根据《系辞传》“大衍之数五十”一段文字,我们了解到《周易》揲蓍成卦之法,就是依照一个个步骤,计算五十根蓍草数目的变化,最后根据“爻”的变化与否,同时得出两个卦,由此看出占断的吉凶。但是,直至今天我们仍然没有任何资料去了解《归藏》用什么方法演成一个卦。连《归藏》的成卦之法都不知道,任何推论《归藏》是占筮记录的讲法,都只能是臆测。

譬如对于《周易》,我们知道它以变化为主,从《系辞传》“大衍之数五十”一章明白它揲蓍成卦的方法,所以能理解观察“本卦”和“之卦”的关系,明白到占断是以“卦”的变化作为基础;相对上,《归藏》没有爻辞,也就没有像《周易》那样的成卦之法,反映了它以“不变”为主要精神(立“坤”为首卦,另一名《坤乾》,大地是它喻象的主体,符合不变的意思)。既然《归藏》以不变为主,没有了“变化”前后的比较,又怎样才能得出占断呢?这就是今天我们所不能明了的。

《归藏》的内容和《周易》很不相同。首先我们只看到卦辞，以下选几段内容：

> 《归藏·郑母经》曰：夏后启筮御飞龙登于天吉。
>
> 明夷曰昔夏后茎乘飞龙而登于天而枚占曰皋陶皋陶曰吉
>
> 昔夏启茎徙九鼎启果徒之
>
> 昔舜茎登天为神牧占有黄龙神曰不吉武王伐殷而枚占蓍老蓍老曰吉
>
> 桀茎伐唐而牧占荧惑曰不吉
>
> 昔鲧茎注洪水而牧占大明曰不吉有初无后

这些内容涉及殷商以前夏朝帝王甚至“帝舜”的事迹，而含有神话的成分。所以刘勰《文心雕龙·诸子》说：“按《归藏》之经，大明迂怪，乃称羿毙十日，常娥奔月。”看来刘勰曾经读过《归藏》的内容，注意到《归藏》的结构内容，和《周易》相差很远。有趣的是，《归藏》讲述不少前朝（夏朝）的人物和轶事，而《周易》也提到不少前朝（殷商）的人物和轶事。二者颇为相似。《归藏》的价值，不同的学者有不同的说法。但至少它提醒我们：司马迁提出周文王重叠“八卦”、衍为六十四卦的说法，并不正确。六十四卦应该早在文王以前就出现了。

读者如想对《归藏》更深入了解，可以参考《周易阶梯》相关章节，或详见我的论文《归藏平议》（刊《文与哲》29，高雄：中山大学中文系，2016年，页37—72）。

13.《周易》是怎样被写成的?

《周易》大约撰著于公元前1100年左右的殷商时期，相传始创于“西伯”——即是“姬昌”，历史上的周文王——被纣王囚禁于羑里之时。

周朝以前，相传伏羲氏画八卦，至夏朝时已有一部王朝典册《连山》。殷商也有一部王朝典册《归藏》，性质和《周易》相近。根据后来历史的追述，原来姬昌的祖父古公亶父率领周民族向东方发展时，已经有意和殷商王朝一较高下。姬昌成为周民族政治领袖时，曾被纣王囚禁于羑里。他在狱中借用殷商王朝的经典——已经具有六十四卦的《归藏》——为底本，重新撰写内容，为六十四卦撰写新的卦辞；又每卦六爻，共三百八十四爻，为每爻撰写爻辞。结合起来，成为完备的经典，称为《周易》。估计文王草创了这部经典，后人则陆续补充完竣。

《周易》的创作，用了大量象征语言。六十四卦体现了高度的系统性，表示这是一部创作的经典，理性地展现了对自然、人生、政治、伦理等的系统思想，而不仅仅是占筮记录。文王及其后人撰写的目的，是奠立一套政治理念，作为继承者建立新王朝时的治国指引。其后武王、成王、周公等踵事增华，使《周易》在西周共和时期之前已经写定。

周人原本就是尊尚“阳刚”的民族。《尚书·牧誓》记载了周武王历数纣王的罪状，第一条罪名就是“牝鸡无晨。牝鸡之晨，维家之索”，意思是：母鸡是不会叫的。母鸡叫起来了，就代表家庭的衰败。周人认为纣王“唯妇言是用”是获罪于天。周朝定鼎中原后，颁布了新历法，后人称为“周正”，将夏历十一月定为“正月”，认为应该将一年的肇始订于日照从南回归线北返的冬至之日。以上这些证据，都是周民族“尚阳”思想的反映。在周王朝建立新礼制时，既尊尚阳刚，也强调“阴、阳”调和，将他们的意识形态，用占筮的语言形式，写成《周易》一书，借神道设教的精神，让士大夫们震慑于王朝的政治教诲，不敢违逆。

西周末年王朝发生动乱，周天子（时为“平王”）靠着虢、郑两国的掩护，向东逃走。天子力量式微。没有了权力和财力的支持，充满繁文缛节的礼制无以为继了，原本贯彻于礼制的《周易》“阴、阳”观念，顿时失去了典章制度的托身之所，在国家政治制度中，《周易》没有了位置，阴阳失去了依托。文献星散，王朝掌管的经典流落各国，《周易》竟成了各国政治人物占问吉凶的参考书。记载春秋史事的《左传》、记载各国朝野言谈的《国语》里面记录了二十多条占筮的例子，显示的不是《易》学的兴盛，而是衰微。

经过好几百年的流传，《周易》从一部神圣政治典册，一变而为广为士大夫用作占问吉凶的手册。喜读《周易》至于“韦编三绝”的孔子编修《六经》教授弟子，遇到《周易》就有点忐忑。他很看重这部周王朝的经典，却又不希望弟子被春秋时代的占筮风气影响，拿着《周易》占问吉凶，反而懈怠了进德修业的功课，所以不太愿意教学生读《易》，而他的学生中喜欢《周易》的也不多，主要只有商瞿一人。其后《史记》和《汉书》记录了商瞿以下一直到汉代杨何的传承《周易》之教的系谱。

值得注意的是，称为《十翼》的七种《易传》，除了《杂卦传》稍晚外，其余的多著成于战国中叶至晚期。《易传》的内容，常常用“子曰”来称引孔子的话，显示作者大多为儒家中人，把想说的话，借孔子的口中说出。当然，战国是思想界百家争鸣、百花齐放的时代，即使是儒家学者，也难免吸收了其他学派的思想来申明变易的哲学。这是《易传》也掺杂了其他流派思想的原因。

乾 以 易 知

提纲挈领

《周易》义理幻化的海市蜃楼，有迹可寻

14. 为什么读《周易》要先“识字”？

《周易》流传了三千年，今天仍然能广泛地被社会大众阅读，这真是一件奇妙的事！我们看东西方其他古文明的经典，例如死海经卷（Dead Sea Scrolls）和其他以希伯来文撰写的《圣经》，以及用梵文或巴利文写成的印度《奥义书》、《梵书》等吠陀经典，都已不能被一般读者所阅读。今天东西方的读者却很容易获得并且阅读、翻译、研究《周易》，这不是很奇妙吗？

汉字由三个元素构成：字形、读音、意义。同一个字形，有时会有两个读音表述两个不同意义（例如“红”字原属颜色，“女红”的“红”却读为“工”，专指针线活的工作）；也有同一读音同一个意义却有两种构形（例如“育”和“毓”其实是同一个字，读音亦相同）；甚至有字形、意义相同，却用不同的音调来区别两种词性（例如“重复”与“重量”）。有一些只有读音，并没有专属的书写文字。由此可以知道汉字的高度复杂性。用汉字书写的古老经典，因此也变得复杂无比。

介绍《周易》文字内容之前，先谈谈记载《周易》文字的工具。

《周易》和其他古代经典一样，为公元前3世纪以前中国人以“竹简”撰写。那时书写工具不方便，文字写上竹简之前还要“杀青”（把竹简上光滑的青皮削掉），写好后再用韦草缚系，才能成为书本。像司马迁《史记》记载孔子喜欢读《周易》至于“韦编三绝”。这四个字是什么意思呢？原来韦草编织的竹简之书，翻阅多了就容易折断，折断后竹简零散了，需要再次“韦编”。“韦编三绝”形容孔子对《易》爱不释手、频繁翻阅的程度。

中国历代经过数不清的文献劫难，在战乱或者封建专制的时代，有书籍被焚烧了，有的甚至被毁版——连印刷的雕版都毁掉。公元前3世纪的秦朝，中国就第一次经历了恐怖的“焚书”劫难。汉初文帝直到武帝，出现不断征集民间献书的盛况，文献慢慢恢复旧貌，《周易》也以新的面貌问世。除了形式上由抄写在竹简之上，渐渐发展成抄写在绢帛之上（1973年湖南长沙马王堆汉墓出土的帛书《周易》就是实物证据。班固《汉书·艺文志》记录书籍的数量，有时用“篇”，那就是竹简的文献；有时称“卷”，那就是绢帛的文献），还有正式出现的多种解释“经”文的著作——《易传》，也广泛传播开来。

早在汉代，研究《周易》的学者对于"经"的文字内容已经有不同解释，而且这些逐字逐句的不同解释，成为各门各派学说思想论战的场所。对历史文化而言，这确实是一个优良传统。思想可以自由地互相激荡，是最难能可贵的。很可惜，汉代遗留至今的实物文献不多了，只有少数尚未腐朽又幸而被挖掘出土的竹简，以及政府颁布的《石经》（详见《周易阶梯》第六章介绍）的残留碎片。汉代丰富的《周易》研究材料，经过汉末魏晋南北朝的动荡和战乱，能留下来的，都是靠着一代一代的文人学者不厌其烦的整理。

唐代陆德明编著了一部《经典释文》，孔颖达主编了《五经正义》，李鼎祚编著了《周易集解》，保存了大量汉代学者的研究成果。宋代以后，印刷技术发展，纸张品质改进，有助于文人学者保存经典的原貌。即使这样，印刷和抄写的限制，仍然为《周易》的流传，形成不少障碍。

大家不要误会，认为古代科技落后，是造成障碍和错误的原因，今天科技进步，一切都可臻于至善。这是太天真的想法，因为每个时代所运用的技术，都有它特殊的限制，科技日新月异的今天也不例外。

今天图书馆收藏的最好的"善本书"是宋代的，距今已有800—1000年，之所以能保存，是因为纸质耐久。相对地，今天出版业用的纸张，短则数十年，长则百年以上，会慢慢碎掉、烂掉。另一方面，雕版印刷在宋代开始盛行，活字雕版更提供了造字灵活的方便，也保存了很多经典中特殊字形的结构（form）。相对地，今天电脑的中文字体，仍有不少字的字形结构受限。所以，从文献制造（textual production）的角度看，现代文献（除了电子化文献外）的品质，未必优越于古代的文献。即使21世纪新科技时代的人类，也应该对中古时期唐宋的技术和当时人对文化的真诚，心存敬意。

回来谈《周易》，今天广为流传的，根据的究竟是哪一个版本呢？这个版本可靠不可靠，里面会不会有错字，读者有考虑过吗？

很麻烦的是，历代相传的《周易》有很多异体字，形成文献校勘学（textual criticism）所谓“异文”（variation），就是一个字出现不同写法的情况。例如无妄卦䷘，传本作“无妄”，马王堆帛书《周易》作“无孟”，阜阳汉简《周易》作“无亡”，上海博物馆藏战国楚竹书《周易》作“亡忘”，《归藏》作“毋亡”，计有五种不同的写法。当然，专业的文献学家知道，这些都是文字学上“假借”的现象。但由此可知，有的不同写法，难以判断它只是像“鄰”与“隣”、“只”与“衹”、

“无”与“毋”之类，只是字形结构不同，还是根本上是两个不同的字。以下举几个例子：

例一：颐卦䷚六四爻辞：“颠颐，吉。虎视眈眈，其欲逐逐。”“逐逐”，《汉书》引作“攸攸”，音“涤”。《子夏传》作“攸攸”。王弼《周易注》解释“逐逐”为“尚敦实”；颜师古注《汉书》解释“攸攸”为“欲利之貌”。这两个词意义根本不同，但两个不同的版本，究竟哪个才是正确的呢？

例二：晋卦䷢六五爻辞：“悔亡，失得勿恤。往吉，无不利。”汉代孟喜、马融、郑玄、王肃几位大经学家的版本，“失”字都作“矢”字。三国时代《易》学家虞翻说“矢”字就是古代的“誓”字。但，今天流传的版本都作“失得”，“矢得/誓得”已经被完全遗忘。究竟哪一个才是对的？

例三：革卦䷰卦辞“已日乃孚”，有的版本印作“己日乃孚”，也有的作“巳日乃孚”。到书店或图书馆的书架上翻一翻出版过的《周易》，目不暇给，“已日”、“己日”、“巳日”的写法都有，几十种英译《易经》，三种译法都有，《易》学研究者各自提出自圆其说的解释。哪一个才是正确的？

例四：明夷卦䷣六二爻辞：“明夷，夷于左股，用拯马壮，吉。”古代有版本“夷于左股”作“睇于左股”。哪一个才是正确的？

例五：益卦䷩上九《象传》：“莫益之，偏辞也；或击之，自外来也。”孟喜的版本“偏”字作“徧”，意思是“周帀”。如果作“徧”意思是“周帀”，作“偏”字就是“不周帀”，意义刚好相反。究竟“莫益之”是“周匝之辞”还是“不周匝之辞”呢？

例六：豫卦䷏九四爻辞：“由豫，大有得。勿疑，朋盍簪。”其中的“簪”字，古文作“贷”，有的版本作“撍”，也有作“臧”、“宗”、“戠”，形体竟有五个之多。究竟哪个才是标准的？

也许有读者以为：管它有几种不同写法呢！总之我任意选一种，采用内容讲得通的就好了。不过，万一选择了错字，讲得头头是道，甚至用来教育学生，我们怎么对得起《周易》原作者、读者和学生呢？

所以，先尽量认识经典中的每一个字，是不二法门，是读《周易》起码要做的基本功。

《周易》经文内容传抄了三千年，无可避免地陆续出现了好多谬误或者可能的谬误，已经可以完全确定，却仍然广泛被忽视。像睽卦六三爻辞“其牛掣”的“掣”字，原本应该作“觢”、“挈”或者“⿱㓞牛”字，形容牛用尖角左右摇摆，展现反抗的姿态。但因为年代久远，人们不认得这个字了。王弼为《周易》作《注》，将这个字解释为“滞隔不进”，并没有作进一步说明。后来出版商就依着这个意思，找了字形有点近似，具有“拖曳”意思的“掣”字代替。从此坊间流传的各种《周易》著作也就当真用了“掣”字，导致大错特错。

从以上的例子，可以想象，《周易》内容经历过多少散失、重抄、重编，最后才成为今天我们所看到的样子。我们读这部书时，能够不先好好认识里面的文字吗？

15.《周易》的“一字多义”是什么现象？

经典文字内容有多重意义，是东西方普遍的现象，并不只有《周易》如此。因为这是一种普遍的语言现象，不但汉语汉字，拉丁文、梵文等不同语言亦有这种现象，所以早期的《圣经》、佛经等经典都有。

“一字多义”（polysemy）的意思是，一个字在同一个文本句子中，同时含有两个或以上的意义。

首先我们从“卦名”就会发现这种有趣的现象。例如屯卦䷂的“屯”字，依照《说文解字》的解释，是“草木之初生”的象形字，象征小草穿过泥土，艰难地冒出地面，那么它就等于“芚”字，也就是我们现在书写的“春天”的“春”字的另一个写法。“屯”字也同时表述纯粹的“纯”字的意思，是“抽丝”之意，引申出《象传》的解释“君子以经纶”，意思是士大夫管治人民，就像治理丝线一样，需要耐心，要有条不紊。《说文》解释“屯”为“难也”，强调的是字义中抽象的意义——困难。那么“难也”就是引申义，而不是字的本义。《周易》这个卦名原本采用“困难”的意义，是从草木初生的艰难引申出来的意思，就是朱熹《周易本义》所谓“物始生而未通之意”。再引申，则人生可以有各种类型的困难，六二“屯如邅如”。这四个字的意思就是“迍邅”，是马匹徘徊不前的样子。到了九五爻辞“屯其膏，小贞吉，大贞凶”，“屯”字变成兼有“囤积”和“屯难”两层意义：“屯其膏”就是囤积财货；财富多了，造成民心离散，政治的路也艰难到走不下去了。

又如蛊卦䷑，“蛊”字原本是会意字，是器皿之中聚满虫的形象。器皿装的是食物，“物先腐而后虫生”，食物腐败了，就会生出虫。《说文解字》解释为“腹中虫”，是因为将这个字看成是会意字，而引申出疑惑的意思。同时，也因为“蛊”字和“故事”的“故”字读音相同，于是又引申出“事故”（发生不寻常的事情）的意思。这就是清代训诂学家王念孙和王引之父子所说的“训诂之体，一字兼有数义”。因为蛊卦的“蛊”字，既解释为“事故”，亦解释为“疑惑”。所以爻辞所说“干父之蛊”、“干母之蛊”，指的是儿女发现父母的事业发生问题时，在继承的时候，有责任去改正、改革它们。注意自身问题，随时改革，正是《周易》变易哲学的精神。上九爻辞说“不事王侯，高尚其事”，前一“事”字是“奉事、服务”的意思，是动词；后一个“事”是“事件”的意思，是名词。意思是服务的上级如果发生腐败或不正，所谓“坏极而有事”（朱熹《周易本义》的说法），这时候君子就应该果断离开，宁可“不事王侯”，维持自己高尚的身段。可见文字的发展路径，第一步是声音相同“蛊→故”，第二步是意义引申“故→事”。这是《周易》充分发挥“一字多义”的精神。

又如井卦䷯，传本就写成“井”字，可以读作水井，也可以读作陷阱。上博简本《周易》就写作“汬”，表示了水井的意思；但初爻爻辞“旧井无禽”，“禽”指猎物，抓猎物用的就是陷阱，所以这个“井”就是“阱”字。读者会问，究竟作者原来想讲“水井”还是“陷阱”？从内容看来，两个意思都有，是作者故意利用“井”字创造一种模糊性，让读者可以借这种模糊、两可的特性，跳跃地包含两个意思。换言之，卦爻是象征符号，文字是象征语言，“象征”具有多重意义是必然的，都是为了推衍原来的意思，将它们用来譬喻世间不同的事物。

北京大学出版社的《十三经注疏》整理本，是以清代阮元本为基础。这是很可靠的。要知道嘉庆二十一年（1816）阮元在南昌府学主持重刊的宋本《十三经注疏》附“校勘记”，就是用乾隆四年（1739）武英殿刻本《十三经注疏》为底本。其中《周易注疏》革卦䷰卦辞“巳日乃孚”，刊印的明明是十二地支的“巳日”。但阅读注疏内容，王弼解释这句话却说“不能自革。革已，乃能从之”，意思是“已经”的“已”字。为什么经文和注解会矛盾呢？

其实并没有矛盾，只是因为汉字是方块字，以图形或象形为主，常有混淆。“己”、“已”、“巳”三个字，在古代常生混乱。在上古时代原本只有十二地支中排第六的“巳”字，“已”字没有专用字，就借了“巳”来表达，于是“已经”就写成“巳经”。这样一来，书写“巳”字，有时会读作“巳”，有时会读作“已”，懂得区分的人就很清楚，不懂的人就混淆。后人刊刻经典时也照样混淆。《十三经注疏》刊刻本正是一例。至于“己”字，明代时因为印刷术泛滥，雕版品质低劣，文字讹误愈趋严重，“己”、“巳”也愈来愈混乱了。

1994年在香港荷李活道文物市场被发现、后来被上海博物馆收购的战国竹简（或称《上博简》），里面革卦卦辞中的这个字写成“改”字，“巳日乃孚”变成“改日乃孚”。于是这个字又出现了第四种解释。

其实这个字最初应该就写作“㔻”，同时包含两个意思：

1. 表达“更改”的意思，字形就是“更改”字的左偏旁。更改日子，符合革卦“改革”的精神。

2. 表达“己日”的意思，就是十天干“甲乙丙丁戊己”的“己”字。古人用干支记日，由“甲日”开始至于“癸日”，十天是一个循环。古人认为很多事理会随着时间推移而过时，每一个循环中都要思考革新（周民族重视革新，例如《诗经》说“周虽旧邦，其命维新”）。“己日”属于第六天，经过了十日的一半，所以迈入了改革的进程。

“㔻”字兼有“己日”和“改日”两个含义，情形和“井”字同时兼有“汬”、“阱”两种意义，是一样的。

16.《周易》卦爻辞常常含有两层意义，代表了什么？

除了所讨论的“一字多义”的现象，《周易》卦爻辞也常常含有两层意义，近似俗语说的双关语，说明了《周易》是一部高度艺术性的创作，是不折不扣深具文化与哲理深度的经典。

生命的价值在于意义。意义愈丰富，人生的品质就愈好，对应于外在变幻的世界，人的自由意志愈能获得畅展。

如果讲文献的呈现，我们读乾卦卦辞就能明白。“元亨利贞”，字面上逐字解释，“元”是“大”；“亨”是致飨（“享”同“飨”），即奉献食物于鬼神，也就是祭祀；“利”本字从“刀”，《说文解字》解释为“銛也”，意思是“利于”、“有利于”；“贞”是占问。四个字合起来，意思就是“盛大的祭祀，获得有利的占问”。但这是字面的意义（verbal meaning）。由于“亨”亦有“亨通”的意思，“贞”亦有守常不变的意思。所以引申出“元亨利贞”四字里面的隐喻意义（metaphoric meaning）：盛大的亨通，而有利于守常不变。

《文言传》的作者又读出了“元亨利贞”的另一层意思。他说：

> 元者，善之长也；亨者，嘉之会也；利者，义之和也；贞者，事之干也。君子体仁足以长人，嘉会足以合礼，利物足以和义，贞固足以干事。君子行此四德者，故曰乾，元亨利贞。

《文言传》作者将意义引申得更广阔了，认为“元亨利贞”的精神在于勉励君子实践“仁”道来治理人民，在典礼中汇聚条件，尽善尽美，促进利益民生之事，设定合宜界线，治事处事要有为有守。这是“元亨利贞”四个字意义上的新高度。

又如我们追问履卦䷉的意思。“履”字本义是鞋履，所以《说文解字》说：“履，足所依也。从尸，从彳夂，舟象履形。”但我们看履卦六爻，像九二爻辞说“履道坦坦”、六三爻辞“跛能履”，都是践履的意思，指的是君子在人生道路上行进，应该采取什么样的态度。像九四爻辞“履虎尾，愬愬，终吉”，不小心走进危险的境地（“虎尾”象征险境），若能保持警惕小心（“愬”是惊惧的样子），最终还是能吉利。上九“视履考祥，其旋元吉”，鼓励君子要随时检视自己行进的环境，检查是否吉祥，能够随时回旋调整方向，就能获得大吉。

又例如随卦䷐，卦爻辞里面的“随有求”、“随有获”等等，意思都是追踪、追随的意思，但它的深层意义就是《彖传》所说的“天下随时”，意思是随着变化的时机适应新环境。我们千万不可以低估“随时”精神的重要性。要知道时间的河流不断向前，宇宙（包括地球）一切生命、物质、环境，每一刻都在改变。已逝的河川不会倒流，已死的生命也不会复生。每个人都只能掌握所拥有的有限条件，依循着难以逆料的人生遭遇，在这个变动的世界中，辛勤地去经营自己的生活和生命。所以“随时”的精神是必需的。成语“胶柱鼓瑟”、“刻舟求剑”、“守株待兔”等，都是讽刺人们固执不通，冥顽不灵，都是“随时”的反面。

在这里我要做一点补充：“随时”的精神，固然鼓励我们待人处事要顺势而为，而避免横柴入灶，不知变通。然而，《周易》“尚中”的思想也提醒我们切勿过犹不及，千万不要过度变通，误以为“随时”就是识时务者为俊杰，于是趋炎附势，以至于失去应有立场。有一则历史故事：竹林七贤的领袖嵇康因政治异见而被杀。儿子嵇绍却想摆脱父亲的政治立场，以便名正言顺出任公职，但又怕士林清议，于是去问计于另一位名士山涛：要用什么理由宣示不承继父亲反政府的政治立场呢？于是山涛用《周易》的自然之理，教他对外说："天地四时，犹有消息，而况人乎？"就是说：父亲嵇康的政治冬天已经过去，自己（嵇绍）要用新心情迎接政治的春天了。这就是将《周易》阴阳消息（消灭和生长）的哲理，运用到政治立场上表态。这看起来很高明，但后来的历史家却因此而给予山涛很负面的评价，认为他用了特别奸巧的方式教他故友的儿子变其父之节。这就是误解了"随时"而陷于趋炎附势的恶例。

笔者所谓"两层意义"，简单讲就是文字表面和里面的意义。从前的学者教人读书，要从字里行间去读取里面的意义，英语世界也有教人读书要"read between the lines"的讲法，也是这个意思。套用到生活，我们观察一切人情世故，也不能只看表面，而应该融会贯通各方面，领略整件事的深层意义。当然，知易行难，讲很容易，要真能做到领略深层意义，很多时候难得很。《周易》难解，人生的课题更是难解。《周易》的难解在于六十四卦卦爻的变化，卦爻辞文字的艰涩；人生的难解则在于人情物理的波澜变幻，常常和心境的波澜变幻相互联系、刺激、纠葛、缠绕，内心认知的意义系统，和伦理、价值、信仰等外在系统，发展出重重叠叠的新意义。要怎么做才能够拨云雾而见旭日，找到人生的目标，是每个人都要努力的课题。

17. 卦和爻有什么关系?

《周易》六十四卦中，大多数卦都具有一种以上的象征，也就演化出多重的意义。这种情形，我称之为意义的流动性（fluidity of meaning）。这种流动性也影响到“卦”和“爻”的关系，使二者之间具有既十分紧密，又偶然会很松散的关系。

从这种现象可以想见,《周易》作者用了很灵活的方式呈现卦爻的隐喻思维（metaphoric thinking）。卦是卦，六十四卦通过排列，也利用其中的爻的变化，来呈现出各种变化联系的风貌；爻是爻，它可以选择贴近卦的主旨支持卦义的变化，也可以选择脱离卦的意旨，自由地发挥另一个层次的意义。总之卦和爻并非一成不变地用一个僵化的套路去表现意义。从卦和爻的关系，我们也能理解到《大象传》和《小象传》偶然会有各说各话、各自解释的现象。这种现象原本就是卦和爻之间有一点若即若离的事实的反映，而不能被理解为《大象传》和《小象传》由不同作者撰写。

主题扣得紧的例子，如咸卦䷞的“咸”字，取义是《彖传》所说的“咸，感也”，就是感动的意思。这“感动”既抽象，又具体。初六爻辞“咸其拇”、六二爻辞“咸其腓”、九三爻辞“咸其股”、九五爻辞“咸其脢”、上六“咸其辅颊舌”的拇（足大指）、腓（小腿肚）、股（大腿）、脢（背上肉）、辅颊舌（口腔、脸颊、舌头）都是躯体的部位，躯体的“咸”就是动摇，指的生理器官的动作或摇动。九四“憧憧往来，朋从尔思”则是心旌的动摇、心情的激动，属于抽象的情绪、情感作用。咸卦六爻，无论是生理的抑或心理的，都离不开“感动”这个主题。其余像遯卦下三爻“遯尾”（欲远遯却远远落后）、“执之用黄牛之革，莫之胜说”（用牛皮所拘执，无法脱身）、“系遯，有疾，厉”（欲遯而被系缚）都象征不能遯逃。此外，像困卦䷮六爻皆有困象，兑卦䷹六爻皆发挥言谈之道，亦相同。

不过，如果以为六十四卦每卦都像这样扣题扣得这么紧，就错了。像随卦䷐，各爻都有追随或跟踪的意思，像六二“系小子，失丈夫”，六三“系丈夫，失小子”，都是九四爻辞所谓“随有获”（跟踪敌人而有捕获）的意思。跟踪敌人，抓到小兵（小子）让大将（丈夫）逃走、或抓到大将让小兵逃脱，即“随”的有得有失。“随”的最大收获，就是上六爻辞的“拘系之，乃从维之，王用亨于西山”，即跟随敌人，最后一网成擒，在西山杀敌致享于神明。但如果我们问随卦的卦义，那就和“跟踪”没有直接关系。其卦象下震上兑，下动而上悦，引申出顺应时空环境的变化而变化的教训，也就是《彖传》所谓“天下随时”的意思。朱熹《周易本义》解释说：“己能随物，物来随己，彼此相从，其通易矣！”最能得到随卦的精神。

由随卦的例子，可以说明笔者常说的：《周易》需要灵活地读，不可以用僵固的观念去理解，或者误以为掌握了一两句话就能将整部书解通。

也有一些卦，六爻中的某些“爻”会脱离卦名的意义，引申到另一个意思。像剥卦䷖，“剥”字就是《诗经·豳风·七月》“八月剥枣”的“剥”，意思就是用棍子把树上的枣子打下来，所以Wilhelm-Baynes英译为“Splitting Apart”表达剥开或剥皮的意思，John Lynn英译“Peeling”，Redmond英译“Flaying”，都不正确，只有夏含夷（Edward Shaughnessy）译为“Hitting”才是准确的译法。剥卦所属六爻，由初六至六四均取用“剥”的本义，唯有六五“贯鱼以宫人宠，无不利”，“鱼”生活在水中，是阴寒之物。五爻为君位，向下贯串下四爻，故有“贯鱼”的象征。至于上九爻辞“硕果不食。君子得舆，小人剥庐”，“剥”字又返回用“剥打”的意思——初至四爻都象征床自下而上（直到躺在床上的人身）的剥落，上爻则象征没有被剥落的树上果实，故有“硕果不食”（硕大的果实没有被剥打下来供人们吃掉）的象征，“君子得舆，小人剥庐”和“硕果不食”无关，是新的取象，上九喻指君子，则下五爻象征小人（人民）的支持；若小人占得此爻，则象征所居住的房舍（剥卦六爻）自下而上被剥坏。为什么君子和小人占得此爻，会有不同的结果呢？这是因为《周易》讲的是君子之道，而不是小人之道，因此上爻的取象，也是以君子为主。

也有其他的卦，六爻与卦名的关系均不直接、亦不明显有关联，例如泰卦䷊的“泰”，义为亨通。朱熹《周易本义》：“泰，通也。”是为正解。英译多译为“Peace”、“Great”都不正确。泰卦六爻，唯有初、二两爻，有征吉、光大之象，与“泰”的本义稍有相关，五爻有元吉之象，其余则无直接相关。否卦䷋义为闭塞（朱熹《周易本义》：“否，闭塞也。”），六爻爻辞，都没有直接申论或者展开“闭塞”的意义。

读者可能会问，为什么一部那么著名、具有系统性的经典，会这么没有系统呢？这个问题，可以从两方面回应：

第一，《周易》六十四卦、三百八十四爻已经具有高度系统性。但它是一部以“象”为教的经典，原本就是利用“抽象”与“具象”将经典的意义及教诲，引申到人生界、自然界各个层面。它的文字内容，不能不创造出某种模糊的空间，让读者容易通过联想，让思维跳跃，扩大它“取象”的应用范围。

第二，历来不少《易》家都提到，有一些卦爻至今仍然让人抓不到它的“本义”（original meaning），譬如有不少《易》家提到，下经三十四卦各卦的义理，艰涩的地方比上经多，整体来说，上经三十卦义理比较容易懂，下经三十四卦意义就比较含混。这是事实。有些无法完全解释的内容，尽管我们可以用跳跃思维尝试在经典原文和其他经典范畴之间，建立桥梁，但毕竟我们不能假装看不见传统《易》家的共同感受，硬是麻醉自己，让自己以为每卦、每爻、每字、每例都可以百分之百讲得通。强不知以为知的态度，对经典的阅读与解释而言是很危险的。

18.《周易》英译有哪些考虑?

不仅是《周易》，世界上任何经典，要翻译成另一种语言都十分困难。这不但因为“语言”本身包括语法、句法等等的差异，更麻烦的是意义的内涵包括意义的表达方式。要完全保留经典原有的意义（original meaning）几乎是做不到的——尽管有种极端的观点认为经典根本没有“原义”可言。但我们不能因为困难就不去做，因为人类文明最伟大的精神之一，就是分享，不同国家、民族、文化可以彼此学习优点，看到别人的缺点我们也能憬然而悟，懂得反思而改正自己。通过其他古老文明的经典去品味其中的人文情味，也能让自己在知性上、品格上有所提升。

严格来说，“翻译”（translation）就是“再诠释”（reinterpretation），不但要熟习经典原来的语言、语法，精准地掌握它的意义，更要能娴熟地驾驭译文的语言特质。传统讲法，翻译必须要做到三个字:“信、达、雅”。

“信”就是要精准可靠，“达”就是语义要完整传达，“雅”就是要辞藻优美。

《周易》有不少日文和韩文翻译，但“翻译”问题的困扰，日文和韩文远较英文翻译为小。这是因为，尽管日语和韩语在语法、文法上和汉语差异较大（语言学家认为：汉语属于孤立语系统［isolated language］，而日文、韩文则是胶着语系统［agglutinative language］），幸而《周易》在早期日本和朝鲜的传播是以“汉字”为主（早期日本学者依靠“训读”解释原文，而朝鲜学者则直接使用汉字），视觉的“文字”克服了（或超越了）听觉的“读音”障碍，让汉字印刷的经典跨越语言障碍而在彼邦畅行传播。至于国际学术界通行的英语属于印欧语系的融合语（fusional language），与汉语有本质上的差异。于是欧美读者不得不借助翻译来理解这部经典。在此我只讨论“英译”，原因也在于此。

英译《周易》第一个挑战，是难以呈现《周易》文本内容普遍存在的“一字多义”（polysemy）的情形，导致从“卦名”（hexagram name）开始已存在无法融通的分歧。当前汉学的研究，在中国包括大中华地区受学术训练的华人学者中研究《易》学的，能娴熟英语的已愈来愈多，但尚未臻理想，有待于未来继起者勠力开拓和补正。因为限于篇幅，本书只就卦名略作说明，至于

《周易》一般常用词汇的翻译，没有太大争议的部分，包括三爻的“经卦”称为trigram，六爻的“别卦”称为hexagram，“爻”译为line，爻题初六、初九的“初”译为beginning，“上”译为top等等，就不多谈了。有些术语如“互体”或“互卦”，通译为nuclear trigrams，Bent Nielsen则创造interlocking trigrams的译名，非常生动，也很合理。读者可以参考《周易阶梯》第十二章“《周易》全球化”相关内容。

今天学术界英译《周易》已非常多，以下只选取几种作讨论，包括比较早期的Wilhelm-Baynes英译本（关于这个版本，请参考《周易阶梯》）和几个美国学者的译本，计有Richard John Lynn，*The Classic of Changes, A New Translation of the I Ching as Interpreted by Wang Bi*（New York: Colombia University Press，1994），Richard Rutt的译本*The Book of Changes*（*Zhouyi*）*: A Bronze Age Document Translated with Introduction and Notes*（Surrey: Curzon Press Ltd.，1996），这两个是美国学界可能比较普及的译本。近20年来则有芝加哥大学夏含夷（Edward Shaughnessy）的译本。夏含夷是世界上唯一翻译过所有出土文献《周易》的汉学家，他的翻译贡献和成就不可忽视。最后我也选了雷文德（Geoffrey Redmond）的译本。这个译本比较新，译者雷文德本业是医生，翻译

得非常用心，取得了优异的成果。他一生醉心《周易》，曾与韩子奇（Tze-ki Hon）合著过《周易》的著作，因为背景与卫礼贤、夏含夷等不同，反而有参考价值，因此纳入讨论。以下为行文便利，仅称呼各人的姓氏。

在讨论前我要特别声明，任何的译本都优点，也不可避免地一定有缺点。作为研究者，指出缺点是为了追求尽善尽美，而不是对译者不敬。对一般读者而言，应该多欣赏每一部书的优点和作者的贡献，才是可取的态度。

首先是要讨论一些明显不正确的翻译。

例如Rutt将谦卦䷎翻译为Rat，是因为他将这个字读为“鼸”。《周易》六十四卦，的确有不少取象于动物，例如大畜卦䷙“童牛之牿”的牛、“豶豕之牙”的豕、“良马逐”的马，都取体形庞大的动物为象征。又如小过䷽有飞鸟之象。而明夷卦䷣因为有“明夷于飞，垂其翼”之辞，Rutt、Redmond和夏含夷都不约而同地将卦名译为Pheasant。但这样翻译，对于明夷卦与晋卦䷢作为一组两个卦（binary couple），取象彼此相关的部分——晋卦离上坤下象征日出，所谓“明出地上”；明夷卦坤上离下象征日落，所谓“明入地中”，就完全顾不到了。

Rutt特别喜欢将卦名译为动物的名称，其中一个原因是他在译著《前言》介绍的他在韩国农村的生活经验，刚好印证了他阅读到的古史辨学者将《周易》视为古代农业社会生活之反映的研究。从1923年古史辨运动兴起以后，研究《周易》的学者为摒除迷信玄虚的成分（注意1923年也正是丁文江和张君劢“科学与玄学论战”发生的年份），而将卦爻辞解释为农业社会的古史实录。这对后来的《易》学家产生了很大的影响，Rutt只是其中之一。所以像遯卦䷠的“遯”字，被联想到和中孚卦卦辞“豚鱼吉”的“豚”字一样，而被翻译为Pig或Piglet（Rutt，Shaughnessy，Redmond）。事实上，谦卦无论是卦名和各爻的“谦”都是谦虚的意思，丝毫没有“鼸”的意义。“遯”的情况也一样，前三爻讲未能远遯，后三爻则能遯逃，整个卦都没有“豚”的意思。将卦名译为“鼸”和“豚”那就没有什么理据了（Rutt甚至将豫卦䷏的“豫”读成“象”而将卦名译为Elephant，就错得有点离了谱）。

又如大壮卦䷡，据《经典释文》，汉儒马融解释“壮”为“伤也”，《周易集解》引虞翻也解释为“壮，伤也”。由于初九爻辞“壮于趾，征凶”，有些《易》家就将此爻解释为脚受了伤，前进则有凶象。事实上此处“壮于趾”并不是脚受伤，而是成语“趾高气扬”的意思。这个成语典故出自《左传》，其实正可作为大壮卦

初爻的旁证，

> （桓公）十三年春，楚屈瑕伐罗。伯比送之，还谓其御曰："莫敖必败。举趾高，心不固矣。"……罗与卢戎两军之，大败之。莫敖缢于荒谷。

这真是"壮于趾，征凶"的最佳写照。因为大壮卦六爻，下四为阳，五上二爻为阴，是"阳息阴消"之卦，象征阳的力量的增长，故称"大壮"（《易》的术语，"阳"称为"大"）全都是讲述阳刚过甚而出现问题。

其余像Wilhelm译兑卦䷹的"兑"为Joyous，Lynn则译为Joy，都将"兑"字读为"喜悦"，这也和兑卦卦义失诸交臂，因为兑卦全卦讲的是语言的艺术（高亨《周易古经今注》有很精彩的解释），这个"兑"字必须解释为言说之道。Redmond将"兑"读为"兑换""exchange"，我在卦爻辞中也找不到那样的信息。

也有若干翻译得很精彩的例子。

例如夏含夷将井卦䷯译为Well trap就较大部分《易》家译为Well要好得多。正如清代学者王念孙、引之父子在《经义述闻》中已清楚论证了井卦初爻"井泥不食，旧井无禽”，前一个“井”字是水井之义，后一个“井”字是陷阱之义，所以井卦兼有水井和陷阱两义，唯有Well trap兼顾两义。

屯卦䷂，Wilhelm译为Difficulty at the Beginning非常准确，这可能是他学《易》受到大学者劳乃宣指导的缘故。所以像Lynn译为Birth Throes，解释说“the difficulty of giving birth when the hard and soft begin to interact”，也极为清楚。夏含夷译为Blocked也都碰触到了本义。至于Rutt译为Massed，Redmond译为Gathering，将此卦读为“屯聚”，就失去了《彖传》所说“刚柔始交而难生”的意旨。

我时常强调的“一字多义”现象的确值得注意，这不但由于中国经典汉字常常同时包含好几个意义，更因为《周易》是哲理书，作者利用掌握抽象意义的办法，将有限的卦和爻，来推论、譬喻天地之间无穷的事物，所以非得用“多义”的办法去联系事物的关联性、推衍象征的譬喻性不可。

譬如乾卦䷀，原本有阳刚、创生、动能等诸义，Wilhelm译为The Creative，Lynn译为Pure Yang，Rutt译为Active，而Shaughnessy译为Vigor，都把握到乾卦的某一面，但翻译的限制也在这里，有ABC三种意义，一翻译就只能着重其中一种。这样一来，我们可以看出不同翻译之间的差异，可以大到什么程度。Wilhelm-Baynes 译本有时会将另一意义附在括号里面，像需卦 ䷄ 是Waiting（Nourishment）、革卦 ䷰ 是Revolution（Molting），不失为一个好办法。

又如坤卦 ䷁，Wilhelm-Baynes译为The Receptive，着眼的是《大象传》“地势坤”意即地势平顺（将“坤”字读为“顺”字，这是用王引之《经义述闻》的解释），Shaughnessy译为Compliant，更是参考了马王堆帛书“坤”作“川”，而读为“顺”的缘故。Rutt则直接译为Earth，那是很“唯物”的译法，但即使同时参考Receptive和Compliant等意义，仍未能够掌握全局，因为，坤卦“厚德载物”的意义是“土地”形象的核心精神，它作为土地的承载、包容、繁育的种种伟大的特性，竟然没有丝毫被反映在翻译之中，实在令人难以接受！

再如蛊卦 ䷑，几乎所有《易》家都着眼于《说文解字》“皿中虫”的解释，Wilhelm译为Work on What Has Been Spoiled（Decay），Lynn译为Ills to be Cured，Shaughnessy译为Parasite意亦相同，都没有问题；Rutt译为Mildew则太不准确。然而大家似乎忽略了蛊卦上九“不事不侯，高尚其事”，“事”字两次出现，很明显是通过读音相同，将“蛊”字读作“故事”的“故”

字，而影射“事”，因而导致了这个爻辞里面两次出现“事”字。(《周官·占人》:“以八卦占筮之八故。”郑注：“八故，谓八事。”）我们了解了这一层意义，才能明白《序卦传》解释“蛊，事也”的缘由。

19. 什么是“四正卦”和“八纯卦”？

代表东、南、西、北四个方位的卦，称为“四正卦”，就是震卦☳居东方，离卦☲居南方，兑卦☱居西方，坎卦☵居北方。这四个卦象征了四方，所以在六十四卦卦气理论中，四正卦（纯卦：震䷲、离䷝、兑䷹、坎䷜）占据特殊的位置，不但由震卦管领春季、离卦管领夏季、兑卦管领秋季、坎卦管领冬季，到了“卦气”的理论，“四正卦”变成管领二十四节气，每卦分管六个。亦有另一派《易》家的卦气说，认为四正卦分管“二分、二正”，即春分（震卦）、夏至（离卦）、秋分（兑卦）、冬至（坎卦）。

四正卦的理论，也反映了《周易》是属于北半球的哲学，影响了人们的生活，反映在历史文化文明等各方面，至为重要。离卦居南方，因为北半球住民感知愈往南方天气愈暖，而到每年各地回暖，都是自南至北。因此相对上坎卦就在北方。震卦居东方，是因为震卦一阳在下，代表阳气回来，而太阳是从正东方升起。于是相对上兑卦就在西方。

这种方位的观念在历史上常常被套用到现实。古代帝王建都，都是坐北朝南，因为“圣人南面而听天下，向明而治”(《说卦传》)，“明”就是离卦之位，所谓“离明”，圣人坐北朝南，背靠着代表阴气炽盛的北方，面向阳气畅旺的南方，反映的正是北半球的地理环境。帝王都城是这样，地方诸侯兴建都城时自然而然也就取法于此。例如台北城，就和中国其他城的结构一样，也有东门、西门、南门、北门，只不过因为台北城在建造时取城北“七星山”为坐标（因为“七星山”上有七个小山顶，受到天人感应思想的影响，设计者认为这座山上应天罡北斗七星之数，应为都城的座轴起点），顺着河流水口的流向，中轴线自然地稍为倾斜，由东北向西南以14.3度划下（因此整个台北城并不完全是四正之位，而是受中轴线的偏移而稍稍偏移。中轴线上，则有中山楼、士林官邸、圆山大饭店，以至向南延伸至中正纪念堂，都是城中重要建筑）。

所谓“八纯卦”，是六十四卦之中，有八个是由“八经卦”（乾☰、坤☷、坎☵、离☲、震☳、艮☶、巽☴、兑☱）重叠而成，而成为乾䷀、坤䷁、坎䷜、离䷝、震䷲、艮䷳、巽䷸、兑䷹等，因为上下体都是同一个

“经卦”，纯粹而不掺杂其他卦，所以称为“八纯卦”。

八纯卦之中，乾、坤二卦是纯阳和纯阴，最为特别，本书其他部分已有很详尽的介绍；坎、离二卦在本书第62问也有专论。这两组卦分居上经的起首和结束，其象征分别为天、地、水、火，对于人类文明而言，是自然界四种最重要的元素。难怪有些《易》学家认为上经偏重于从“天道”讲“人事”。

震、艮二卦分居第51、52卦。因为“震”兼有雷、动等象征，所以卦辞“震惊百里”即有加倍震动的含义，给予人恐惧惊顾的感受，所以说“虩虩”。我常说，《周易》哲理主变，就是以“变”为主；但人生所追求的是稳定，而不是变化。所以照道理说，“震”作为一种形象，似乎违背了这个道理。然而，《周易》之道在于警诫，只要深知震动恐惧的自处之道，即可以转危为安，这就是全卦的精神。故《彖传》说：“震来虩虩，恐致福也。笑言哑哑，后有则也。震惊百里，惊远而惧迩也。出，可以守宗庙社稷，以为祭主也。”能够让人“致福”的并不是“恐惧”，而是因为恐惧而进一步明趋吉避祸之道。所以《象传》说：“君子以恐惧修省。”正是君子因为“恐惧”而自修、自省的意思。和“震”卦相对的“艮”卦，则兼有山、止等象征，所以强调静止。卦辞是讲“艮”的极致，在动态的世界中，

“艮”而能至于无影无踪、不为他人所察觉，才是“艮”的最高体现。故六爻之中，由初爻的足部开始，“艮其腓”至于六五“艮其辅”，都是身体的静止，而《象传》也引申为警诫君子勿见猎心喜，贪念无穷，而应该“思不出其位”。但毕竟现实世界中人事瞬息万变，无一事物可以永恒休止，因此《彖传》说：“时止则止，时行则行，动静不失其时，其道光明。”读者幸勿误会，以为站在“止”的立场，怎么会去申论“时行”呢？应该反过来理解：我们必须从“行”的立场也就是变动的立场，去理解“时止”的可贵。

巽、兑二卦分居第57、58卦。“巽”兼有风、顺、入等象征，“兑”兼有泽、说、悦等象征。《象传》释“巽”有“随风”二字，意为风不止息，前后相随，随顺人生的际遇，是为“巽”的初意；但进一步推理，在于人事则断无随波逐流之理，故代之以自身的决断，自身决断以为“命”；巽而又巽，则命而再命，是为“申命”，因此《彖传》以“重巽以申命”释巽卦，《象传》亦以“君子以申命行事”以为教诲。“兑”之为象，既为《象传》所说“丽泽”，则一兑为“说”，一兑为“悦”，言说则能申命，兼抒心志，故能喜悦，故兑卦六爻皆有言说、言谈之义，而《象传》则称“丽泽兑，君子以朋友讲习”，将讲习引申于君子朋友之间，有彼此攻错勉励切磋之义。

20. 什么是“互体”？

“互体”或称为“互卦”，指一个“别卦”（六爻卦）上下体以外，从中间四爻中另产生两个经卦（三爻卦）。因为这和原本的上、下体（内、外卦）重叠，两者之间也部分重叠，故用“互”字来表达它们彼此纠缠的形态。

有学者更进一步分析“互体”，认为“八纯卦”之中，乾卦䷀和坤卦䷁是纯阳、纯阴之卦：六爻的乾卦中怎么分拆都是三爻的“乾”，六爻的坤卦中怎么分拆都是三爻的“坤”，没有“互”可言。其余六个“纯卦”，以“四正卦”震卦䷲、兑卦䷹、坎卦䷜、离卦䷝为主体，构成了阴阳老少的“交互”的基础，先是“四正卦”中两卦“交互”而演变出艮卦和巽卦：

> 震卦下互（二三四）“艮”、坎卦上互（三四五）亦“艮”，合而成艮卦䷳。

离卦下互（二三四）“巽”、兑卦上互（三四五）亦“巽”，合而成巽卦䷸。

再在一卦中上体、下体、上互、下互彼此搭配，又产生新的卦：

上互与上体合而成一卦，如震卦䷲上互“坎”与上体“震”合而成解卦䷧。

上互与下体合而成一卦，如坎卦䷜上互“艮”与下体“坎”合而成蒙卦䷃。

下互与上体合而成一卦，如离卦䷝下互“巽”与上体“离”合而成鼎卦䷱。

下互与下体合而成一卦，如兑卦䷹下互“离”与下体“兑”合而成睽卦䷥。

这样区分下去，又可以讲出好多不同的种类和道理了。

朝着这个思路，“互体”之说出现后，又出现了“包体”的说法，就是一个卦“包裹”着另一个卦。如损卦䷨、益卦䷩是乾卦☰在外面包裹着里面的坤卦☷；咸卦䷞、恒卦䷟则是反过来，是坤卦在外面包裹着里面的乾卦。不过我认为汉魏《易》学家这样讲没有什么意思。“包体”其实只讲了一种现象。它里面有什么道理和含义可言吗？我很怀疑。

传统儒者多根据《系辞传》“若夫杂物撰德，辨是与非，则非其中爻不备”，认为所谓“中爻”，指的是初爻和上爻之中的四爻所形成的两个卦（二三四、三四五）。如随卦䷐，二、三、四爻构成经卦“艮”☶，三、四、五爻构成“巽”☴。虽然有的学者认为这是汉儒发明的取象解卦的方法，目的是在上下二体外，再增两卦，扩大取象引喻的范围。《左传》、《国语》二十二个筮例中，“互体”共得三例。举《左传》庄公二十二年（前672年）为例，其中记陈侯使周史以《周易》筮，遇观䷓之否䷋一条。周史称“坤，土也；巽，风也。风为天于土上，山也”，是史书首次记载以“互体”释卦的筮例。因为本卦是观卦䷓，之卦否卦䷋之下，二三四爻互坤☷，有“土”之象，三四五爻互艮☶有“山”之象；又观卦上体巽☴有“风”之象、否卦上体乾☰有“天”之象（观、否下体皆“坤”），周史提出综合研判，对陈侯说：

> 是谓“观国之光，利用宾于王。”此其代陈有国乎？不在此，其在异国；非此其身，在其子孙。光，远而自他有耀者也。坤，土也；巽，风也；乾，天也。风为天，于土上，山也。有山之材，而

照之以天光，于是乎居土上，故曰“观国之光，利用宾于王”。庭实旅百，奉之以玉帛，天地之美具焉，故曰“利用宾于王”。犹有观焉，故曰其在后乎！风行而着于土，故曰其在异国乎！若在异国，必姜姓也。姜，大岳之后也。山岳则配天。物莫能两大。陈衰，此其昌乎！

周史引申风、土、山、天等“象”来解释观卦这个占断，就是用“互体”义例解释事理的好例子。由于《左传》的权威，让后来研究《周易》的学者，尤其是汉魏儒者，都不怀疑“互体”之说。这样讲下去，讲过了头，有的学者也觉得扯得太远了。例如朱熹就曾经批评：

朱震又多用伏卦互体说阴阳，说阳便及阴，说阴便及阳，乾可为坤，坤可为乾，太走作。……

今人言互体者，皆以此为说，但亦有取不得处也，如颐卦、大过之类是也。王辅嗣又言“纳甲、飞伏，尤更难理会。”……此等皆支蔓，不必深泥。(《朱子语类》)

宋儒王应麟《困学纪闻》、清儒顾炎武《日知录》、全祖望《经史答问》对于“互体”学说都有批评，但也不敢全盘否认。关键可能在于如何解读《系辞传》“若夫杂物撰德，辨是与非，则非其中爻不备”三句话。这三句话独立起来，让人有点摸不着头脑。将它解释为“互体”的理论，好像说得通，再与《左传》、《国语》的筮例互相印证，更好像获得了另一部儒家经典的理论支持。

笔者认为，“互体”之说有其道理。“非其中爻不备”这句话，如果不用“互体”解释，也没有别的出路。《左传》、《国语》筮例虽有不少附会的讲法，但用“互体”说《易》，也很难说各国史官和筮人都不约而同地无中生有。换言之，“互体”之说能成立，没有任何问题，只是要小心避免无止境地扩大它的解释就好。

仰 观 俯 察

雷霆风雨

《易》与自然

——天道往复循环，天文历法之变

21.《周易》的原理是什么？

“易”是一套出现在北半球的“尚阳”的哲学，它的原理就是以地球与太阳的关系为主。首先是地球自转，面向太阳时为日，背向太阳时为夜。就此区分出“阳”与“阴”。同时，地轴线以大约23.5度倾斜。这个角度，天文学通称“黄赤交角”。“黄”就是天球黄道，亦即太阳的视路径；“赤”就是天球赤道，亦即与天极垂直轴线成直角在天球上划出的最大圆弧。地轴相对于轨道平面的倾角（obliquity）就是“黄赤交角”。这个斜角，加上地球自转和围绕太阳的公转，造成日照在地球上的垂直照射点，永恒在南北回归线之间往返。

因为地球稳定的自转，而有了固定的日、夜（阴、阳）变化；有了地球围绕太阳稳定的公转，加上“黄赤交角”的固定位置，而有了固定的四季寒暑变化。日照在南北半球往返移动，加上地球自转，促成了季风、贸易风等大气流动，促进了热带、亚热带、温带之间物种的交流。

假设黄赤交角为0度，阳光将永恒照射在赤道，南北半球没有寒来暑往，热带、亚热带和温带之间没有季风，气候没有像现在的变化，那么很有可能地球根本不会有那么丰富而多样的物种出现，文明就更不用说了。

由此可见，太阳系赐予我们那么美妙的星球，人类却因为贪婪而将它污染到今天的样子，真是对不住大自然的恩赐啊！

也许有人会问：佛教“四大”有“地、水、火、风”。“风”在佛教思想中也许很重要，但在中国“五行”学说“金、木、水、火、土”中并没有“风”。“风”有那么重要吗？其实这个问题的答案，就在最早记录“五行”学说的文献《尚书·洪范》所记的五个“庶征”“雨、旸、燠、寒、风”之中，“风”恰巧对应了“五行”的“土”，占据了中央最重要的位置。在地球大气环境中，“风”扮演了调和气候的角色，是万物生存的重要基础。

大自然的“变”是万物生命得以孕育的原因，而这种“变”的稳定性——不变——也不可或缺。试想象，如果地球的自转不稳定，时快时慢，今天26小时，明天21小时；如果地球绕日公转不稳定，时快时慢，今年330日，明年295日，不要说人类根本归纳不出“日”、

“月”、“年”这样的计时单位，没有了稳定的生理时钟，生物恐怕也无法演化。生命和文明，都成为不可能。

除了研究地球科学的学者以外，一般人，包括研究《周易》的学者，都低估了地球这种“变”与“不变”对于生态和物种的决定性影响。我们从反面思考，也就不难明白生态、物种与文明的脆弱。相对于大自然的力量，人类发展的“科学”，对于太阳、月亮、地球稳定地恒常运转的机制，根本无力干预；倘若一旦发生根本变化，人类也无力抵御。现在大家那么热衷自然科学，有些自然科学家甚至嘲笑人文学落后，没有自然科学的规范。这实在是井蛙之见，不值一哂！

在众多天体之中，“日”与“月”的热力和引力，对地球和生活其中的万物影响最深、最广。日夜转换，寒暑交替，生死代谢，不断在地球上演，主宰了天地万物，人类生活其中，自少至老，生老病死，悲欢离合，未尝有一息停止。《系辞传》说“天尊地卑，乾坤定矣”，又说“日往则月来，月往则日来，日月相推而明生焉。寒往则暑来，暑往则寒来，寒暑相推而岁成焉”，就是讲的这个以日月为主的“变化”道理。

正因为人类是在自然中演化而成，我们无法脱离自然律：日夜交替，我们的生理时钟也顺应着，于是我们日出而作，日入而息。这是“阴、阳”在生理上的作用。生命朝向光明，我们因之而愉悦；生命迈向幽冥，我们因之而悲伤。这是“阴、阳”投射在心理上的作用。

人类与万物在上述“变”中“不变”的定律和环境里演化生存，也被这种定律牢牢地捆缚着。世上每个人都托生在某一方风土，也许是寒带，也许是热带；也许是高原，也许是海边。无论是干燥潮湿、风雷雨雪，每个人都要适应，都无法选择。这就像我们无法选择我们的父母。所以，对于小孩子来说，父母就是天地；对人类而言，天地就是父母。《说卦传》将“乾、坤”比喻为父母，又比喻为天地，就是这个意思。

因为天地赐予力量，万物得以欣欣向荣，人类得以建立幸福的国度。日夜季节更迭相代的原理，让生理时钟深深埋藏在万物的生命中，默默主宰着万物的诞生、成长与死亡。生命繁衍需要雌雄相配，生理时钟规定要作息有度，有成长就有衰老，有继往才能开来，有顺境就有逆境。古人未必有先进的天体运行及大气变化的科学知识，但根据生活经验，深刻感知到促成万物荣衰循环的力量，根本在于“易”。所以《易纬》说“易一名而含三义”:“易简”是因为这个大规律明白可循，“变易”是阴阳替换的作用，“不易”则强调了这种变化恒常稳定。

22.《周易》的原理适用于南半球吗？

多年前我到澳洲墨尔本（Melbourne）演讲，讲到《周易》，到了提问时间，赫然发现听众中有不少以占卜星相为生的命理师。他们纷纷问我，究竟《周易》的理论，能不能适用于南半球。

我们知道南半球不但节候和北半球相反，可能连浴缸排水时，漩涡转动的方向也相反。明白这一点，就能理解他们提问的原因。

我的答案是，《周易》是产生于北半球的哲学，而且它的学说建立时，主要是根据“天圆地方”“盖天说”的思想。“盖天说”所谓“天圆地方”四个字源出于《周髀算经》所传说伏牺传至殷商的观天之法，认为“天似盖笠”(《晋书·天文志》引)，像一个锅盖一样。所以所谓“天圆”，其实只是半圆；“地方”亦即“地平”(flat earth)，只有“平”才有“方”可言。要知道“浑天说”迟至东汉才出现，为时甚晚。因此，传统《易》学理论所衍生的自然秩序观念，概以“北半球”为准，并没有“南半球”的考虑。要将广义的《易》学相关的自然秩序套用在南半球，必须先将相关的方位调校过来，才有可能大致适用。

为什么说“有可能”又说“大致”呢？因为严格地说，由于南半球在天文星象上和地理面貌上，与北半球差异太大，即使调校之后，套用时也存在很多限制。当然，如果只是单纯为了了解《周易》，那就没关系。如果运用历代《易》学理论内容来套用解释南半球现象，就会大乱。

就天文星象而言，譬如古代经典中的“太一”一词，多数指“北极星”。北极星是位于北半球“天极”（天球北极，即地轴正北端之点，对北半球而言是苍穹转动的中心点）的准绳。在纬度愈低的地方，北极星较低，愈往高纬度地区移动，北极星在天空的位置就愈高。虽然北极星并不是永恒不变的一颗星，而是指一长段时间内占据于“天极”位置的那一颗星（随着地轴摇摆造成岁差［axial precession］，不同的恒星会在2万5千多年内轮流占据天极的位置，成为当时的北极星），但因为“现任”北极星小熊座“勾陈一”亮度很高，成为北半球旅人观测方位的坐标。相对于北极星，南极星甚为黯淡，所以，在南半球并没有一颗像北极星在北半球那样的星星作为坐标。单从这个角度考虑，经历三千年与北半球天文秩序融合的《周易》哲学，能否适用于南半球就很有保留余地。

至于方位问题，“盖天说”令中国人观测阴阳寒暑的循环时，用了平面的观念来解释立体的球形转动（地球自转及绕日公转），所以和《周易》相关的文献描述阳气的流动，都是依照四季、自东北顺时针方向绕行；阴气则自正北方逆时针方向绕行。至于东西的方位，古代中国习惯坐北朝南，所以叫东边作“左”，西边称“右”——譬如“江东”称为“江左”，“江西”称为“江右”。绘制地图时，也是北方朝下，南方朝上，左东、右西。

如果将这套观念套用到南半球，恰好变成相反。南半球的居民，观看世界地图，始终是北极在上而南极在下。如果习惯背向南极而面向赤道，则东边转而在右，而西边转而在左。这就与北半球的习惯相反了。所以读者阅读传统和《周易》相关的各种图象时，会注意到北方在下而南方在上，和当代地图相反，这是为体现“君人南面”的思想而设计的。倘若套用在南半球，也会出现扞格不通的困难。

至于地理面貌，海洋和陆地对气候影响非常深远，南北半球的陆地海洋比例结构截然不同。北半球陆地占的面积远较南半球为大，受到海洋温度变化影响，南半球最大的大陆澳洲，气候与北半球的大陆差异颇大。

23.《易》学是天文学吗?

古代中国社会很多人相信《易》学就是天文学，因为《系辞传》说“《易》与天地准”，汉代帝王及士大夫普遍都相信《易》理和天文历法吻合。

《周易》的原理，有很多和天文现象有关，也有些反映了周朝的历法和天文知识，也有从自然界观察到的规律与现象。但受限于上古先民天文知识尚有不足，过度地相信《周易》可以和天文历法各种原理吻合无间，是完全不必要的。

《周易》有许多神秘的数字，包括大家熟悉的“天地之数”（天一、地二、天三、地四、天五、地六、天七、地八、天九、地十，共五十五）、“大衍之数”（五十）等，而战国的《易传》以后，第二批解《易》的学者——汉代的《易》学家——广泛地用天文、历法、象数等说解《周易》，朝廷的天文官也喜用《周易》的数字原理讲解“天行”（包括日、月、星辰）度数，进而调校历法。参与设计“太初历”的司马迁，在《史记·太史公自序》里就记述父亲司马谈“学天官于唐都，受《易》于杨何”，这是因为《易》学和天文学有密切关系。东汉时，贾逵曾针对西汉初订立的太初历的差谬原因与调整办法。与《易》家和天文官在朝廷公开辩论过。汉魏以后，至唐代一行禅师精通天文而解说《易》理，影响后世甚广，术数派在邵雍开创“先天学”以后，用《易》数推演天地人事变化之运，蔚为风潮。清代的《易》学名家如黄宗羲、焦循揭露了不少一行《卦议》和象数说《易》的差误。后来的人很少注意黄、焦的研究，导致今天好多学《易》的人因不知“天”，而迷醉于种种术数学说中，歧路亡羊而不稍察觉，十分可惜。

《易》数和天文学发生关系，最早可能始于殷商时期甚或更早的“干支”记载日期的习惯。天干（celestial stems）和地支（earthly branches）排列记时、记日，也许《周易》的前身——无论是《连山》或《归藏》——已经出现，但后人苦无证据。根据清代学者辑佚的《归藏》和湖北王家台出土的秦简本《归藏》，都只有卦辞而无爻辞。我们看《周易》六十四卦，每卦六爻，共三百八十四爻，每爻都有爻辞。历代至为复杂的“卦变”学说，基础就是取决于“爻”的变化。由此可知，爻变决定了卦变，卦变体现了整部《周易》“变”的哲学。

传统《易》家注意到太阴历一年十二个月共354日，加闰月30日合计384日，数字与《周易》384爻完全吻合。再将“变”的因素一并考虑，64卦384爻的变化就隐然与历法冥相符合。这是很简单的数学演算。

而且《系辞传》说：“乾之策，二百一十有六；坤之策，百四十有四，凡三百有六十，当期之日。”孔颖达《疏》解释说：“三百六十日，举其大略，不数五日四分日之一也。”朱熹《周易本义》也说：“期，周一岁也，凡三百六十五日四分日之一。此特举成数而概言之耳。”“当期”就是一年。根据汉代大学者郑玄所指出的，“一年”是太阴历十二个月的称呼、“一岁”则是太阳历三百六十五日四分日之一的专有名词，孔颖达和朱熹显然都相信这里的“当期”是计算阳历的。李守力《周易诠释》提出了一个假说，认为太阴历一年十二月354日与太阳历一年366日，二者相加除以二（即取其平均数），刚好为360。至于太阳历不取孔颖达和朱熹所说的365¼日，而取366日的理由，是因为《尚书·尧典》有“朞三百有六旬有六日，以闰月定四时，成岁”的记载。这个假说看起来的确能自圆其说，但问题在于，它没有足够理据证明所讲的就是《周易》作者原本想表达的道理。

用360日解释《系辞传》“当期之日”，也有《易》

家认为是取黄道（太阳在天球上视路径的轨迹）周天度数360度而言。这也是说得通的，只是缺乏直接证据支持的问题仍然存在。李守力除了解释“当期之日”外，还有其他的论点，论证《易》卦和天文历法有关，包括：

A. 认为节卦䷻是第60卦，合一甲子之数，所以《象传》说“天地节而四时成”。

B. 认为革卦䷰是第49卦、鼎卦䷱是50卦，除了应“大衍之数五十”及“其用四十有九”之外，又认为阴历一个月为29.54日，用王国维对殷商历法“一月四分之术”的理论解释，月亮圆缺变化一个循环（一个月），可分为“初吉”、“既生霸”、“既望”、“既死霸”四个阶段，则每个阶段为29.54日÷4=7.38日，李称之为“象限点”。一年十二个月已有48个象限点；再补入置闰的日子就有49个象限点，于是得到7.38日×49=362日（若50个象限点则为369日，超过了回归年（即太阳年）的365¼日，所以李认为必须在49点时观测回归年）。这是《周易》第49卦革卦《象传》说“君子以治历明时”的理由。

以上的讲法仍然存在问题。首先，节卦列第60卦固然恰好符合甲子之数，但《彖传》说“天地节而四时成”，“四时”是一年，和甲子之数——六十——无论是记日抑或记年，都对应不上。此其一。

“一月四分之术”是王国维的发明，但并不是古代历法的定论。董作宾就特别撰写了《“四分一月”说辨正》反驳王说，提出了修正的理论，认为一月四分为“初吉、既生霸、既望、既死霸”的四阶段并不可靠。实际上“初吉”、“既望”是定点日子，“既生霸、哉生霸”则是“月相”（月亮的样貌），两类并不在同一层次，不能混为一谈。此其二。

如果第49卦革卦暗喻第49个象限点观测回归年，鼎卦（第50卦）难道暗喻第50个象限点？那么362日再加一个象限点7.38日得出369.38日，又将譬喻什么呢？可见单单推论革卦列于第49卦，是孤立的论证，难以周延的说明六十四卦全局。此其三。

以上情形，反映了研究《周易》的困难，因为古典距离今天实在太遥远，要做种种新的推论，证据常苦不足。但如不顾证据不足够仍一意坐实一些未够周延的推断，往往只能流于猜想。

专门研究天文学的卢央写过一部《易学与天文学》，较侧重于从天文学原理探讨汉儒卦气象数之说，读者可参。关于和天文学相关的“卦气”问题，在本书后文有讨论。我在《周易阶梯》中也有约略讨论到《周易》和天文、历法的关系，读者可以参考。

24.《周易》乾卦“六龙”是讲星象吗?

《周易》乾卦☰是自古以来解释《周易》的学者最关心的一卦，不但因为九五爻辞“飞龙在天，利见大人”被引申为成语“九五之尊”，广泛解释为帝王尊位，甚至有些《易》家据此认为《易》是“帝王之学”；也因为九三“君子终日乾乾”而涉及“君子”与“大人”关系的问题——如果“君子”即“大人”指涉相同，则何以有两个不同的称谓?如果“君子”和“大人”非属同一人，二者的关系又为何?

“龙”的象征在古代的解释源远流长。《说文解字》释之为“鳞虫之长，能幽能明，能细能巨，能短能长。春分而登天，秋分而潜渊”。后来唐代孔颖达《周易正义》用自然现象解释乾卦六龙:“潜者，隐伏之名；龙者，变化之物。言天之自然之气，起于建子之月，阴气始盛，阳气潜在地下，故言初九潜龙也。”但尚未有用星象解释。孔颖达解释龙为“变化之物”后，旋即强调

"圣人有龙德"，意思是，在卦爻辞中，"龙"只是对于"圣人"的一种抽象的比喻，不能直接将之视为某种动物或星象。

也许正由于《说文解字》"春分而登天，秋分而潜渊"两句话，后来《易》家解释"龙"象，产生天文的想象，也是很自然的事。在中国，明代理学家王鸿儒（凝斋，1459—1519）已经尝试用天文解释龙象。他说：

> "大明终始，六位时成，时乘六龙以御天。"六位，六虚位，自子至巳也；六龙，六阳爻，自初九至上九也。圣人大明乾道之终始，则见阳之六位以时而成。自十一月一阳生，则画一刚于初位，是乘以一龙也；十二月二阳生，则画一刚于二位，是乘以二龙也；余四位四画准此乘，乃加乘之乘，犹加载也。天之六阳，时序如此，圣人加画，乾卦亦如此，所以御天也。（《明儒学案》卷七"河东学案"上《凝斋笔语》）

王鸿儒所说"六位，六虚位，自子至巳也"意思难以确定。以十二地支指称十二宫，可远溯至先秦。《汉书·天文志》所列太岁位置，"在子曰困敦"、"在丑曰赤奋若”、“在寅曰摄提格”、“在卯曰单阏”、“在辰曰执徐”、“在巳曰大荒落”。但王鸿儒所说，似乎并未引用《汉书·天文志》以为说。既然如此，则何必提及“自子至巳也”，又为何称为“六虚位”呢？令人费解。

最早明白用星象解释乾卦六龙的可能是黄宗羲《易学象数论》卷三“原象”：

> 东方苍龙七宿，角、亢、氐、房、心、尾、箕。子丑月，黄昏，苍龙入地，故曰“潜”。寅卯月，角宿昏见天渊之分，故曰“在渊”。辰巳月，苍龙昏见天田星下，故曰“见龙在田”。午未月，龙星昏中于天，故曰“在天”。申酉月，大火西流，龙将入地，故曰“夕惕”。戌亥月，平旦，龙见于东北，昼晦其形，故曰“亢”。魏献子问龙于蔡墨，蔡墨曰：“《周易》有之，在乾之姤云云。若不朝夕见，谁能物之？”龙非星也，岂得朝夕见乎？

明代理学家——哲学家——喜欢用“龙”、“镜”作为譬喻，形容抽象的“心”本体的活动和性质。他们都没有将“龙”当作实物，更遑论解释为星象。黄宗羲生于明末，卒于清初，是《明儒学案》的作者。他对于明儒论《易》而谈“龙”的方法，必然熟极而流。如今他竟将乾卦六龙释为星象，显然发展了一条与明代理学家截然不同的路子。

周正建“子”，亦即以夏历（即太阴历）之十一月为周朝官方历法的“正月”，大约相当于今天阳历的十二月。“冬至”日每年都在12月21或22日，当天日照自南回归线折返北半球，因此周正以这个月为“正月”，自是合符自然之理。“子丑月”就是阴历十一、十二月，“寅卯月”即一、二月，“辰巳月”即三、四月，“午未月”即五、六月，“申酉月”即七、八月，“戌亥月”即九、十月。

黄宗羲所论，原本与《尚书·尧典》所记“四仲中星”有关——“春分”为“日中星鸟”、“夏至”为“日鸟星火”，“秋分”为“宵中星虚”，“冬至”为“日短星昴”。据《尚书》伪孔传解释，春分时节“鸟，南方朱鸟七宿”，夏至时分“火，苍龙之中星”，秋分时节“虚，玄武之中星”，冬至时分“昴，白虎之中星”。此四仲中星并不止于四颗星，而是二十八宿（每一星宿亦未必只有一颗星）：

> “朱雀七宿”，包括井、鬼、柳、星、张、翼、轸。井宿属双子座，井宿三最亮。鬼宿属巨蟹座，所以“星鸟”包括了双子、巨蟹等星座。

“青龙七宿”，包括角、亢、氐、房、心、尾、箕。“**日鸟星火**”的“**火**”是心宿一、二。心宿一为东方苍龙七宿第五颗星。心宿二为东方苍龙七宿第二颗星，又称大火，天蝎座 α 星，与毕宿五、角宿一、轩辕十四是靠近黄道最亮的四颗恒星，亦是天蝎座内最亮的恒星。

“玄武七宿”，包括斗、牛、女、虚、危、室、壁。虚宿一、二，分别是宝瓶座 β 和小马座 α，至今阴历九月中旬即约略为仲秋时分晚上可在南方天空中央看见。

“白虎七宿”，包括奎、娄、胃、昴、毕、觜、参。昴宿星团位于金牛座，与毕宿相近，至今夏历十二月仲冬晚上向南方天空高处即可见。到了冬至则于子夜时分居南方中天。

黄宗羲所观测，仅属“青龙七宿”亦即苍龙星群（dragon constellation），不涉及其余的玄武、白虎诸星。苍龙七宿，“角”是苍龙的角，“亢”是颈，“氐”是胸、“房”、“心”是腹，“尾”、“箕”是尾（房、心、尾三宿，古人或称之为“大辰”）。

以上为《尚书》所记，后人所阐释的朱雀、青龙、玄武、白虎四星群，在上古中国的确曾被用来作为标示春分、夏至、秋分、冬至正日的坐标。它们的度数，因为岁差（precession，每约70年偏移1度）的关系，自《尧典》著成时代直到今天，在黄道上的度数究竟偏移了多少，已难以计算清楚（因为《尧典》被视为著成于战国，但内容记载的却是殷商以前事迹）。而且就亮度而言，除大火星“心”以外，四仲中星并没有亮度为一等的最亮的星。也因为夏天与冬天日照时间长短不同，入夜“大昏”（完全入黑）的时间早晚有异，后人不清楚《尧典》的观测时间，要确定位置是不可能的。

1911年研究中国天文学的瑞士汉学家Leopold de Saussure（1866—1925）在其著作“Les Origines de l’Astronomie Chinoise: La régle des cho-ti”（刊*T’oung Pao* 12，347—374. 1909—1922）提及中国古代出现的龙星群（dragon constellation），在《周易》首章（乾卦）即有所记载。这个解释，后来被芝加哥大学著名《易》学家夏含夷所接受，在论著*Before Confucius*中说，“Still，the attributes of the dragon were so firmly fixed in China’s ancient mythology that it had to be based on some natural phenomenon. In fact，the Chinese have long seen the form of a dragon in a constellation of stars which becomes visible in the eastern quadrant of the sky in spring and finally passes out of sight beneath the western horizon in autumn."（Chapter 7 "Qian and Kun Hexagrams" in Edward L. Shaughnessy，*Before Confucius: Studies in the Creation of the Chinese Classics*，p. 200.）大意是说"龙"在中国神话中的具体象征当系基于自然现象的观测，也就是对于"龙星群"自春至秋由东至西运行变化的考察。

民国初年，闻一多可能从黄宗羲的著作中获得灵感，亦以星象解释乾卦六龙，说：

> 案古书言龙，多谓东宫苍龙之星。《乾卦》六言龙（内九四或跃在渊，虽未明言龙，而实亦指龙），亦皆谓龙星。《史记·天官书》索隐引石氏曰："左角为天田"，《封禅书》正义引《汉旧仪》曰："龙星左角为天田。"九二"见龙在田"，田即天田也。苍龙之星即心宿三星，当春夏之交，昏后升于东南，秋冬之交，昏后降于西南。《后汉书·张衡传》曰："夫玄龙迎夏则陵云而奋鳞，乐时也，涉冬则淈泥而潜蟠，避害也"，玄龙即苍龙之星，迎夏奋鳞，涉冬潜蟠，正合龙星见藏之候。《说文》曰："龙……春分而登天，秋分而潜渊"，亦谓龙星。九五"飞龙在天"，春分之龙也；初九"潜龙"、九四"或跃在渊"，秋分之龙也。《天官

书》曰“东宫苍龙——房，心。心为明堂，大星天王，前后星子属。不欲直，直则天王失计”，是龙欲曲，不欲直，曲则吉，直则凶也。上九“亢龙”，亢有直义，亢龙即直龙。用九“见群龙无首”，群读为卷（群从君声，君卷声近义通……），群龙即卷龙。……盖东方房心（苍龙）之为卷龙，亦犹中央权（黄龙）之为卷龙也。卷龙如环无端，莫辨其首尾，故曰“无首”，言不见首耳。龙欲卷曲，不欲亢直，故“亢龙”则“有悔”，“见卷龙无首”则“吉”也。(《周易义证类纂》,《闻一多全集》10，页231—233。)

近年美国宾夕法尼亚州Lehigh University教授班大为（David Pankenier）巨著*Astrology and Cosmology in Early China: Conforming Earth to Heaven*（Cambridge University Press，2013）出版，其中亦接受Saussure和夏含夷用龙星群解释乾卦六龙的学说。班大为关于龙星群的解释，见该书Part One的第2部分“Watching for Dragons”。班大为首先深信蔡墨“《周易》有之，在乾之姤云云。若不朝夕见，谁能物之”的话，认为“乾”朝夕可见，必然是天象。同时，他认为乾、坤二卦必须合起来讨论，认为坤卦☷初六“履霜坚冰至”讲的是仲秋的气候，也就是准备进入“子丑月”所谓“苍龙入地”的状态，北半球大地进入了日照极短、天气严寒的季节，而乾卦“龙”象——龙星群也开始了它在天上的长时期显现，恰好反映了“阳”凌驾于“阴”之上的状态。他说“Kun follows qian just as the withering of vegetation，the lengthening of shadows，and growing hours of darkness all signal the onset of winter，the season when yin force reaches its peak. Hence the first line of the kun hexagram references mid-autumn when it says，‘treading on frost [one knows] the hard freeze is coming.’ In fact，however，as any ancient farmer or sky-watcher certainly knew，the Dragon never disappeared from the sky during the season of cold and darkness，much as the yin force never completely overcomes the yang.”(pp. 48–51) 班大为甚至附上了八幅星象图，说明龙星群显现的位置。他真的是将实证主义 (positivism) 的精神发挥到了极致。然而，班大为讲乾坤的关系是有问题的，果如他所说，坤初六“履霜坚冰至”是形容深秋入冬的节候，转至乾卦，龙星群并不因天气的寒冷黑暗而消失，我们也可以反过来说，乾卦龙星群毕现，也无法让寒冷黑暗的大地有所改善，代表发展至乾卦后，“阳”的力量仍然受制于“阴”。这样讲，将乾坤二卦卦义和龙星群结

合解，又有何意义呢？

由黄宗羲率先提出的以“龙星群”解释乾卦“龙”象，真的可以成立吗？采用“实证”的方法解读文献必然正确，且一定胜过经学家的文献解释或理学家的哲理解释吗？我认为未必。

让我们先看看专业天文学家的评论。已故著名天文学家薄树人（1934—1997）也注意到《周易》乾卦所记龙星的问题，他在《经部文献中的天文学史料（之一）》中指出了闻一多的缺点在于龙位与季节的对应关系太过跳跃。同时亦评骘了夏含夷和陈久金讨论乾卦六龙的论点。薄树人认为，把“用九”作为一个爻位，对应一个月份，前提是需要与每卦六爻的定义一致，也要顾及历代《易》家对“用九”的理解（该文收入《薄树人文集》，合肥：中国科学技术大学出版社，2003年，页127—128）。

笔者认为，将乾卦六龙直接解释为龙星群，可谓问题重重。第一个问题是，为何独独乾卦直指天上的龙星群，其余六十三卦都没有这种现象呢？经典诠释的基本原则是，任何对经典的解释，必须兼顾全书，很难将其中一个部分孤立起来，作特殊的解释。薄树人指出“用九，见群龙无首，吉”没有被解释，固然是一个问题。班大为将“用九”解释为龙星群依次序而规律地呈现在天上，显示的是天人相应的和谐状态（Thus the sequential changes in the Dragon's appearance indicated by the other lines of the hexagram，when they conformed to the count of the months，meant that nature and human affairs were in harmony）。这和闻一多用“卷龙”、“衮龙”解释“群龙”一样，恐怕都是没有证据的想象。

其次，依照筮法，筮得“用九”则以坤卦卦辞为占，筮得“用六”则以乾卦卦辞为占，亦即朱熹《周易本义》所说的坤卦用六“利永贞”就是乾卦卦辞的“利贞”；乾卦用九“群龙无首”即坤卦卦辞“牝马之贞，先迷后得，东北丧朋”之意。这是《周易》传注传统基于文献分析而获得的铁证。但自黄宗羲以降，诸《易》家将“群龙无首”解释为星象，完全忽视了乾、坤二卦的关系。怎么可以这样疏漏呢?

再者，坤卦上六爻辞（即衔接乾卦初爻位置）也已经出现龙象，爻辞“龙战于野，其血玄黄”，却被《易》家们搁置一旁，没有合理解释，又怎么办呢？如果乾卦诸爻均指星象，九三“君子终日乾乾”又应当怎样解释呢?

黄宗羲将“龙”象解释为星象，显示他舍弃了明代理学家将“龙”理解为心性本体的解释。这是中国17世纪思想发展史从明代过渡到清代“舍虚就实”的现象之一。学者厌倦了将经典讲得虚妙抽象，徒惹读者迷茫。不过用实证主义的办法，将“龙”象一一解释为苍龙之星，显然也不符合经典原本的意思。

25. 什么是卦气?

“卦气”，指的是利用“卦”和“爻”来侦测“气”在一年之中的运行规律，达到好几个目的：

第一，建立更精准的历法。汉代朝廷就有《易》学家提出用《周易》的数字来校正历法，不过最后证实了无效。原因很多，主要则在古人尚未能明了恒星（如十二宫、二十八宿）、行星（如岁星）、太阳、月亮的运行，并不在一个体系上。将日、月、星辰视为一个稳定的系统，本身就存在问题。

第二，为了说明节气的变化。“二十四气”原是古人用“圭”、“表”（“日晷”的前身）观察日影角度而计算出来的，和卦爻都没有关系。在西周初年大约公元前一千年左右，《尚书·尧典》已记载了“日中”、“日永”、“宵中”、“日短”，就是后来的“二分二至”——春分、夏至、秋分、冬至——的最初名称。其后至战国时代出现了完整的二十四气的名称（但根据出土文物显示，二十四气的出现应该远早于战国。而且殷商曾以没有“中气”的月份置闰月，后人所谓“无中置闰”，也显示当时可能已有二十四气）。汉代太初历将二十四气分为“中气”（起“冬至”）和“节气”（起“小寒”），所以现在一般总称“二十四节气”，其实应该称为“二十四气”，方法上，是观察太阳在黄经上移动的幅度，在二分二至之间，每一段再加上五个“气”。方法有二：一是用“恒气”（或称为“平气”），就是将二十四“气”平均分配在三百六十五又四分之一日，每“气”长度为十五日多。另一用“定气”，因为北半球冬天日照较短，“气”的长度短至十四日多；夏天日照较长，“气”的长度长至十六日多。

以上“气”的计算，其实和卦爻没有关系；《易》家用卦爻来相配，只是利用它来说明六十四卦具有系统性，和自然界寒暑变化的规律相合。事实上这种所谓“相合”是目的论（teleology）的，也就是先预设了卦爻系统和大自然规律是相合的，再设法把它们凑合起来。这样做，意义不大。

第三，利用卦气配合讲述“灾异”的现象，发挥汉儒“天人感应”的理论，目的在于警示帝王，推行《易》家自己的学说思想。

“卦气”包括了三种理论。

第一是“十二消息卦”。“消”指消灭，“息”指生长。在《易》学中，“消”专指阴气消减了阳气；反过来，“息”专指阳气壮盛，故而阴气衰减。“消息卦”的理论源自《彖传》，根据阴阳、老少象征四季的观念，将十二消息卦的观念落实代表一年十二个月（太阴历）。我们要特别注意复卦位于十一月。每年“冬至”都在阳历十二月二十一或二十二日，约相当于阴历十一月。“冬至”就是太阳直射地球从南回归线北上，也就是在北半球进入最严寒的时候，日照开始渐渐增长。用“一阳来复”的复卦䷗来代表阴历十一月，反映了十二消息卦理论符合自然原理，借以讽喻世间万物以及人间事理，在衰退至极点的时候，应该就是否极泰来的转捩点。

阳息卦		阴消卦	
十一月	复䷗	十月	坤䷁
十二月	临䷒	九月	剥䷖
正月	泰䷊	八月	观䷓
二月	大壮䷡	七月	否䷋
三月	夬䷪	六月	遯䷠
四月	乾䷀	五月	姤䷫

第二是“辟卦及七十二候”说，内容用封建社会政治名位比附卦爻。如今我们不谈灾异了，也就暂时不必

理会它。

第三是“卦气值日”说，这在我的《周易阶梯》中讨论过，就是所谓“六日七分”的说法。这个学说认为一岁（回归年）365¼日的阴阳循环，恰好是六十四卦的反映，于是汉儒创立了六十四卦“值日”的说法，各卦就像小学生在课室轮流担任“值日生”一样，在一年之中的某几天在地球轮流“当值”。其中“四正卦”是否值日，有不同的说法，或认为只是代表“二分二至”（春分、夏至、秋分、冬至），或认为“四正卦”每卦六爻共二十四爻分当二十四节气。总之，“四正卦”以外的六十卦，分值十二个月，等于每五卦（共三十爻）负责一个月，一爻当值一日。但这样计算，减去“四正卦”以后的六十卦只能当值三百六十日，剩下的5¼日怎么办呢？于是他们将每日再分拆为“80分”，5¼日共计420分，六十卦轮流当值，每卦又得多分担“7分”，就变成“六日七分”。根据《魏书·律历志》中所记的《正光术》，六十卦的值班表如下：

十一月	未济、蹇、颐、中孚、复
十二月	屯、谦、睽、升、临
正　月	小过、蒙、益、渐、泰
二　月	需、随、晋、解、大壮
三　月	豫、讼、蛊、革、夬

（续表）

四　月	旅、师、比、小畜、乾
五　月	大有、家人、井、咸、姤
六　月	鼎、丰、涣、履、遯
七　月	恒、节、同人、损、否
八　月	巽、萃、大畜、贲、观
九　月	归妹、无妄、明夷、困、剥
十　月	艮、既济、噬嗑、大过、坤

这种排列仍不可避免地遇到困难，例如复卦䷗卦辞说“七日来复”，但前一卦中孚卦䷼只有“六日七分”，和“七日”之间仍差了73分，这样一来，就和复卦卦辞不合了。唯一的办法，是将更前一卦颐卦䷚的73分割给中孚卦，让中孚卦满“七日”之数，而完美解释“七日来复”。但这样一来，又变成颐卦只剩下“五日十四分”，卦一阳之气的兴起，也变成起于颐卦，而不是像《易纬》所说的“起于中孚”，于是《易》家只好把73转而割让给“四正卦”中负责冬至的坎卦䷜，又因此而不得不对其他三个“正卦”及它们的前一卦——震卦䷲和之前的晋卦䷢、离卦䷝和之前的井卦䷯、兑卦䷹和之前的大畜卦䷙——总共六个卦，做同样的处理（割前一卦73分给予“正卦”）。这种任意调拨的说法，人为的痕

迹太明显了，反而证明了卦气“值日说”不是源出自然界的规律，因为哪一卦值日的长或短，如果是出于自然安排，自不需要后人费尽心思去做安排并且补充说解。这一点，清代《易》家焦循在《易图略》卷八已做了很好的说明。他说“易自为易，历自为历。其义可通，其用不可合”，说明了硬是将《周易》的数字系统和历法牵扯在一起，是没有道理的。

卦气的学说将六十四卦和一年之中运行在天地之间的“气”的变化相配合，企图提出一套具有系统性的学说。要注意，“卦气”不只是以二十四气为对象，而是要系统地解释宇宙论的阴、阳二气消长。然而，六十四卦建立的年代，远早于殷商。即使是西周初年《周易》重构六十四卦的次序，再写新的卦辞和爻辞，当时的天文历法知识仍然有限，卦爻无法完全和自然界的规律吻合，是事实。所以今天我们只需要把卦气视为古代文化遗产，知道它是古人以系统性观念看待世界运行的一种方法，就够了。

仰观俯察

阴阳五行

阴阳相摩，五行顺布

——《周易》哲理的鼓荡

26. 阴阳第一问：为何说《周易》哲学“尚阳”？

不是说“一阴一阳之谓道”吗？阴阳不是对等的吗？为什么说《周易》哲学“尚阳”呢？

说《周易》尊尚“阳”，逻辑上就表示有一个和“阳”不对等的“阴”作为牵制，与“阳”遥遥相对。所以说《易》道尚阳而主刚，并没有忽视“阴”，更不影响《周易》是“阴阳哲学”的事实。《系辞传》篇首即说“天尊地卑，乾坤定矣”，一讲“乾、坤”，就要分尊、卑。这不是没有道理的。

卦爻辞以“阳”为大为实、为刚为贵，以“阴”为小为虚、为柔为贱。这样看，《周易》“尚阳”真是颠扑不破的事实。《易传》以至历代注解《周易》的学者，也都不断阐释了贵阳贱阴的思想。《易》理在于吉、凶，则尊尚吉庆；在于处世，则尚积极；在于社会，则尊君子。这是《易》道尚阳、主刚思想的普遍意义。

《周易》作者在尊尚“阳”的同时，其实也未尝忽略“阴”的重要性。“尚阳”的理论基础固然是重视太阳的运动变化，根据变化确立万物依循一昼一夜、一寒一暑为准则的生命规律，推扩到每个人的命运，有吉就有凶；一个家庭的组成，有男就有女；推到处世态度，有进就有退；讲到社会阶层，有君子就有小人……太阳的变化运动是“天”之所以为“天”的准则，但与“天”相对的“地”却负起繁育万物的责任，正如封建社会家庭以男性为中心，女性负责“中馈”（家人卦䷤六二爻辞“在中馈”）当然也是家庭支柱，是孩子成长的支撑力量。

由此可见，《周易》乾卦和坤卦的设计，刻意展现“阴、阳”微妙、互动又互相制衡的关系，是刻意经营下的艺术成果，不是原始的占筮记录遗留。

《周易》贵“阳”而主变，反映了深信天命变迁的周民族的政治哲学。相对上，尚“阴”、贵“柔”的老子，处处反礼乐，也等于反对周王朝的意识形态。老子说“万物负阴而抱阳”，又说“上善若水，水善利万物而不争”、“天下莫柔弱于水，而攻坚强者莫之能胜”，推崇“水”才是万物的根本，而不是“太阳”。“水”便利了万物，战胜了刚强，却不争功。这样的精神，和殷商的经典《归藏》以“坤”作为六十四卦之首，表达了相同的思想。《周易》以“乾”作为首卦、把“坤”列于第二卦，明显表达了“尚阳”的意识。

《彖传》的作者阐释《周易》乾卦经文的含义，巧妙地将阴阳调和思想和“尚阳”思想结合一起，歌颂“乾”能统御上天的伟大时，说“云行雨施，品物流形；大明终始，六位时成，时乘六龙以御天”。“乾元”代表了“乾”主宰“天”的力量。雨水也是来自天，从天上降下，滋润了大地，也滋养了万物。“大明”就是太阳。乾卦六爻的变化，取法自太阳一日升降、一年强弱的变化。“乾元”的力量推动了太阳的终始变化，但同时也有滋养万物的“水”从而降，与阳光共同成为生命的必需品。

《周易》“尚阳”属于自然哲学，同时被周民族发展为政治哲学。《易》学在后来二千年的发展，阴阳互济、乾坤并建的思想广泛地被接受，人们反而较少特别注意“尚阳”的精神。这和今天文明社会重视男女平等、避免性别刻板印象的观念较为符合。文明的演进提醒我们尊重多元化的重要性。原本乾卦《文言传》解释九五“飞龙在天，利见大人”两句话时，就说“圣人作而万物睹”。“睹”字从“利见”二字演绎出来，强调圣人治理天下，能让众人各安其业，万物欣欣向荣。

27. 阴阳第二问：既说“尚阳”，又怎么解释阴阳互动呢？

《周易》哲学就是“阴阳”哲学。它奠基于大自然原理，又渗透到政治、社会、伦理、人生各个方面，所以既属于、但又不限于自然哲学。

从文字学的角度解释，“阴”是太阳被乌云遮盖，“阳”就是日光普照。它反映了自然现象，也说明了《易》哲学原本就是自然哲学。

从文字的意义推展到自然现象，一天日出日落就是一阴一阳的体现。推至一年，四季寒暑也就是由日照时间的长短、日照的强弱而决定。于是所有大自然气候温度的变化，都可统归到“阴、阳”的变化。《系辞传》说：“一阴一阳之谓道。”意思是，有时候阴、有时候阳，这就是自然法则的展现。

《周易》卦爻辞——也就是最早的文字内容——“阴”字只出现过一次，就是中孚卦☴☱九二爻辞“鹤鸣在阴”，是“荫”的意思；“阳”字则连一次也没有。于是，有人认为“阴、阳”的观念是由公元前3世纪以后才陆续著成的《易传》发展出来的。

上述这种想法很笨拙。名实的关系，一定是先有“实”的存在，才有“名”来副它，这叫作“名实相副”。“阴、阳”之“名”也是后起的。如果向上追溯，要是没有“阴、阳”的观念，根本不可能发展出用“- -”和“—”作为两个符号代表阴爻和阳爻，来建构八卦和六十四卦的想法。讲来讲去，大家不是相信殷商有《归藏》已具备六十四卦，甚至较殷商更早就有夏朝的《连山》以艮为首卦吗？怎么会认为“阴、阳”是战国时期才出现的观念呢？

但毕竟“自然现象”只是《周易》原理的基础，而不是全部。要从“阴、阳”讲到《周易》哲学的全部，那就讲不完了。

从最高的层次讲，“天地”甚至“宇宙”就只有“阴、阳”两种力量，互相牵制、互相推移，引起了持续不断的规律性变化。正如南宋大哲学家朱熹说：“天地统是一个大阴阳。一年又有一年之阴阳，一月又有一月之阴阳，一日一时皆然。”（《朱子语类》）朱熹只讲到地球和日、月的关系，这显示了他的天文知识的边界。如果朱熹认识理论物理学（theoretical physics）中的“相对论”（relativity）、“引力”（gravity）、“量子”等原理，我相信他会将“阴、阳”进一步从“天地”推论到整个宇宙中的孪生（binary）力量——物质与反物质，同时存在着吸引及排斥两种效应。当然，我们很难相信《周易》作者知道这些科学原理，因此很明显地，这些都不是《周易》的原有意思。然而从哲学的角度看，所有“理”，包括“阴阳”之理，都是放诸四海而皆准的。《系辞传》说“神以知来”，《周易》阐发的阴阳之理竟能推扩到宇宙的根本原理。这四个字说得真好。

“阴、阳”发展出千千万万不同的对称、相连、互动，甚至同时是互相冲突的概念。“阴、阳”体现在《周易》六十四卦，最终就是纯阳的乾卦和纯阴的坤卦。乾卦代表刚健、变化、雄性、父亲，等等；坤卦代表柔和、稳定、雌性、母亲等等。但要注意：没有“阴”就没有“阳”，没有“乾”就没有“坤”，没有“变化”就没有“稳定”，没有“寒”就没有“暑”，没有“死”就没有“生”，没有相异的两性就不可能繁衍后代。《周易》描绘了一个“成双成对”的世界，正如《系辞传》说：

> 日往则月来，月往则日来，日月相推而明生焉。寒往则暑来，暑往则寒来，寒暑相推而岁成焉。往者，屈也；来者，信也；屈信相感而利生

焉。尺蠖之屈，以求信也；龙蛇之蛰，以存身也；精义入神，以致用也；利用安身，以崇德也。过此以往，未之或知也。穷神知化。德之盛也。

这段文字中的“信”字就是“伸”字。明白这“成双成对”的道理，有动态的，也有静态的，渗透到自然和人生的每个环节，对于我们认识人生至为重要。这不是“辩证法”（说详《周易阶梯》第八章），不是讲矛盾冲突统一。老子读了《周易》，领悟到“有无相生，难易相成，长短相较，高下相倾，音声相和，前后相随”。老子讲的，也不是辩证法。

我在《周易阶梯》中讲过，“阴”与“阳”是一组“对境”。任何时候，我们都要意识到“对境”，才能用达观的心情看待人生。有“死”的悲怆是因为有“生”的喜悦，“失”的落寞对照出“得”的欢愉。“潜龙勿用”也许是低潮，沉潜准备却是下一阶段“飞龙在天”的唯一机会。我们有理由相信，事在人为，人生和世界永远有希望。

传统中医亦用“阴、阳”作为理论基础，认为人类生命由自然界演化而来，故顺应大自然的“阴、阳”而致血气经脉亦无不依循“阴、阳”的规律。《黄帝内经·金匮真言论》说：“阴中有阴，阳中有阳。平旦至日中，天之阳，阳中之阳也；日中至黄昏，天之阳，阳中之阴也；合夜至鸡鸣，天之阴，阴中之阴也；鸡鸣至平旦，天之阴，阴中之阳也。故人亦应之。”《黄帝内经》讲述的阴阳理论，把一年四季少阳、老阳、少阴、老阴的变化，投射到身体来说明血气一天的阴阳变化，至为宏大深微，以后有机会再介绍。依照朱熹的讲法，《周易》卦爻辞内容也有阴阳之分，譬如讲到骨、血等属于肉体的部分时就理解为指涉“阴”，讲到神、知等属于精神的部分时就理解为指涉“阳”。

28. 阴阳第三问："太极"、"无极"有什么分别？

就哲学概念来说，讲"阴、阳"必然讲到"太极"。

"太极"这个概念出现在《系辞传》："易有太极，是生两仪，两仪生四象，四象生八卦"。"两仪"就是"阴、阳"。那么生"阴、阳"的"太极"是什么呢？

古代哲学家大多相信"气宇宙论"，认为宇宙充满了"气"。"气"包括有形和无形的一切物质，以及其蕴含的一切动能。"气"分清浊。清气属"阳"，构成了"天"；浊气属"阴"，构成了"地"。所以"阴、阳"就是清浊两种气的存在。

关于"阴、阳"与"太极"的关系，历来有两种解释。

有一派认为阴、阳（清气和浊气）的互动互补就是"太极"。阴、阳气化流行，不多不少，推动了宇宙万物的运动，这整个动态的原理就是“太极”。所以“太极”本身就是阴阳气的消长。传统流行的“阴阳仪图”（或被称为“阴阳鱼图”）的“太极图”（图6）表达的就是这种观念。黑色部分代表重的、浊的“阴”，白色代表轻的、清的“阳”。阴之中有阳，所以黑色部分中有白色小点；阳之中有阴，所以白色部分中有黑色小点。微小的“阴中之阳”推动着“阴”的运行，微小的“阳中之阴”推动着“阳”的运行。太极就是全体。

图6　太极图

另一派也认为阴与阳是两种互相消长的“气”，但认为在这种被称为“气化流行”（“流行”一词，指的是“气”变化为有形有质的万事万物）的运动之上，还有一个更高层次的抽象的“太极”（理）作为本源。就像图7所显示：

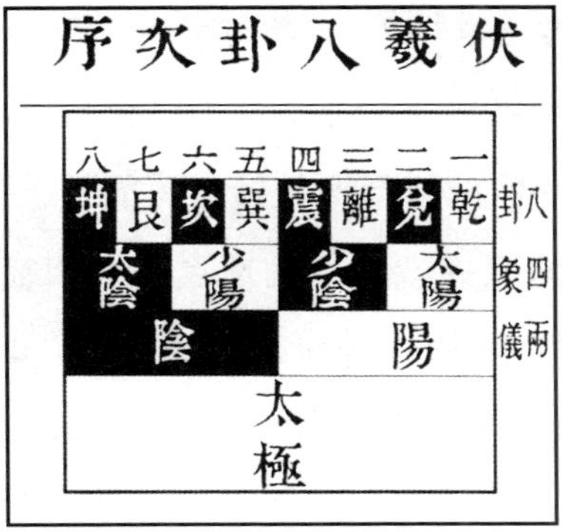

图7　伏羲八卦次序图

最下一层白色的“太极”，生出了上一层清“阳”、浊“阴”。“太极”就是“理”，是阴与阳的气化顺然不妄的根源，因此它和阴、阳“气”是主从的关系——“太极”是活水源头，是原理，阴和阳则顺从它而开展了种种动态的条理。

朱熹赞赏周敦颐“太极图”说明了“一理、二气、五行之分合”，其中的“一理”，就是“太极”。照这个讲法，周敦颐和朱熹都属于后一派的解释。

现在问题来了：究竟两派讲法，哪一派比较可靠呢？

原本在哲学而言，“诠释”并没有绝对的错误或正确，因为对于任何经典而言，“诠释”必然不能脱离原典，也必不可能没有新的创造性。就上述两派解释来说，我们参考《系辞传》“乾坤成列，而易立乎其中矣。乾坤毁，则无以见易。易不可见，则乾坤或几乎息矣”这段话，前一派的解释比较接近《周易》作者的原意，因为“易”的原理就在“乾坤成列”中显现。换一套语词，“太极”的原理就在“一阴一阳”中显现。所以“易”就是乾坤并存而互动，“太极”就是一阴一阳的相荡。

“无极”，原本并不属于《易》学范围。它是一个道教称呼宇宙本体的概念，来源是《老子》“有生于无”的观念，认为“无”才是宇宙的根源。

儒、道、佛在中国被称为“三教”。道家道教学说提倡“无”，儒家学说提倡“有”，佛教学说提倡“空”，各不相同。“无”、“有”、“空”三个观念，构成了中国思想的发展历史。“无”作为最高的概念，积极包容世间的一切对立意见。道教哲学认为“无”内在于人的生命，劝人放弃属于“有”的躯体和它引起的欲望，追求精神上的“无”。

“无极”，是由“无”这个概念衍生出来、作为本体论（ontology）的概念。这个概念早在《庄子》、《周易参同契》中已经出现并被赋予不同的意义。不过，它和《易》的“太极”正式被放在一起，作为一个哲学概念，则始于北宋周敦颐。周敦颐的“太极图”和“图说”，在图的顶部有一个圆“○”，并且加注五个字“无极而太极”。从此“无极”也变成《易》学的重要概念了，朱熹将“无极”两个字解释为形容词的“无限”，企图和道教用作名词的“无极”两字划清界线。不过，这说服不了其他哲学家，更说服不了和他辩论过的哲学家陆九渊。宋代也有其他的文献记载了另一个版本“自无极而为太极”，直接将“无极”二字解释成实体概念的名词而不是抽象的形容词。说“无极”只是形容词，有实际上的困难。

《系辞传》说："一阴一阳之谓道。"“道”是道路的意思，哲学家将之和“理”看成同一个概念。“理”和“道”的分别在于，一个从静态着眼讲事物存在的原理，一个从动态着眼讲事物演化的过程。“理”强调它作为一切存在的根源性，“道”则强调“理”生化万物的动能。

“理”和“气”在哲学上是既对立又一体两面的概念，由此又对照出“道”和“器”两个对立概念，强调一体两面的性质。阴浊之气，和阳清之气的根源和主宰是“理”，“理”强调它至善无恶的本质；有形无形之“器”的根源和主宰则是“道”，“道”突显它至高流行的本性。

每个人的个性、气质都是阴气和阳气的融汇、躯体与灵性的结合。各人拥有自身的特殊才能，所谓“天生我材必有用”，所以称为“器”或“器用”。就“理”的流行化生而言，我们就称它为“道”，它是气化流行的主宰。根据传统哲学家的解说，人类受先天的“浊气”和后天的“习气”（合称“气禀”）熏染，或趋为善、或趋为恶，但总体来说，文化文明始终朝向好的方向演进，靠的就是有至善的天理。

弄明白这些观念，我们一听到有人用“无极”的观念来解释《周易》，就不会立即下结论，而会继续问下去，弄清楚他讲的是《周易》还是道教理念。

29. 阴阳第四问：阴阳怎样在历史文化中展现？

在悠远的中国文化传统中，“阴、阳”代表了“天、地”，法象就是“乾、坤”，认为人与万物追源溯本都是“阴、阳”所代表的“天、地”演化而成，于是将“阴、阳”的思想渗透到生活各个层面，解释各种现象，并在人与自然密切关系的前提下，说明生活、生命的意义与价值。

古人将生活各层面的总成，归结为一个“礼”字。生活处处都有阴阳的痕迹，礼教的生活更是如此。就像朱熹所说：

> 才开眼，不是阴，便是阳。密拶拶在这里，都不着得别物事。不是仁，便是义；不是刚，便是柔。只自家要做向前，便是阳；才收退，便是阴意思。(《朱子语类》)

历法中有阴阳，中国的历法就是“阴阳合历”，既观察月亮的运动，也注意太阳的运动。月亮圆缺一循环称为一个“月”，甲骨文“月”字就是月亮的象形，也可以写成“夕”字。因此“夕”和“月”原来就是同一个字，表达夜晚。月亮圆缺一次，时间长短虽然与地球一样受到彼此引力的牵引，并不是每个月都一样，而是有点时快时慢。但一年平均下来，一个太阴月总是大约29.53日，为了方便计算，古人以29日为小月，30日为大月，这是阴历的基础。

汉代学者郑玄说“中数曰岁，朔数曰年”（《礼记·月令》郑《注》），说明汉代称太阳历一年为“岁”，太阴历一年为“年”。平年十二个月，计354日，称为“一年”。

历法订定同时又看“黄道”亦即太阳的运动（所谓太阳运动，是人类站在地面目视天球上太阳的轨迹），包括日出日落一天的变化，以至于寒来暑往一年的变化，计约365¼日，称为“一岁”，并且依照地面观察太阳运动的方位，订定二十四节气，并用来调节阴历，计算出“闰”的节奏。依照实测，十九年中置七个闰，最为符合自然之理。

“一年”和“一岁”的区分，后来就消失了。

礼教生活上的阴阳，反映在很多方面，包括凡奇数均属“阳”，凡偶数皆属“阴”。所以《系辞传》说：“天一、地二、天三、地四、天五、地六、天七、地八、天九、地十。天数五，地数五，五位相得而各有合，天数二十有五，地数三十。凡天地之数五十有五，此所以成变化而行鬼神也。”这也是古老的遗留。周朝人将十天干日分为“刚日”（奇数日）——甲、丙、戊、庚、壬，以及“柔日”（偶数日）——乙、丁、己、辛、癸。奇数日属“阳”故称“刚”，适合从事积极的、进取的工作；偶数日属“阴”故称“柔”，适合从事消极的、静态的工作。

此外，祭祀的仪式中，“音乐”飘散于空中，属于轻清的“阳”；“酒食”或奠于土地或饮食而入身体，属于重浊的“阴”。这都是古人在礼制中区分阴阳的方法。

“阴、阳”是抽象的，所以它们不为事物的有形结构所限制。朱熹说“阴、阳全是气”，这句话很重要也很有道理，提醒我们不要盼望“阴”与“阳”能被我们看见，而是说，我们应该去领会整个自然环境和社会环境中“阴、阳”作为一种无形力量的渗透。

阴阳落实在人生，可以有种种譬喻引申。例如处事态度的正向、负向（positive/negative），性别上的男、女（male/female），雄、雌（masculine/feminine）。尽管旧社会强调两性的伦理角色，免不了有许多刻板印象的理论，和21世纪今天强调的性别平等意识不同了，但无论如何，男女生理上以至于文化教育上的差异，确实造就了男性和女性不同的心理特质。这是值得做父母的和从事教育工作的人特别注意。

男女以外，“阴、阳”又可以引申到譬喻君子、小人。古代社会，君子、小人，原本只是反映贵族与平民的阶级之分。平民生活，最重要的是照顾好自己和家人；君子生活，涉及伦理、政治的管理，要顾及礼教、文化、群体价值等等，所以区分君子、小人，原意不在于抬高君子而贬低小人，而是提醒君子对自己应该较一般人有更高尚的要求、更远大的目标。

“阴、阳”引申到人事上，就是积极的和消极（active/passive）的两种态度，用在处事态度上就叫作“进、退”。“阴阳”表现为“进退”，提醒我们“进”的背后隐伏着“退”，反过来也是，因此“进”的时候不要自满，“退”的时候也切勿自卑。

30. 阴阳第五问：阴阳主宰我们的身体吗？

从古人角度看，“阴、阳”毫无疑问主宰着我们的躯体。《黄帝内经》说“故清阳出上窍”，头部器官如眼耳口鼻就是“上窍”，脑部将耳目见闻的信息用思辨能力加以消化，增益我们的知性；接着说“浊阴出下窍”，排泄器官如肛门尿道都朝向下方，就是“下窍”，我们摄取的食物和水分，吸收转化为营养，渣滓就通过“下窍”排出体外。

《黄帝内经》又说“清阳发腠理，浊阴走五藏；清阳实四支，浊阴归六府”，“四肢、腠理”属清阳，“五脏六腑”则属浊阴。“阴”和“阳”的活动，互相配合、支持，缺一不可。乃至于经脉的“三阴”——太阴、厥阴、少阴，和“三阳”——太阳、阳明、少阳，都可以区分阴阳，而建构出身体运作的机制，以及药性治疗的原理。凡此种种，都是从人体气血肌骨结构运作来讨论“阴、阳”及“清、浊”的动态关系。

人类、动植物、大自然三者之间，有“分”有“合”，互相贯通。清代经学家兼哲学家戴震（东原，1724—1777）做了一个很好的譬喻：天地就像一棵树，上面长满花朵、树叶、果实，三者各不相同；而它们彼此间，一朵朵花、一片片叶、一个个果实，相互间也各不相同。尽管所有生命，通过相同的“根”汲取土地的养分，但一讲到“分”，每个部分都有它相异于其他部分的独特性：不同花朵绽放形态不同、不同树叶颜色大小不同、不同果实气味甜涩不同。这是从“分”去着眼。

同时，生命植根于天与地，“与天地通者生，与天地隔者死”。以植物来说，“叶受风日雨露以通天气，根接土壤肥沃以通地气”；以动物来说，“呼吸通天气，饮食通地气”。万物生命的构成，与天和地“犹然合如一体也”。这是从“合”去着眼。换言之，分中有合，合中有分。一杯水、一碗饭、一个人，明明是三件物体，人吃了饭、喝了水，水和饭变为营养，成为驱动身体运作的动能，滋养了人的生命。这就是分中有合，证明人类和天地之间每一项事物，都有内在的联系，都是贯通的，只是平常人没有去察觉而已。

《淮南子·主术》：“天气为魂，地气为魄。”由此可知古人的理解：“魂”属于乾阳，而“魄”属于坤阴。

《礼记·礼运》说“天望而地藏也，体魄则降，知气在上，故死者北首，生者南乡，皆从其初”，描述了阴阳在死亡时的变化。死者初逝，“魂”离开躯体向大气飘散，这是“魂”属阳，“知气”是阳的作用，会自然回归阳清的“天”的缘故。这时候家人要望向天，为死者招魂，呼唤他回来，称为“天望”；相对上属于阴的“魄”因为依附着血肉之躯会腐烂，需要埋葬土地之中，称为“地藏”。正因为“天望地藏”，魂魄分离，所以需要“招魂”，目的在于让“魂”与“魄”这两重灵魂和躯体重新结合，在地下过新的生活。这是古老的民族文化思想。今天民间习俗，有人在外面发生意外去世了，家属也会在意外的地点设祭招魂，也是这种信仰的遗留。

古人认为阴气位于北方，阳气源于南方，因此《礼记》说“死者北首，生者南乡”（“乡”就是“向”），而中国民间又有“南斗注生，北斗注死”的说法。这都是一种用“盖天说”的观念站立在北半球的观点，认为阴气和阳气依四季顺时针地沿着北→东→南→西的方向运行。

《礼记·礼运》“礼必本于天，殽于地，列于鬼神”，本于天、殽于地，也就是本于阳而殽于阴的意思。人们不但活着的时候依循礼教的各种规定生活，还要延伸到解释死亡、处理死亡包括死亡处理对待死尤其在丧葬与祭祀之上。《周易》履卦䷉，讲“礼”的实践，因此马王堆帛书《周易》写作“豊”，也就是“礼”字。乾卦《文言传》说：“嘉会足以合礼。”大壮卦《象传》说：“君子以非礼弗履。”《系辞传》说：“圣人有以见天下之动，而观其会通，以行其典礼。”又说：“谦以制礼。”礼教的生活，是《周易》所提倡，也是人类所向往的。

因为文化、社会、文明的变迁，大部分的古“礼”已无法在现代生活中实践，费心去考证古“礼”的细节，意义已经不大。但，“礼”的目的，在于追求一种优雅、品位，可以引导出人性光辉价值的生活，这种精神是永垂不朽的。所以《礼记·礼器》说：“礼时为大。”今天我们汲取新的科学观念，充分了解自然规律来安排符合礼节的生活，通达地看待生活和生命的变化与多元性，这仍是符合“易”的精神。

31. 阴阳第六问：阴阳主宰男女的性情吗?

生命的长度，用“生、死”来标示。然而，宰制“人”一生的，却不是“生、死”，而是“情、性”。

古代哲学家认为“情、性”亦分属“阴、阳”:“情”属感性，由感性以及于肉体、感官产生的“欲”，都属于“阴”(故爻辞中凡有“血”、“肉”等字,《易》家均以“阴”解释)。“性”属理性，是真理、德性的根源，属于“阳”。依照《易》哲学的理论，世上并没有纯阴或纯阳的事物。即使人类的身体也没有，所以道教的讲法，男人是“阳”的躯体但当中有一点纯阴，女人是“阴”的躯体但当中有一点纯阳。这个理论主要说明：两性之间，也有重叠的部分。

用这个理论来解释人类的性情，绝大部分人也都是“理性”(“阳”为代表)与“感性”(“阴”为代表)相混杂——没有人能纯粹理性，也没有人能纯粹感性。古代哲学家承认，感情容易让人“迷”(迷惑)，而理性则促进“觉”（觉悟）。理性、感性两种力量，常在人的内心争持。理性较多的人，虽偶有迷执，并不妨碍他在人生大方向上的“觉”；感性较多的人，虽偶有觉悟，却改变不了他在人生大方向上的“迷”。所以明代思想家罗汝芳（近溪，1515—1588）说：“即觉时虽迷为觉，即迷时虽觉为迷。”“阴、阳”就这样错杂纠缠在人类的精神世界。

《周易》《系辞传》说“生生之谓易”，是说人类和动物，雄性代表的“阳”，雌性代表的“阴”，交合（mating）就产生新生命，欣欣向荣，无穷无尽，这对自然界而言是大事，对人类世界也不例外。《系辞传》又说：“在天成象，在地成形。”“阳”最显著的“象”是“天”，“阴”最显著的“象”则是“地”。“天”向大地施与阳光和雨水，“地”承受天降下的阳光雨水而让动植物得以繁育生长。用男女生殖功能作为形象说明，男性精子随着精液进入女性身体，让卵子受精着床，新生命就在女性子宫中成长，古人将精液譬喻为雨露，子宫譬喻为土地（这类譬喻，古今中外皆有，就像英国诗人叶慈［William Butler Yeats，1865—1939］著名的诗歌“Leda and the Swan”用燃烧的屋顶和尖塔［The burning roof and tower］作为男女性器官的象征，来形容两性交合）。所以男女身体的交合，又称为“交泰”。“交泰”

是《周易》泰卦《象传》的话：

天地交，泰。

紫禁城由“太和”、“中和”、“保和”三殿向北进入“乾清门”后，就是“乾清”、“交泰”、“坤宁”三殿，“交泰殿”位于“乾清”、“坤宁”之间，是皇帝皇后大婚的重要场所之一，取“乾坤交泰”的意思。或有人以为这是皇帝皇后新婚的洞房，纯属臆测。“交泰”狭义可以指男女生理的交合，但广义则指阴阳调和。即使雌雄两性交合，也是“天、地”、“阴、阳”互动往来的个别象征，具有崇高的意义。

32. 什么是“五行”？

“五行”一般的解释是“金、木、水、火、土”，常见英译是“five elements”，更准确的翻译是“five phases”。我们的身体、大地的质性、气候的变化，都存在这五项元素，有迹可循。

有人一听到“五行”，就认为是“象数”或“术数”的产物。这并不完全正确。“五行”思想很古老，包括天地万物和人类，是一种世界观。它是否迷信，取决于我们的视角和态度：达观一点看，它其实并不迷信；执着地看待，也可以变得很迷信。

“德”与“行”两个字在语义上部分重叠。“五行”和“五德”两个名称是可以互用的。《史记》记载阴阳家邹衍宣扬“五德终始”，学说内容讲的却是“金、木、水、火、土”相生相克；出土文献郭店楚简《五行》篇标榜“五行”，讨论的却是“仁、义、礼、智、圣”互动互补。名为“五德”的讲“五行”，名为“五行”的讲“五德”，这可见“德”和“行”意义重叠，有时可以互用。

中国古人将一至十的数字，演绎到不同的神秘意义，“一”就是道，“二”是阴阳。“阴、阳”本身仍是抽象的，并不是具体事物，要结合起来，才化生出万物，所以具体事物出现了，就不再是“二”而是“三”。

“道生一，一生二，二生三，三生万物”，所以“三”就有演化的意思，代表万物的生长。（“三生万物”意思不是“三”生出“万物”，而是“三”的出现代表了万物的化生。）

“四”象四方、四季；“四方”再加“中”就成为“五”。

“九”在《周易》数字系统里象征老阳，《尚书·禹贡》有“九州”，《楚辞》有“九歌”、“九章”，大家都喜欢用“九”。“十”代表天干之数，用以记日。

到了汉代，文学家特别喜欢“七”，汉赋有《七发》、《七谏》等。

此外，《史记》有“十二本纪”法象十二地支之数、“十表”法象十天干之数、“八书”法象八卦之数、“三十世家”法象一“世”之数、“七十二列传”取法五行分配周天三百六十之数。各式各样的数字，反映了古人对自然界的观察，试图用归纳的方式，捕捉自然与人文的规律。而“五”，只是众多数字观念中的一个。

上古思想家普遍接受“气”化宇宙论，所以认为万物都是阴阳“气”的变化而生。基于这个缘故，“一”就代表了“气”的宇宙根源力量。要知道在数学上，“零”的发现，是一个理论的飞跃。例如印度传统认为，印度古代数学家阿耶波多（Āryabhaṭa）提出了“零”的概念，和印度宗教的虚无主义有关。但中国古代哲学则重视“一”。《汉书》说：“元元本本，数始于一。”严格来说，古代中国人没有数学“零”的观念。

有人认为老子、庄子所讲的“无”概念就是“零”。严格来讲，并不是。老子、庄子讲“无”，语多含混，多暗示混沌状态，充斥着“气”，所以后来的承继者（例如《淮南子》）都解释为“气”或概念上的“一”。古代经典需要描述无法计算的“无”的概念时，往往像《周髀算经》那样用“穷神知化不能极其妙，探赜索隐不能尽其微”之类的话语，直接讲解宇宙混沌无垠的终极状态。用数字表述，仍然是“一”。有些欧洲数学家认定阿耶波多仅仅只是暗示而没有提出了“零”观念。照这样的标准看，老、庄所提出的更不能算是“零”了。

《老子》说“道生一，一生二，二生三，三生万物”、“天得一以清，地得一以宁，侯王得一以为天下贞”，《庄子》也说“天地与我并生，而万物与我为一”。“一”，就是“道”。中国古代哲学认为宇宙以“一”为开始。所以“一”的观念成了代名词。《易纬·乾凿度》说：“一主北方，气渐生之始。”北极星在古代被称为“太一”。郑玄解释《乾凿度》这两句话，说：“太一者，北辰之神名也，居其所曰太一，常行于八卦日辰之间。曰天一，或曰大一，出入所游息于紫宫之内外，其星因以为名焉。”

郑玄虽然顺着《乾凿度》强调“一”的重要性，但聪明的他也已经暗示了“零”的观念。《易纬·乾凿度》说：

> 易无形埒也。易变而为一，一变而为七，七变而为九。九者，气变之究也，乃复变而为一。一者，形变之始。清轻上为天；浊重下为地。

郑玄用“宇宙生成论”（cosmogony）的四阶段论“太易→太初→太始→太素”来解释《易纬》这段话（用逻辑推论宇宙原始的理论是“宇宙论”；推想宇宙一个接一个阶段的化生过程则是“宇宙生成论”）。他把“九”称为“太素”，“七”称为“太始”，“一”称为“太初”。最后就是“太易”。“太初”是“一”，但又不是宇宙的初源，那么它的来源——“太易”（也就是“易无形埒也”的“易”字）——不就是“零”了吗？郑玄的意思，再清楚不过了。

读者也要注意，从汉字艺术去理解，这个“一”字并没有规定是数字，它其实也是一个形象符号，六书里面的“指事”，用一笔来代表至高无上，或代表全体。有古文字学家认为，甲骨文的“大”字，是在“人”字上加上“一”来代表超凡入圣的“大人”；甲骨文的“天”字则是在“大”字上再加上“一”来代表天神。如果这个理论成立，“天”字最上的一划“一”就是天神符号。

《尚书·洪范》可能是最早记载并铺陈“五行”学说的经典，对“阴阳”思想也有阐述。作者认为，展现在我们眼前的世界，在日出日落、寒来暑往、稳定变化的阴阳之理笼罩下，还有更为繁复的、动态的、多样的、流动的元素。“五”只是一个借用的数字，就像“两仪”可以析为“四象”（详下文），“五行”也可以进一步细分，用来观察生命中千千万万的变幻。

《洪范》这一套象征语言，认为“金、木、水、火、土”是自然界直接关乎我们生存最重要的五类物质。反映在人类身体，人类也有“貌、言、视、听、思”——表情（貌）、措辞（言）、眼神（视）、聆听（听）、思考（思）——五种纠缠的元素。人类是群居的动物。人与人互动时，都喜欢恭谨的容貌、不带敌意的措辞、眼神接触时的敏锐、聆听言语时伶俐的领会、综合而敏捷的思考，于是作者又从中提炼出“恭、从、明、聪、睿”五个标准，认为一个君子做到这几项标准，就能达到“肃（认真）、乂（有条理）、晢（明晰）、谋（思虑周详）、圣（道德完美）”的境界。

“五行”的理论从“金、木、水、火、土”推扩到人类躯体、表情、行为，又可以再推回到大自然气候。所以《尚书·洪范》接着又提出“雨、旸、燠、寒、风”（雨天、晴天、炎热、寒冷、季风）五种气候现象，认为理想状态是“时雨若、时旸若、时燠若、时寒若、时风若”、灾祸状态是“恒雨若、恒旸若、恒燠若、恒寒若、恒风若”。作者用“恒”和“时”两个观念，来说明这五种气候都不适宜长期维持不变。长期炎热和寒冷、长期雨天或晴天——恒——都是祸患的征兆（咎征），反过来，若五种气候彼此定时替换——时，则是能有利于人类生活富庶的先兆（庶征）。

再将这两种相反的吉凶之兆，投射到人类自身，就可以论及有的人个性过于刚强，有的过于柔弱，都需要加以矫揉调节。所以《洪范》的作者说，有人偏于“沉潜”而过于“柔”，有人偏于“高明”而过“刚”，理想状态是“沉潜刚克，高明柔克”，“刚”、“柔”在每个人的个性中都需要平衡、调和一下。

由此可见，“五行”不是肤浅地只讲“金、木、水、火、土”五种物质。它最终提出动态（时）的精神，也提出调和（中）的精神，作为人生在世的指引。我们今天常常讲“生态平衡”，不也是同一道理吗？

《管子》书把山河土地比喻为人体。《水地》篇说“水者，地之血气，如筋脉之通流者也”，把河流看成血脉，那么土地就是肌肤，山棱就是骨骼了。又说“人，水也。男女精气合，而水流形”，它把男女性交、女性受孕的过程，看成是水的融合，解释人的身体都充满水，水是生命根源。这也是五行思想的延伸，强调人类和大自然之间存在许多的一致与对应。人类不应该抱着“征服”自然的态度，而应该学会和自然和谐相处。

汉代学者认为“金、木、水、火、土”和人体的五脏是对应的：肺金、肝木、肾水、心火、脾土，又认为它们可以和“仁、义、礼、智、信”（汉人用“信”取代了“圣”）对应，认为心主管礼、肾主管智、肝主管仁、肺主管义、脾主管信。“五行”的思想原本强调的是天地主要的几种元素有一种动态互补的作用，此时却僵化成为机械式的套路。

三国时代刘劭著《人物志》，尝试分析不同形质才性的人的不同特征（包括长处短处），说："若量其材质，稽诸五物；五物之征，亦各着于厥体矣。其在体也，木骨、金筋、火气、土肌、水血，五物之象也。"这一类思想，看起来好像很幼稚、肤浅，其实不是。古人提醒我们，人类的肉体和精神有种种能力和特质，连自己也忽视了，导致"天生我材"却没有把真正的"用"发挥出来。由此看来，自我了解真的很重要。

以上可见，中国传统五行思想，是一个庞大而复杂的思想体系。"五行"不应该被简单化，成为"金、木、水、火、土"五个元素的代名词。

人生在世，认识自己，和认识环境同样重要，有时甚至更为重要。中国古代哲学认为人类的生命结构和地球的环境结构，有一种对应的关系：要认识自然环境就要同时认识人的身体，反之亦然。这是"五行"思想一直贯串了自然和人身的重要原因。

33.“五行”是《周易》的学说吗?

《易》术数一派学者最喜讲“阴阳五行”。

有学者根据《系辞传》“是故《易》有太极，是生两仪，两仪生四象，四象生八卦”一段文字，说《周易》只讲“四象”而不讲“五行”。这个讲法不完全正确。《系辞传》指出:“太极”是产生、也是统合“阴阳”(两仪)的终极力量。将“阴、阳”再分仔细一点，就能看到变化过程中有“老、少”的分别:“少”代表萌发，“老”代表壮盛，于是“阴、阳”区分为四个阶段:“少阳”代表春天阳气的萌发，“老阳”代表夏天阳气的壮盛(也将很快迈向衰老而被阴气取代);“少阴”代表秋天阴气的萌发，“老阴”代表冬天阴气的壮盛(也将很快迈向衰老而被阳气取代)。这就是所谓“四象”。

《尚书·洪范》讲述“五行”的世界，不但地上物质有“金木水火土”，人体有“貌言视听思”，道德境界有“肃乂哲谋圣”，大气也有“雨旸燠寒风”。这个“五行”体系是“4+1”的结构，最后一项，“风”和“土”、“思”、“圣”一样，层次较前四者高。地球雨天、晴天、炎热和寒冷得到调和，靠的是“风”，也就是大气的流动。庄子所说的“野马也，尘埃也，生物之以息相吹也”(《逍遥游》)，野马、尘埃，都是描述天地间烈风翻滚的样子。地球以23.5度倾斜的地轴自转，同时围绕太阳公转，让大气流动，促成了各种自然元素的调和，让“五行”获得动态的互补。

“五行”所讲金、木、水、火、土的观念既然和“四象”息息相关，它就必然与《周易》相关。按照古代哲学的理论，东方代表春天、少阳，也是植物萌发的时期，所以在五行中属于“木”。南方代表夏天、老阳，也是暑热之气占据的方位，所以在五行中属于“火”。西方代表秋天、少阴，也是阴气开始萌发的方位，在五行中属于“金”。北方代表冬天、老阴，也是阴寒之气占据的方位，在五行中属于“水”。最后的“土”代表土地，不论四季，都分布于每一片土地、每一个方位。古代《易》学家和哲学家有时将“土”看作占据中央位置，更准确地讲，“土”遍布大地，就像唐代孔颖达所解释的“分王于四季”(“王”字读作“旺”，就是畅旺的意思)。由此可见，“五行”和“四象”有关。古代哲学家借这一套学说，说明我们生存的是一个动态而多样的世界。

《汉书》有“五行志”，专门讨论五行，除了复述了《尚书·洪范》的“五行”理论外，还将历史书如《左传》里面记载与“五行”相关的内容，撷录出来，供读者参用。后文还发挥了“五行”分居“五方”的理论——“水”居北方，生数为“一”，成数为“六”；“木”居东方，生数为“三”，成数为“八”；“火”居南方，生数为“二”，成数为“七”；“金”居西方，生数为“四”，成数为“九”；“土”居中央，生数为“五”，成数为“十”。

今天看来，这些理论未尽符合科学原理。《左传》昭公六年“六月丙戌，郑灾”，就是郑国发生火灾，认为原因是“火星出于周五月，而郑以三月作火铸鼎，刻刑辟书”。古代称为“火星”的星辰有好几颗，这里的“大火星”就是“心星”，二十八星宿之一，也就是《诗经·唐风·绸缪》的“三星在天”的三星。

郑国将刑律铸在鼎之上，遇到“火星出”，“与五行之火争明为灾”。远在太空的星宿，岂会因为政府开火炉铸鼎而发生争夺光明，导致火灾呢？其实《汉书》“天文志”、“地理志”等也都充满了五行的学说，将天文和地理看成为上下对应的关系，影响到后世，史书和地方志里都有题为“星野”或“方野”的章节，延续讲中国地理对应天上哪一个星宿。像著名的王勃《滕王阁序》说“星分翼轸，地接衡庐”，暗指古代豫章郡星野位在“鹑尾”，在二十八宿中属于“翼、轸”二宿，在西方十二星座当处女座。

星野的理论很古老，但已不合时宜。

可能更值得注意的是医书中关于“阴阳五行”理论对于人体、血脉的延伸解释。根据中医的理论，“四象”、“五行”在人身的对应，“木”代表春天属于肝，“火”代表夏天属于心，“金”代表秋天属于肺，“水”代表冬天属于肾，“土”则运行于四季四方，属于脾脏。医书就用这一套象征语言，说明人身之中经脉脏腑的运行与互动。

仰观俯察

形神关系

天与人、形与神
——《易》理秘义的显隐变化

34. 为什么谈《周易》要先讲“形上学”？

形上学主要探讨万物存在的源头和原理，为的是了解生命存在的意义，确立生命的价值。通过形上学，获得生命的意义和价值，才算真正掌握到生命中最可贵的财富。

历史上《易》学主要流派有三：义理、象数、图书。另外还有史事《易》、心学《易》，算是旁支。《周易》三派各有特长，但综而言之以“义理”为主。形上学就是“义理”《易》的第一个关隘。

《系辞传》阐释《周易》核心原理，说：“形而上者谓之道，形而下者谓之器。”近代学者借用了《系辞传》的话成为“形上学”一词来翻译哲学概念“metaphysics”。

朱熹的一首诗作了很生动的说明：

> 半亩方塘一鉴开，天光云影共徘徊。问渠那得

清如许，为有源头活水来。

我们看到一个小池塘清澈的水面映照出天上绚烂的光影云霓，看不到的是不断有活水注入其中，让它永保清澈。当我们惊诧于花开花谢的循环、风云卷舒的变幻，自然而然兴起一个念头：是什么神秘力量促成了自然万物的曼妙灵动？这个念头一起，形上学就发生了。

生命的意义和价值是无形、抽象的，所以说“形而上者谓之道”，“形而上”就是形质之上，是超越形质层面，无形而抽象的。

支持生命的各种物质是有形、具体的，所以说“形而下者谓之器”，“形而下”就是非抽象的形质本身，是可以通过感官感知的。

中国古代哲学精神传统认为，是抽象的意义和价值决定了物质世界秩序。要是抽象的意义和价值反过来被物质所约束、决定，那人生就太悲哀了。一个人的生命意义和价值竟然被物质所决定，那么人类的精神竟然可以轻易地被蔑视、践踏，再多的物质财富也买不回，比死掉更难受。正因为个性、尊严永远比肉体生命更为可贵，所以孟子才会说“所欲有甚于生者”、“所恶有甚于死者”。这个世上，有值得牺牲性命去维护的价值，也有比起死亡更让人厌恶，令人宁愿死掉也要逃避的事物。《礼记·曲礼上》也说：“临难毋苟免。”就是说面临生死困难时，不要为了逃避而牺牲立身处世的大原则。以上都是中国古人的智慧之言。

《周易》讲的是人和自然的关系，从而高扬生命的意义和价值。作者很重视在日常的言行之中，体现高尚的品格，展现优越的精神价值。《系辞下传》特别列举了九个将人类德性价值发扬光大的卦，并从三个层次去阐述它们的精神，称为“三陈九卦”，是《周易》义理价值的明证。九个卦分别是履䷉、谦䷎、复䷗、恒䷟、损䷨、益䷩、困䷮、井䷯、巽䷸。其解释如下：第一“陈”说明九卦是“德”的不同方面：

> 履，德之基也；谦，德之柄也；复，德之本也；恒，德之固也；损，德之修也；益，德之裕也；困，德之辨也；井，德之地也；巽，德之制也。

第二“陈”说明这些卦德具有各不相同的特质：

> 履，和而至；谦，尊而光；复，小而辨于物；恒，杂而不厌；损，先难而后易；益，长裕而不设；困，穷而通；井，居其所而迁，巽，称而隐。

第三“陈”说明这些特质在现实人生中的正面作用：

> 履以和行，谦以制礼，复以自知，恒以一德，损以远害，益以兴利，困以寡怨，井以辩义，巽以行权。

《文言传》阐释乾卦九二爻辞“见龙在田，利见大人”说：“龙德而正中者也。庸言之信，庸行之谨，闲邪存其诚，善世而不伐，德博而化。”“言”是听得到的，“行”是看得见的；“信”和“谨”却是无形的价值，再加上自反而诚，不起邪念，对人世作出贡献而不自夸，让君子德行普及四方，赢得尊敬，必然无愧于“龙德”，表现大人君子的丰度。

生命的高度，和权力、名位、财富等世俗的物质无关，是在平庸的语言、平庸的德行之中展现出来的。中国传统讲形上学，很少将它孤立为一种抽离于人生的理论，而是将它作为融入人生之中的哲学。

35.《易》学中的“游魂”、“归魂”是什么意思

“游魂”、“归魂”在《周易阶梯》中略有说明，但没有详细展开，在这里稍作解说。

这两个名词属于西汉著名《易》学家京房所著《京氏易传》的体系——属于他个人的理论（也有人认为他的《易》学继承自其老师焦延寿）。他的理论特色在于建立了一套新的卦爻系统，不依照传统分上下经、上经三十卦、下经三十四卦的排序和形式，而是以“八纯卦”为首，每卦带领一个“宫”，每宫八卦，共六十四卦。它有着一套独特的“卦变”学说体系：

八宫卦	一世	二世	三世	四世	五世	游魂	归魂
乾 ䷀	姤 ䷫	遯 ䷠	否 ䷋	观 ䷓	剥 ䷖	晋 ䷢	大有 ䷍
震 ䷲	豫 ䷏	解 ䷧	恒 ䷟	升 ䷭	井 ䷯	大过 ䷛	随 ䷐

（续表）

八宫卦	一世	二世	三世	四世	五世	游魂	归魂
习坎 ䷜	节 ䷻	屯 ䷂	既济 ䷾	革 ䷰	丰 ䷶	明夷 ䷣	师 ䷆
艮 ䷳	贲 ䷕	大畜 ䷙	损 ䷨	睽 ䷥	履 ䷉	中孚 ䷼	渐 ䷴
坤 ䷁	复 ䷗	临 ䷒	泰 ䷊	大壮 ䷡	夬 ䷪	需 ䷄	比 ䷇
巽 ䷸	小畜 ䷈	家人 ䷤	益 ䷩	无妄 ䷘	噬嗑 ䷔	颐 ䷚	蛊 ䷑
离 ䷝	旅 ䷷	鼎 ䷱	未济 ䷿	蒙 ䷃	涣 ䷺	讼 ䷅	同人 ䷌
兑 ䷹	困 ䷮	萃 ䷬	咸 ䷞	蹇 ䷦	谦 ䷎	小过 ䷽	归妹 ䷵

以上以“乾”宫为例，其下领七个卦，“一世”为初爻变而为姤卦，“二世”二爻亦变而为遯卦，“三世”三爻亦变而为否卦，“四世”四爻亦变而为观卦，“五世”五爻亦变而为剥卦。接着以“五世”为本，四爻变而成“游魂”卦晋；内卦三爻皆变而为“归魂”卦大有。《京氏易传》卷下说：

> 孔子《易》云：有四易，一世二世为地易，三世四世为人易，五世八纯为天易。游魂、归魂为鬼易。

遍寻《周易》经传，“归魂”一词是找不到的，“游魂”则只有在《系辞传》出现一次，就是“精气为物，游魂为变”。这两句话讲的是万物（包括人类）生命消逝后灵魂飘散，和《易》卦完全没有关系。那么京房这套奇特的理论是怎么来的呢？

南宋王应麟《困学纪闻》卷一引述了上文《京氏易传》的话，说这是“占候之学，决非孔子之言”。不是孔子之言，可以肯定；前一句话则未尽得实。其实京房是吸收了中国古代“二重灵魂”的观念。《礼记·郊特牲》:“魂气归于天，形魄归于地。”古老中国人认为人死后，“魂”与“魄”相离，飘散于天上。丧礼的重要部分，就是“招魂”，要把灵魂叫回来，所以需要死者的家人在家的屋顶上叫喊死者的名字，再喊“复”，就是回来的意思。《仪礼·士丧礼》说:“死于适室，幠用敛衾。复者一人以爵弁服，簪裳于衣，左何之，扱领于带；升自前东荣、中屋，北面招以衣，曰:‘皋某复！’”(《楚辞》中《招魂》、《大招》等篇章也记载了这种仪式)。魂魄合一，再将遗体葬于地下。京房将这种理论投射到《易》卦之中，因此五世卦五爻变之后，不向上（象征向天）改变上爻，而改为向下（象征向地）变四爻，象“魂”的回降，而称之为“游魂”。“归魂”进一步归返，不向上（象征向天）改变上爻，继续向下（象征向地），与“魄”及遗体结合，因此“归魂”而内卦三爻皆变，象征“魂、魄”与遗体结合而入土为安。

读者也许会问：五世卦之后转为向下，在文献中有什么根据呢？答案：因为一卦六爻，象征“三才”：

爻位	象征
上	天
五	
四	人
三	
二	地
初	

乾卦《文言传》说：“九三，重刚而不中，上不在天，下不在田。……九四，重刚而不中，上不在天，下不在田，中不在人。”（九四“中不在人”专指九三而言）根据这段文字，初、二两爻象征“地”，三、四两爻象征“人”，五、上两爻象征“天”。正如五世卦之后，“魂”接受招唤，下降至四爻与“人”相会，是为“游魂”；“游魂”以后，进一步与“魄”结合而为“归魂”，入土为安，魂魄归位，故又进而改变初、二两爻。《礼记·礼运》说：

“故人者，其天地之德，阴阳之交，鬼神之会，五行之秀气也。”这种思想投射到《周易》象数理论，多与古代宗教信仰的人体阴阳与天地对应关系相合。

由此可知，“游魂、归魂”是京房率先以《易》理结合“魂、魄”的理论而创为解释卦变的新学说。民俗《易》学有所谓“鬼易”的名称，即因其学说涉及鬼神灵魂的缘故，其中宗教的意味非常浓厚，可以说比东汉末年魏伯阳《参同契》引《易》学建立炼丹更早。这种学说，到今天民间道教中人卜卦，仍有流传所谓“鬼谷子卦”之法，袭取京房的学说，直接以“鬼易”作为占法，或用来解释生死、祸福的问题。其中颇涉及神秘迷信的学说，因非本书主旨，在此存而不论。

总之，京房引宗教灵魂之说解释《易》卦，道教中人又引京房《易》卦理论解释灵魂。一来一往，方向迥异，但终究是为《周易》和宗教建立了桥梁。

36.《周易》是占筮手册吗?

民间把《易》看作占筮手册，连学院派的学者都不例外。一个世纪前著名心理学大师荣格（Carl Jung，1875—1961）把《周易》筮法比喻为把火柴撒在地板看预兆，一个世纪后古典学者李零在《周易的自然哲学》的《自序》中谈《易》占自称“从打扑克说起”。他们都讲得很吊诡，既不愿意承认《易》占灵验，但又不敢断言《易》占不灵验。

如今在此我要用开放的态度把这个问题打开来讲。《周易》是占筮书吗？我的答案是：是，也不是。说“不是”，是因为它本质上是周王朝体现其意识形态——尚阳、崇德、主变——的政治典册，将自然与人事的深微哲理结合一起，向贵族士大夫宣讲道德教训（自治）和治国方略（治人），而不是放任让一般人随手占筮的手册。说它“是”，是因为它用占筮书的形式和语言撰写，用来占筮毫无问题。

《周易》具有浓厚的人文色彩与价值，说明它完全超越“占筮”的功能，成为影响古今中外人类文化的伟大经典。

《周易》可不可以用来占筮？答案当然是可以——事实上从它著成以后，大家已惯于用它来进行占筮了。《易》占已流行了两千年（关于《易》占方法，详参《周易阶梯》第九章），只是工具上，用50根蓍草演卦的标准方法毕竟较为不便，于是民间人士就发展出用其他工具而达到相同的功效，例如用龟壳加三个铜钱，一样可以演出六爻之卦，程序上简便得多。因为操作50根蓍草需要三变（揲蓍三次）才能获得一“爻”（三偶数为“老阴”、二奇一偶为“少阴”、二偶一奇为“少阳”、三奇数为“老阳”），现在三个铜钱以正面为奇、背面为偶，掷一次，即可相当于揲蓍三次而获得一“爻”；原本用揲蓍法“十八变而成卦”，现在用铜钱法掷六次（六变）就能成卦。当然，如果筮者有宗教信仰，筮者和问者（提问者和筮者必须为两个人）还要经过拈香默祷的阶段。虽然中国传统认为龟长寿，因此灵验（《周易》颐卦䷚初九“舍尔灵龟”就是相信“龟”有利于占验未来），但毕竟“龟”、“筮”原属两种不相混合的占问方法，而且龟卜传统早已中断，所以现今用龟壳结合铜钱，算是一种随时变通的办法。

《周易》占筮灵验不灵验？古人认为，只要条件具足就灵验。条件之一是取决于筮者（操作占筮的人）的道德与精神修养高度；条件之二是筮者当下的精神状态，心境的宁静尤其重要；三是问者和筮者有否依循正确方法；四是提问的方式是否合宜（凡涉伤理害义之事不问）；五是提问的方式是否清楚（问题不能模棱两可）；六是解读结果是否正确（这又取决于筮者掌握《易》理是否深微）。

至于工具，除了龟壳与铜钱，其实很多便于操作的洁净物品，都可以用来占筮。扑克牌可以是赌博工具，并不妨碍可以用来占筮；树木是自然生命，人们也可以用来做家具。但不能说扑克牌是为算命而发明的，树木是为了供人们做家具而诞生、存活的。《周易》可用作占筮，并不代表这部王朝圣典就只是筮书；反过来说，《周易》原本是政治典册，也不妨碍它可以用来占筮。

长久以来，大家惯于将《周易》看成占筮工具，也不是全无根据。《系辞传》记录了一套“揲蓍”的筮法，用以占问未来。《周礼》将《周易》列为“三易”之一，是由“春官”“大卜”掌管的职务。《左传》、《国语》共记载春秋时期超过二十条“筮例”，其中大部分参考的正是今本《周易》。汉代《易》家还用《易》来讲占验、灾异。北宋著《皇极经世书》的理学家邵雍被推为后世《梅花易数》的发明人。而程颐为《周易》写了一部不讲占筮的《易传》；南宋朱熹——程颐学问的继承者——还特别另写一部《周易本义》推崇占筮的功用，在卷首就列“筮仪”一节，详述揲蓍演卦的步骤，又撰《易学启蒙》申论占筮的原理。有了这么源远流长的传统，难怪中国民间占卜仍多以《周易》的学说为主流，也广泛将《周易》看成预知未来的神秘经典。

不过，如果我们细读卦爻辞的内容，会发现《周易》很特别。说它不像占筮书，它却充斥了“吉、凶、悔、吝”等警诫语言，都不见于《诗经》、《尚书》等经典；说它像占筮书，但每个卦都有丰富而独立的含义，明显表示作者企图借由卦去申论自然人生的各种道理。它的表达方式也很有系统性，指向跨越自然和人生的哲理，让六十四内容十分整齐，更像一部有系统的哲理书。

关于《周易》和占筮，读者可参考《周易阶梯》第九章“《周易》筮法”。

37.《周易》和中国占筮传统有什么关系？

大约一个世纪前容肇祖发表了一篇文章《占卜的源流》，将《周易》当成纯粹的占筮书，并将它和后世的各种占术连接起来，成为一个传统。这篇论文误导成分很大。《周易》固然是周王朝统治者用占筮的语言和形式撰写的，因而可以用作占筮；但它的内容除了铺陈"尚阳"的意识形态外，不断反复叮咛读者修德治理人民、管理好自己，它的德性内容相当丰富，思想系统性很强。它绝不是单纯的占筮手册，也不是占筮记录。

《周易》的阴阳哲学，原本用于国家的礼教。自从东周平王东迁，周天子势力式微，《周易》这部王朝圣典流落到民间，被各国史官和筮人用作占筮各种事件吉凶的工具。从此以后，《周易》就真的变成占筮工具了。

中国民间占筮，最早可以追溯到上古的宗教传统和方术思想。它和《归藏》、《周易》这个系统截然不同。宗教传统来源于两个元素：一是人类对灵魂也就是鬼神的看法，这方面，《墨子》书中有一篇题为《明鬼》，有不少说明。另一是对血缘的追溯和宗族认同而发展出的祖先崇拜，并且进一步将祖先和天神看成一回事，将祖先的世界和天神的世界融合在一起。这种种的仪式，在上古当然由贵族统治阶层掌管，黔首平民并没有条件也没有资格参与。由于事涉神秘性，古人就认为需要具有特殊生理或心理条件的人担任媒介的角色，发挥沟通人神的功能。这样的人，男性被称为"觋"，女性被称为"巫"。后来"巫"字统合了这两个概念。古代历史记载了很多著名的巫师，如巫咸、巫阳、巫彭、巫贤等。

方术的思想，来源于古代的数字世界观，包括大一（太一）、三代、三皇、五行、九州等等。《周易·系辞传》就有详细记载"天地之数"，也就是反映阴阳意义的奇偶之数，以及"大衍之数"（大衍之数五十，其用四十有九。分而为二以象两，挂一以象三）等。司马迁《史记·天官书》还说"夫天运，三十岁一小变，百年中变，五百载大变；三大变一纪，三纪而大备：此其大数也。为国者必贵三五。上下各千岁，然后天人之际续备"。后又历经刘歆《三统历》，到班固《汉书·地理志》的敷演，由数字观念架构起地理空间的观念，又牵引出具有时间纵深的观念，由此构筑起一个立体的世界。

中国民间占筮有三大主流，就是河洛《易》数、

《火珠林》占法、梅花《易》数。三者的共同来源，上古都可追溯到《说卦传》所记卦象理论，中古渊源是汉魏象数《易》理论，近源则是邵雍“先天学”。

《说卦传》的卦象理论如下：

八卦	抽象	身体	动物	天文地理	伦理	物象（具象）	物象（抽象）
乾	健也	首	马（良马、老马、瘠马、驳马）	天、圜	君、父	玉、金、冰、木果	寒、大赤（《荀九家》：龙、直、衣、言）
坤	顺也	腹	牛、子母牛	地、	母	布、釜、大舆、文、众、柄	均、吝啬、黑。（《荀九家》：牝、迷、方、囊、裳、黄、帛、浆）
震	动也	足、决躁	龙	雷、大涂	长子	苍筤竹、萑苇、善鸣、馵足作足、的颡（马）、反生、健、蕃鲜（稼）	玄黄、旉。（《荀九家》：玉、鹄、鼓）
巽	入也	股	鸡	风、木	长女	寡发、广颡、多白眼、近利市三倍（人）	绳直、工、白、长、高、进退、不果、臭、躁卦（《荀九家》：杨、鹳）

（续表）

八卦	抽象	身体	动物	天文地理	伦理	物象（具象）	物象（抽象）
坎	陷也	耳、加忧、心病、耳痛	豕	水	中男	沟渎、弓轮，美脊、亟心、下首、薄蹄、曳（马），多眚、通、月、盗（舆），坚多心（木）	隐伏、矫鞣、血卦、赤。（《荀九家》：宫、律可、栋、丛棘、狐、蒺藜、桎梏）
离	丽也	目	雉	火、日、电	中女	甲胄、戈兵，大腹（人）、鳖、蟹、蠃、蚌、龟，科上槁（木）	乾卦。（《荀九家》：牝牛）
艮	止也	手	狗	山、径路、小石	少男	指、狗、鼠、黔喙之属，坚多节（木）	门阙、果蓏、阍寺。（《荀九家》：鼻、虎、狐）
兑	说也	口、口舌	羊	泽	少女	巫，刚卤、妾、羊（地）	毁折、附决。（《荀九家》：常、辅颊）

《说卦传》撰著于先秦，约当战国中晚期，大约公元前3世纪或更早。它承传了很古老的《易》的学说，但也有新的创发。近几十年来，也有不少地下出土的大约同一时期的“日书”，其内容就是类似今天“黄历”或“农民历”中指示的生活人事吉凶宜忌。《说卦传》并没有申论

吉凶，但提到各种“象”;“日书”则偶记日常生活事物，而以占问死、病、忧、患、吉、凶之类为多。两者似不相同。但《左传》、《国语》所记《易》占文字，常常用卦爻来引申物象，继而论断吉凶。可见在先秦时期，借《周易》卦爻和文辞来预测人生吉凶祸福之事，属于常见。

举一个《春秋》的例子。闵公元年（前661年）《左传》记“毕万筮仕于晋”，辛廖帮他占卦，“遇屯之比”，也就是获得本卦屯䷂，代表原本的状态；之卦比䷇，代表变化之后的状态，解释说：“震为土，车从马，足居之，兄长之，母覆之，众归之，六体不易，合而能固，安而能杀，公侯之卦也。公侯之子孙，必复其始。”屯卦内卦是“震”☳，变为比卦后，内卦“坤”☷就有“土”的象征，因此说“震为土”;“震”又有车的象征，“坤”有马的象征，因此说“车从马”。“震”又有足、男的象征，“坤”有母的象征，因此说“足居之，兄长之，母覆之”。比卦外卦“坎”☵，有“众”（兵众的意思）的象征，因此说“众归之”。这样套用《说卦传》所列举八卦的象征来引申附会人事，却把最要紧的屯卦和比卦的卦爻辞放在一旁，置若罔闻。由此可见这种引申卦象、比附人事的随意性。这样将《易》卦的“象”作随机的、任意的附会，是撰著《周易》者的本意吗？我相信不是。但如果问，这种随机、任意的附会在传注传统中没有合法地位吗？却又不能这样说，因为《易》学是一套创造性的哲学，它的解释，具有开放性，总是在生生不息地产生出种种新的理论。

后世著名的筮书《火珠林》相传为麻衣道人所著，卷首揭橥“《易》中明义”，论“四营成易，八卦为体，三才变化，六爻为义”，而结合天干、地支、世应、纳甲等理论。其书所载“八卦六位图”：

兑 属金	艮 属土	离 属火	坎 属水	巽 属木	震 属木	坤 属土	乾 属金
- - 丁未土	— 丙寅木	— 己巳火	- - 戊子水	— 辛卯木	- - 庚戌土	- - 癸酉金	— 壬戌土
— 丁酉金	- - 丙子水	- - 己未土	— 戊戌土	— 辛巳火	- - 庚申金	- - 癸亥水	— 壬申金
— 丁亥水	- - 丙戌土	— 己酉金	- - 戊申金	- - 辛未土	— 庚午火	- - 癸丑土	— 壬午火
- - 丁丑土	— 丙申金	— 己亥水	- - 戊午火	— 辛酉金	- - 庚辰土	- - 乙卯木	— 甲辰土
— 丁卯木	- - 丙午火	- - 己丑土	— 戊辰土	— 辛亥水	- - 庚寅木	- - 乙巳火	— 甲寅木
— 丁巳火	- - 丙辰土	— 己卯木	- - 戊寅水	- - 辛丑土	— 庚子水	- - 乙未土	— 甲子水

以上“八卦六位图”，是用五行（金木水火土）、十干（甲乙丙丁戊己庚辛壬癸）、十二支（子丑寅卯辰巳

午未申酉戌亥）分配八卦。其中也包括“纳甲”学说，即乾卦纳甲、壬，坤卦纳乙、癸，震卦纳庚、巽卦纳辛、坎卦纳戊、离卦纳己、艮卦纳丙、兑卦纳丁，与《参同契》及虞翻纳甲原理一样，都是汉代以《易》理配合干支五行理论的延伸。例如汉代《易》学“爻辰”的理论，以乾卦六爻加坤卦六爻，共十二爻，配十二辰（即十二支）：乾六爻配“子、寅、辰、午、申、戌”也就是奇数的“辰”，坤六爻配“未、巳、卯、丑、亥、酉”也就是偶数的“辰”。暗喻所象，引申吉凶。“爻辰图”（引自惠栋《易汉学》卷六）如下：

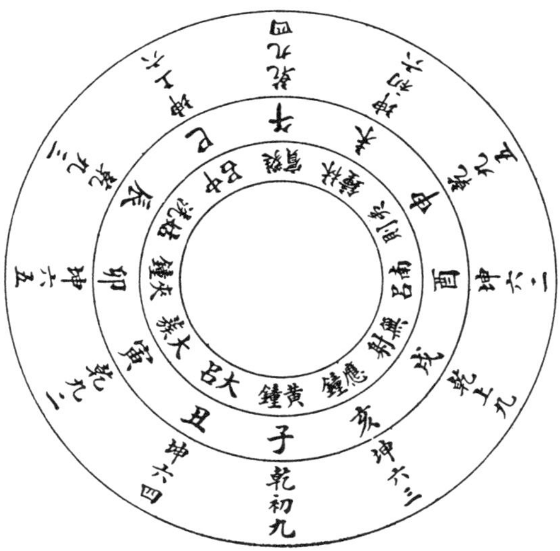

图8　爻辰图

这类理论，都与“阴阳”并存，相反相成的关系一致，企图“复古”，将学说依托于汉代的宇宙观，将十二律亦与十二辰对应，在传统称为“候气之术”。这些理论，多属于汉魏《易》家创立的解《易》“原则”，也就是术语所谓“义例”。这些“原则”，是汉魏《易》家将“卦、爻”建立系统的变化规律，附会人事而成。例如以干支颜色配方位：

> 甲日见者青，乙日见者青白；丙日见者赤，丁日见者赤黑；戊日见者黄，己日见者青黄；庚日见者白，辛日见者赤白；壬日见者黑，癸日见者黄黑。各以其炁候之

凡“青”者属“木”、“赤”者属“火”、“白”者属“金”、“黑”者属“水”、“黄”者属“土”。十天干，依方位一一归入不同五行属性。再细分，则可得“甲寅”、“壬午”为“木”，“丙子”、“辛亥”为“水”，“壬申”为“金”、“丙午”为“火”等等。

读者可能会怀疑，何以“方位”所显示阴阳、干支循环，必定依照东南西北方位，各有不同属性，而成为完整体系？这是因为汉代以前，中国人多相信“天圆地方”的“盖天说”，认为天为半圆，故称为“盖天”，大

地则四平，故称为“地方”，而不知道地球圆形、地球绕日轨迹亦为圆形，因此常认为四季寒暑变化，都是“阴”与“阳”两种力量，依循平面的顺时针（阳气）和逆时针（阴气）方向运行的结果。

又如十二辰本于天上之十二宫，古人认为岁星（木星）十二年而一周，现代天文学则知道木星于天球（celestial sphere）上返回原位，需时11.86年而不是十二年。这些差谬，是汉代《易》家所不了解的。我们一旦将这些学说的基础，一一解构，指出它们的差谬，就可以知道这些附会的学说，大多数已价值不高。

其余河洛《易》数及梅花《易》数，与《火珠林》不同，而原理则相通，但须一并参考邵雍《皇极经世书》的原理，才能明了变化的规则。

传统《易》卜又有“轨革”、“卦影”之术（《东坡志林》曾有记载），前者是用人的生辰八字包括年月日时辰等成卦，后者则是将《易》筮的结果用绘画的方法呈现。这些都是沿着《周易》“象”的精神进一步发挥的神秘术数，和《周易》占筮关系不大。

38. 为什么从事占筮必先“修德”？

虽然《周易》不是占筮记录，但毫无疑问《周易》也可以用来问筮。要获得准确的占验，不同的《易》家提出不同的方法和知识，例如象数原理的细节、揲蓍方法的讲究等等。不过，这些都是技术上的知识。从宗教的角度考察，更为重要的精神锻炼和准备，似乎很少被提及。

从事占验必先“修德”。所讲的“德”，就是君子之德，也就是乾卦《文言传》所说的“龙德”。宋代《易》哲学家张载在《正蒙》一书中已说“《易》为君子谋，不为小人谋”，这两句话太重要了！《易》所讲的种种道理，都是君子之道，而不是小人之道。只有君子才懂得“悔”、“吝”，肆无忌惮是小人所做的事。另一方面，“修德”也不只是狭义的道德教条，而是广义的修身以治己，仁义以待人，而归结于古代哲学“循天理”三字。这是“筮者”必须具备的基本条件。

即使“占筮”也有精神传统。它的理论认为：“人”的意识有很多层次。我们日常生活用到的思维，都只是最肤浅的几层，主要出于感官需要，为了促进日常饮食起居、待人接物、应对处事等生活便利，有种种近乎直觉的思考。这些浮浅思考，常常因情绪波动而不受理性管控。

人类还有较深的、属于理性的思维层次，平常人未必意识到——那是一个神秘的世界。它的神秘，和宗教迷信未必有关，而是因为它涉及“灵性”。人的“灵性”深深埋藏在我们内心，需要在宁静的环境和心境中，才会如闪光般乍现。所以《礼记》的《大学》、《中庸》两章都提出“慎独”。就是提醒君子在孤独的状态下，将耳目感官关闭，聆听自己的内心，才有机会找到我们的灵性。

要知道芸芸众生为维护生活，只为了趋利而避害，而常常迷失于“利”、“害”本身的考虑。倘若没有特殊诱因，一般人不容易返回内心去寻求灵性的指引。于是对自己的内心不了解，对于他人就更想当然了，于是造成了人与人之间种种不必要的误会。

用佛教语言形容，灵性境界是“言语道断，心行处灭”，意思是，用语言表达也好，用思维想象也好，都是“此路不通”。不能进入灵性之境的人难以知晓，能进入的人又难以分享，所以带有神秘性。

提升并集中精神意识有助于灵性之境豁然显露，而“修德”则是不二法门。精神锻炼的方法，重在“收视”和“返听”两个要领。我们每天张开眼睛看人事、信息、图象愈多，本心愈迷惘，所以要将视力“收”回来做“内观”的工夫，在静谧中将万马奔腾的杂念加以澄滤，进而观察自己的内心。同时也要将听力返回内心，聆听自己的呼吸、心跳和心声，进而和内心另一个隐藏的“我”进行对话。收视返听，久而久之，有助于我们将精神意识提升，开启心灵的另一大门。这方面，宋代理学家有很多有价值的经验。

朱熹《周易本义》“筮仪”叙说占筮仪式十分详尽。其中焚香、洁净等程序，目的正是为了让筮者专注，让精神意识处于洁净而安宁的状态，进入深层次的灵性之境，而不是为了请什么神祇降临。不过朱熹没有在“筮仪”中特别提出我讲的首要条件——道德与精神高度，仍让我感到诧异。

精神意识的层次愈深，就愈难进入；但唯有愈深入，才愈能与外界事理产生共鸣。朱熹为《礼记·大学》“格物致知”做补传时描述心灵“豁然贯通”的状态，强调“众物之表里精粗无不到，而吾心之全体大用无不明矣”，就是说我们只有愈往意识深处挖掘，才愈能与外界事物产生感应。当然，一般不从事精神修养的人很难理解这一层道理，而即使从事精神修养，也需要进行长时期意识的锻炼，才能达致。智者永远运用精神意识领导肉体感官，而不是反过来让肉体感官拑制精神意识。因此，如果要从《周易》讲管理学，首要之务就是管理好自己的精神意识。在这一点上，“修德”也是不二法门。

修德和占验有关。卦爻辞二十处提及“君子”如何如何，履卦䷉九二“履道坦坦，幽人贞吉”，谦卦䷎卦辞“君子有终”、初六“谦谦君子”、九三“劳谦君子”，处处重视德行修养；几种《易传》也反复申论君子修德的重要性，例如需卦䷄九三爻辞“自我致寇，敬慎不败也”，颐卦䷚《象传》“君子以慎言语，节饮食”，寄托修德的艺术喻意十分深远。一部充满占筮语言的经典，为什么这样重重复复讲敬慎、谦虚等等道德修养呢？这已经不言而喻了。观卦䷓《彖传》提到圣人“神道设教”，只有修德才谈得上“神道”。妄想依靠闻见之知或外物之助，装神弄鬼，连人道都谈不上，只是鬼道而已。

修德在于“心”。《周易》哲理世界里对此非常重视。习坎卦䷜卦辞“维心亨，行有尚”，内心思理通达，行为自然趋向高尚。相对上咸卦䷞九四爻辞“憧憧往来，朋从尔思”描述心旌动摇、拿不定主意的状态。而复卦䷗《彖传》说："复，其见天地之心乎！"人内心有主意，天地也自有天地的主意。复卦在群阴当道之际，一阳来复，自下萌发，所谓"见天地之心"，就是看到生命的力量。大自然总是让生命延续下去，万物化生，是天地内具的生命力在驱使。在人亦一样，不是有吃喝拉撒就叫作活着。我们要时刻保持内心"善"的力量，才能创造生命的意义。

仰观俯察

儒道交融

入世与出世

——《周易》与儒、道思想的交融

39.《周易》是宗教吗？

《周易》有宗教性（religiousness），但并不是宗教。正如儒家思想（Confucianism / Ruism）也一样，具有宗教性，但并不是宗教。有人认为，朝廷为孔子及孔门弟子立“庙”，孔庙有跪拜、烧香等仪式，就满足了宗教的必要条件。这当然不对，因为孔子虽然是圣人，却并不具有超越性，所以不是神祇。

凡宗教必崇拜某一个或多个神祇，而且必然清楚指出一个死后的世界，通过“死亡”反过来确立“活着”的方式。唯有确立“神”的超越性地位，“救赎”的理论才能确立。确立了救赎的理论，才符合宗教定义的要求。

《周易》在关怀生死这一点上具有宗教性，却不主张崇拜某个特定的神祇，也不描述死后世界观，所以它不是一种宗教。它的理论只承认自然规律，顶多认为这种规律具有某种人们所不知的神秘性。

《周易》宣示的虽然不是宗教，但它涉及生死终始天地自然之理，是西周礼乐制度的抽象原理，因此也顺理成章地成为继承礼乐思想的儒家学说的灵魂。这种思想具体反映在祭祀。祭祀时用牲礼，动物祭品有血，有腥气，用火焚烧祭品又有烟火熏燎的气味。根据《礼记》，这种祭祀可追溯到帝舜年代。到了殷商和周朝，又有阴阳先后的讲究。殷商人尚阴，所以“先阳而后阴”；周民族尚阳，所以“先阴而后阳”。殷商人“先阳”，就是先奏乐，因为乐音代表“阳”，之后才“迎牲”；周民族“先阴”，先用酒奠在泥土之中，让酒香渗透到地底，然后才奏乐。这种思想配合了“魂气归于天，形魄归于地”（“魂”属阳，“魄”属阴）的原理。西周庄严隆重的祭礼，本身就是宗教仪式，充满了《周易》阴阳哲学，也成为了孔子以后儒家思想的核心原理。

《周易》在汉代以后，却慢慢和很多不同的宗教融合在一起，让人分不清楚，哪一部分是《周易》的道理，哪一部分属于宗教的道理。尤其是，精神传统一般强调具体的有形世界之上，还有一个无形的抽象世界。《周易》和很多宗教一样都相信有抽象的规律决定人间的秩序。这是后人将它和宗教混为一谈的主要原因。

为什么人类会对这个无形世界有着如此浓厚的兴

趣呢？那是因为人类普遍的经验，发现现实存在过的具体人、事、物都会腐朽，短的数年、长的百十年，就消失无踪，不留半点痕迹，但是，抽象的记忆却清清楚楚地留存在脑海里，快乐的记忆只能魂萦梦绕、伤痛的记忆想忘掉又挥之不去。所以人类的经验，总觉得冥冥中有一个抽象的世界，俯看人间，饱览人事物理的盛衰兴亡。

东汉魏伯阳著《参同契》，为《周易》和道教建立了正式关系。《参同契》是将《周易》原理附会到道教的丹道理论的著作。这部书用五言诗（也有一部分是四言诗，但据学者考证是后来补作）的形式，列“大易总叙”、“乾坤列位”等章节居于篇首，谈丹道的理论与方法。“丹道”分内、外，用鼎炉炼制药物称为“外丹”，历代学者多认为其无稽，不过《中国科技史》的作者，英国著名科学家李约瑟（Joseph Needham，1900—1995）认为炼丹术显示了中国在化学方面的技术。“内丹”则强调存神、存想、运气等功法。《参同契》被誉为“丹经之祖”、“万古丹中王”，内容讨论到“火计不虚作，演《易》以明之。偃月法炉鼎，白虎为熬枢；汞日为流珠，青龙与之俱。举东以合西，魂魄自相拘。上弦兑数八，下弦艮亦八，两弦合其精，乾坤体乃成。二八应一斤，易道正不倾”，用《易》的道理附会太阳、月亮轨迹，再附会炼丹。魏伯阳和他的这部书都十分有名。不久葛洪著《神仙传》还记载了魏伯阳的事迹。魏晋南北朝时期，《周易》与《老子》、《庄子》被合称为“三玄”，成为玄学的经典，其后《周易》卦爻数字观念，广泛被道教经典所取材。举例而言，道教内丹理论中至为重要的“先天”、“后天”观念，就是来自《周易》。

道教以外，佛教学说也曾经与《周易》发生关系。例如明末著名的僧人藕益智旭（1599—1655）著《周易禅解》，借用佛教“有、非有”、“无、非无”的所谓“双遣”（将“有”和“非有”、“无”和“非无”都送走，都否定掉的意思）的方法，强调“易”、“非易”与“非非易”，用以从人世间种种因缘（作者称为“四悉檀”）中解脱出来。佛教重在“空”（emptiness），“双遣”（dual negation）的目的，在于引导众生不受俗世的幻象所束缚，而能达到空性的精神绝对自由之境。所以智旭的解《易》，其实已超出了《易》学的范围。

以上介绍的道教和佛教都属于“多神教”（polytheism）。多神教强调包容，注意不同信仰之间的“共法”（共同分享的方法），很自然就将《周易》吸纳进他们的体系。将阴阳、八卦、法象、卦爻、阴阳之数等等套用到道教和佛教，成为他们发展学说的内容，并不困难。“一神教”（monotheism）具有排斥性。但有趣的是，17世纪以降，欧洲传教士来华，其中有不少人研究《周易》，并且逐步将“上帝”的观念和《周易》的“天”等同起来。同样的情形也发生在朝鲜。著名的儒者丁若镛（茶山，1762—1836）就信奉天主教，常常将《尚书》、《周易》等经典中的“天”或“帝”解释为上帝。

“洁净”是宗教仪式的基础。世界各宗教都重视洁净。例如“圣洗”标准是行浸礼，道教、伊斯兰教举行仪轨亦都必先洁净。我们看人体每日产生很多污垢，文明人一般习惯每天洗澡，排水管排掉的都是脏水。所以凡准备精神活动，洁净身体，更显重要。《周礼·春官·宗伯》记载“女巫：掌岁时祓除、衅浴”，“祓”就是在水中除灾求福的洁净仪式。《史记·龟策列传》所记“祓龟”，就是清洗占卜用的龟。早在汉代，《史记·日者列传》记载汉景帝时两位大夫宋忠和贾谊“诵《易》先王圣人之道术”之前，二人“俱出洗沐，相从论议”（“沐”专指洗发），已看出洗沐是一项重要仪式。南宋著名大儒朱熹有着浓厚的宗教兴趣，尤其是道教。他在《周易本义》卷首列“筮仪”一节，详细说明揲蓍演卦的方法，准备的工作包括“焚香、洒埽拂拭、齐洁衣冠、盥手”等等，都是洁净的步骤，这是必要程序，去除身体的污垢有利于提升精神内聚和专注程度。

40.《周易》和道家思想有什么渊源?

《周易》和道家的关系很深，而且源远流长。

《周易》的哲理可以说是道家思想的内核。“道家”这个名词是汉代才出现的，先秦并没有所谓“道家”，但老子、庄子、《黄帝内经》等常引“天道”来申论其学说，后人即归纳他们为“道家”。有几位法家的代表人物亦引“天道”以为说，后人称之为“道法思想”。不过，像申不害所说的“天道无私，是以恒正。天道恒正，是以清明”、“地道不作，是以常静。常静是以正方”（均载录于《北堂书钞》）对天道与地道的描述，与其说是近于“道家”言论，不如说近于《周易》言论——尤其是用“静”、“方”来描述地道，与坤卦内容很相似。

《老子》的思想的几个要点，其一是“有生于无”。根据汉代哲学家的解释：所有的存在事物——总称为“有”，皆因有一个空荡荡空间——总称为“无”——

创造了环境条件让万物在里面忽然之间自己化生。根据魏晋哲学家的解释，因为宇宙根源是“无”，没有特定的偏好，促成了所有相反的力量、相反的观念都能并存并生。老子这些观点，在《周易》经传中是找不到的。

不过《老子》和《周易》一样，也提出一个动态变化的世界。《老子》说：

> 曲则全，枉则直，洼则盈，敝则新，少则得，多则惑。

“曲、枉、洼、敝”，最终将变为“全、直、盈、新”，然后又再反转。这些性质，就像“阴、阳”一样，会互相推移。所以《老子》又说：“故飘风不终朝，骤雨不终日。孰为此者？天地。天地尚不能久，而况于人乎？”飘风、骤雨，始终会有结束的时候，被另一种相反的天气代之而起。所以我们看到暂时性的“柔弱胜刚强”，不是因为“柔弱”本身能克服或伤害“刚强”之物，而是假以时日，刚强必将变为柔弱，柔弱亦将变为刚强。这就是源出于《系辞传》所说“阳卦多阴，阴卦多阳”的原理了。在《周易》的符号世界里，震卦☳一阳在下，代表的是阳的力量在增长；巽卦☴一阴在下，代表的是阴的力量在增加。促成这种现象的主要元素就是“变”，也就是《易》哲学的核心观念。

研究道家的人大多认为道家哲学的来源，不出原始宗教（包括巫祝传统）、神话游仙的思想、存想静修的实践、女性崇拜等几个方面。可惜，“遗民”这个道家思想的渊源常常被忽略。

“遗民”指政治上的“难民”，亦即在改朝换代中幸存，在血缘上属于前一朝代的贵族统治阶层。与道家思想有关的，是殷商的遗民，也就是殷民族的血胤、后裔。周民族消灭了殷商后，首先立了纣王的儿子武庚来管理殷商遗民，又立“三监”监管武庚。不久武庚联合三监的管叔、蔡叔等谋反，于是周公发动东征，三年而平定乱事。接着周公经营洛邑，重新安置殷商遗民，将最顽劣的一批遗孽缴械后移置洛邑耕作。《尚书·多士》和《周易》坤卦，就是周公宣读的文告，警告殷商顽民勿再作乱。而后来《论语·微子》篇所记载的几位隐士如长沮、桀溺等都是这些遗民的后裔，他们嘲讽身为殷人后裔、却仰慕周公礼乐的孔子。

以上我讲的历史故事，用意在于说明道家养生、道教“长生久视之术”的来源，和遗民思想脱离不了关系。要知道殷商遗民被强大的新政权压抑，遗民们只有先保住性命，才是未来重新崛起的唯一出路。这种

"保命"的思想延续下来，就发展出"养生"的方法和理论。庄子说"可以保身，可以全生，可以养亲，可以尽年"，"保身、全生"（这个"生"字或读为"性"字）是最重要的第一义，"养亲、尽年"则是其次的，是第二步。这已经反映了"遗民"到"隐逸"的生存目标。

"隐居"也是一种逃难、保命的好方法。《周易》遯卦䷠就是教君子必要时及早遯逃，远离邪恶。我们看道家典籍中对于礼乐政治制度的厌恶，也就明白难怪道家思想家们要特别歌颂隐士逸民。像庄子说"不夭斤斧，物无害者"(《逍遥游》)、"名也者，相轧也；知也者，争之器也。二者凶器，非所以尽行也"、"灾人者，人必反灾之，若殆为人灾夫"、"若殆以不信厚言，必死于暴人之前矣"、"事若不成，则必有人道之患；事若成，则必有阴阳之患"(《人间世》)，这清楚地说明了庄子注意到，活在世上须应付各种祸患的忧虑。老子则说"天下皆知美之为美，斯恶矣；皆知善之为善，斯不善已"，认为鼓吹向往"善"，本身反会导致"恶"；"五色令人目盲，五音令人耳聋，五味令人口爽，驰骋畋猎，令人心发狂"，认为宣扬道德美善的正面标准，反而让人失去审美的能力。"大道废，有仁义；慧智出，有大伪；六亲不和，有孝慈；国家昏乱，有忠臣"、"故失道而后德，失德而后仁，失仁而后义，失义而后礼。夫礼者，忠信之薄而乱之首”，则是直言无隐地批评西周礼乐制度和儒家思想是道德沦丧的结果。以上这些真是非常典型的“政治难民”的语言，诉说了他们戒慎恐惧怕惹杀身之祸，同时对于主流政治价值——礼乐伦理——深表反感的心情。因为“避祸”，进而发展出“养生”、“长生”的思想。如果一时之间无法打败敌人，至少要让自己活得比敌人更长久，消极地利用自然规律来超越敌人。

1993年湖北省荆门市郭店楚墓出土了一批竹简，引起了研究的热潮，尤其是其中有三组《老子》简，以及一篇被命名为的《太一生水》的竹简。《太一生水》的内容很有趣，誊录在下方供读者参考（括号内是竹简编号）：

> 大一生水，水反辅大一，是以成天。天反辅大一，是以成地。天地【复相辅】(1)也，是以成神明；神明复相辅也，是以成侌昜；侌昜复相辅也，是以成四时；四时(2)复【相】辅也，是以成寒热；寒热复相辅也，是以成湿燥；湿燥复相辅也，成岁(3)而止。故岁者，湿燥之所生也；湿燥者，寒热之所生也；寒热者，四时(4)【之所生也；四时】者，侌

易之所生；侌昜者，神明之所生也；神明者，天地之所生也。天地(5)者，大一之所生也。是故大一藏于水，行于时，周而又【始】，□□□(6)万物母。一缺一盈，以己为万物经。此天之所不能杀，地之所(7)不能埋，侌昜之所不能成。君子知此之谓……(8)

天道贵弱，削成者以益生者，伐于强，积于【弱】……(9)下，土也，而谓之地；上，气也，而谓之天。道，亦其字也；请问其名？以(10)道从事者必托其名，故事成而身长；圣人之从事也，亦托其(11)名，故功成而身不伤。天地名字并立，故过其方，不思相【当。天不足】(12)于西北，其下高以强；地不足于东南，其上□□□。【不足于上】(13)者，有余于下；不足于下者，有余于上(14)……

这篇文献营造了一个推崇"水"的宇宙论，表达尊尚"阴"、贵柔弱的思想，和《周易》的推崇"日"（太阳）的宇宙论，表达尊尚"阳"、贵刚强的思想，遥遥对立。"太一"是什么呢？就是驱使"水"上蒸成云、下降成雨的无形力量，这个神秘力量足以将能够使一大片土地完全淹没的数以千万吨计的雨水，高悬在天上（图9）。

图9　雨暴（rain bomb）

无论我们知道或不知道“水”在天地间循环的科学原理，都会震慑于它的恐怖力量。道家思想家将它视为宇宙终极力量的根源，是有原因的。没有阴雨的天空，土地上没有雨水滋润，动植物就活不下去。“水”养活了万物。阴阳、四时、湿燥，甚至生死，都因为“水”而有了永续的循环。但“水”也可以淹杀地上一切的动植物。这篇文章，呼应了老子所说的“上善若水，水善利万物而不争”、“天下莫柔弱于水，而攻坚强者莫之能胜”的思想。它用短短三百多字，提出了一套清楚的以“水”为中心的“尚阴”的宇宙论，阐发了《老子》的思想，同时也和《周易》“尚阳”的哲理遥遥对立。但它和《周易》也存在共同点：

第一，在理论基础上，它们都是以自然环境为基础的宇宙论。

第二，它们都强调天地力量的互激互荡，在《周易》是泰卦䷊内乾外坤、既济卦䷾内离外坎的内外卦关系所呈现的上下力量交相激荡，在《太一生水》则是一连串的“相辅”。

第三，在时间单位上，它们都凸显了“一年”的时程：《周易》以“日”为主，强调日照的长短强弱，决定了一年四季——少阳（春）老阳（夏）少阴（秋）老阴（冬）的循环。而《太一生水》则以“水”为主，强调云雨江河的循环，水气的有无，推动了所有“相当/相尚”概念的互动互荡，而它提出的时程也是一年（成岁而止）。

第四，《太一生水》“贵弱”观念，强调了强壮的迈向衰亡，柔弱的逐渐壮大，所谓“削成益生，伐强积弱”。这样的观念也存在于《周易》阴阳消息的思想体系中。如复卦䷗一阳在下，卦辞“七日来复”，即指阳气的滋长；姤卦䷫一阴在下而卦辞系以“女壮”，则在柔弱之中昭示其终将壮大之理。

41.《周易》和道教有什么关系?

道教在中国历史悠久，影响民俗文化极深极广。如果深入观察，我们会发觉道教核心学说的主要部分就是《周易》的原理。

关于道教的来源有很多说法。由于和道家有直接的渊源关系，道教也直接承继中国上古的巫文化和宗教传统，并发源于上古游仙的思想，以及战国时期山东沿海关于海外神仙的传说，包括历来大家热烈讨论的秦始皇、汉武帝等求神仙长生之术。

“形、神”关系，是道教思想的内核。“形”是肉体，“神”是灵魂；“形、神”就是探讨肉体与灵魂之间的关系。道教作为一种宗教，整个理论围绕着“形、神”而展开，认为有形的躯体和无形的灵魂之间存在密切而微妙的关系。躯体需要锻炼以延长其“使用期”，灵魂也需要锻炼以延长其“保存期”。这是“长生”的基本义。

躯体经由好的锻炼后，可以强化精神，而让灵魂壮大，进而让灵魂能经由“玄关一窍”进出身体，慢慢熟习舍弃躯体而存在，最终则能够不再寄托于有形的躯体，而能独立永恒地存在。《庄子》所谓“乘天地之正，而驭六气之辩，以游无穷”，正为道教驭气炼形以求长生所达至的最高境界作了最好的描述。这是“长生”的终极义。

这类思想在先秦早就存在。例如属于稷下黄老学派的文献《管子·内业》篇说：

> 灵气在心，一来一逝，其细无内，其大无外，所以失之，以躁为害；心能执静，道将自定。……夫道者，所以充形也，而人不能固，其往不复，其来不舍。

这里将人的躯体看成是灵魂居住的房子。“道”能够充实房子（充形）。如果人们不能照顾好房子，灵魂走了就回不来（其往不复），即使回来了，也住不安稳（其来不舍）。灵气是大自然的精华，也是“道”的根本，所以君子修身，要将灵气保存在内心，灵气扩大了，有助于联系人和大自然（这是“天人合一”的基础）；相反地，失去灵气会使人不安。而“执静”，就是将灵气留在体内的有效方法。

从这些理论看来，道教学说一部分来自古老的天人合一思想。正如本书关于“天”观念的分析，“天”字就是将代表头部的最上一笔加大而成。这个字本身已体现了“天人合一”思想的雏形。《周易》以及先秦时期典籍都以这种思想雏形为基础，讨论大自然与人体之间的对应。

汉代哲学也承继了这种思想，不但产生了董仲舒《春秋繁露》讨论“阴阳”时反复强调的人体和天地结构之间的联系，也产生了像《参同契》首章所说的“乾坤者，易之门户，众卦之父母。坎离匡廓，运毂正轴；牝牡四卦，以为橐钥”。这段话说明了“乾、坤”所代表的“阴、阳”注定变化为“坎、离”而运作世界（运毂正轴），也会变化为“牝、牡”演化万物（以为橐钥）。“橐钥”一词，指的是鼓风冶煅的工具，出自《老子》“天地之间，其犹橐钥乎！虚而不屈，动而愈出”。老子认为生命是从虚无而来，无中生有，既像母亲的子宫，里面有一个空间——无——才能容纳婴儿成长；又像“橐钥”，因为“无”才能有风可鼓。正如宋代以后的《易》图所作的“取坎填离图”（图10）：

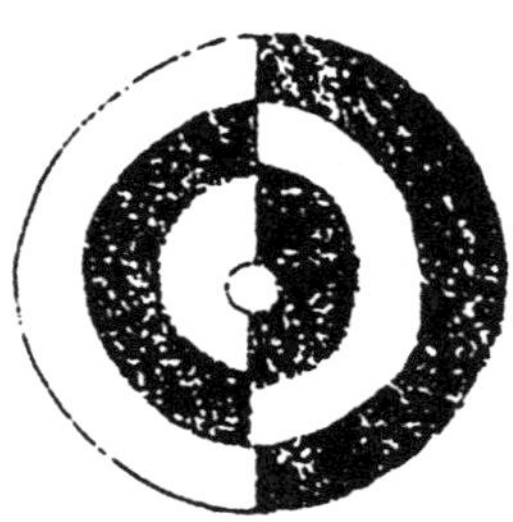

图10　取坎填离图

白色代表“阳”而黑色代表“阴”，左边就是离卦☲，而右边就是坎卦☵。以“坎”之水填补“离”之火，让水火互济，这就是“取坎填离”的意思。套用于道教“内丹”理论，“坎”为“水”之象，代表“肾”的生殖功能，“离”为“火”之象，代表“心”的生理欲望。释放生理欲望而驱动生殖功能，就能“顺则生人”；修道者将欲望的力量转化为锻炼肾水而不外泄，炼成内丹，叫作“逆则成丹”。他们用“坎”代表“肾”和“水”，用“离”代表“心”和“火”，如图11所示。

这是因为道教有“人身小宇宙”的思想，将身体视为丹炉——修炼的场所——所发展出来的理论。再将这种自然和身体对应的理论投射到世界，就是《参同契》说的“覆冒阴阳之道，犹工御者准绳墨、执衔辔、正规矩、随轨辙，处中以制外，数在律历纪”的思想。

汉代道教后来发展为魏晋以降的灵宝派，传说为《太平经》作者的葛巢甫，撰写了《灵宝经》，风行一时，至南朝《灵宝经》已增至五十五卷。《太极祭炼内法》卷下解释“灵宝”二字说：

> “夫灵者，性也；宝者，命也。灵而不宝，则不足以寿无穷之命；宝而不灵，则不足以悟本来之性。离而曰性命，合而曰灵宝。”

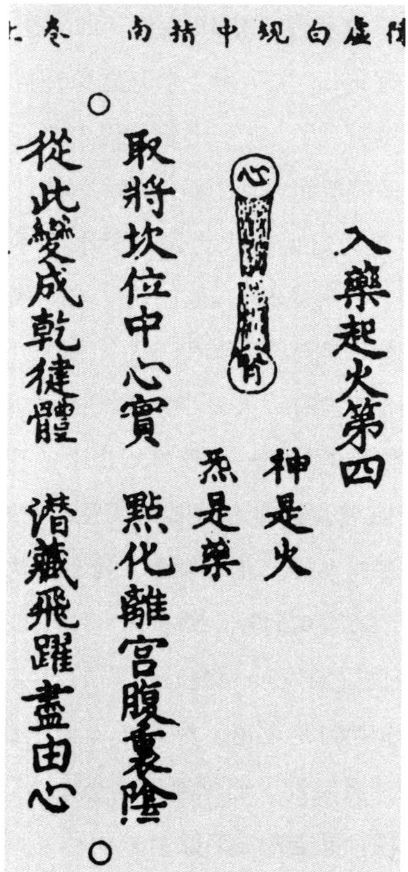

陳虛白規中指南　卷上

入藥起火第四

神是火

炁是藥

心

腎

取將坎位中心實　點化離宮腹裏陰

從此變成乾健體　潛藏飛躍盡由心

图11　入药起火图

见《陈虚白规中指南》卷上第二，收入《道藏》洞真部方法类称字号

道教语言所谓“性”指的是精神，“命”指的是肉体，亦即笔者在本节指出的道教核心观念“形、神”的另一个名称。后来像《黄庭经》大谈思神守一、宝精爱气之术，强调身体各部分器官都有神仙居住。那么多“神仙”居住在一个身体里面，是一种隐喻，指的是肉体各个有“形”器官里面的“神”的作用。用今天的话语来解释，譬如人们在进食时享受美味饱足的感觉，和读书思辨明理所产生愉悦满足的感觉，都是“满足”，但截然不同，分别由不同的“神”所掌管。当然，这些主管不同功能器官的“神”，在一般人而言，随顺着习惯过日常生活，既不自觉，也不懂得整合调节。但对修道者而言，管理调节“命”（形）与“性”（神），务求通过各种寡欲、存想、食气等等方法，抑制散居于各个感官的“神”，而让真正主宰生命的“神”壮大，以便于达致离“形”存“神”的功效，至为重要（参考图12）。

以上所谈道教的“形、神”理论，还是渊源自《周易》“阴、阳”的观念。正如笔者在本书讨论过，“阳”属于轻、清而来自“天”，在人身为“魂”；“阴”属于重、浊而来自“地”，在人身为“魄”。“魄”与肉体关系紧密，而“魂”则于人死后飘散四方。道教的“形”（命）属阴，而“神”（性）属阳。二者必须取得平衡和

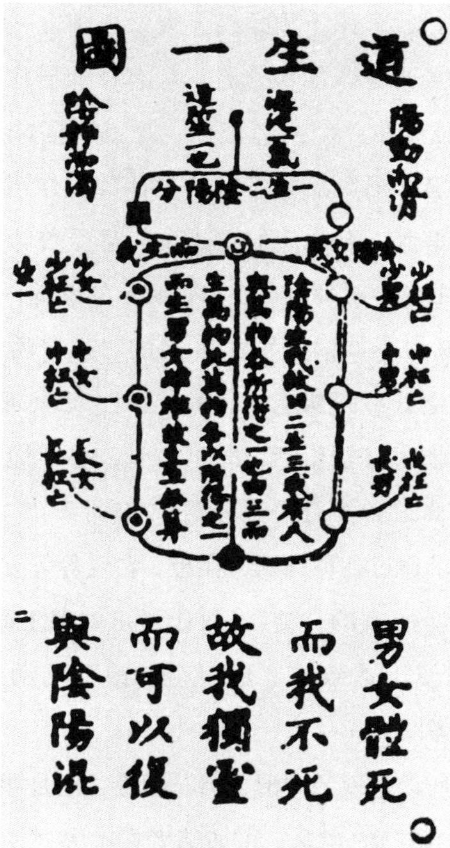

图 12　道生一图

见《道德真经集义大旨图・序》，收入《道藏》洞神部太诀类染字号

联系，活着才能健康，死后也能安详。

宋代以后，道教分为南宗、北宗和中宗。南宗以《悟真篇》的作者张伯端（987—1082）为代表，北宗以王喆（重阳，1113—1170）及其门徒的全真教为代表，中宗以《中和集》的作者李道纯（宋末元初）为代表。大致而言，道教强调“性命双修”，指的就是精神与肉体的修炼，不可偏废。北宗重视“先性后命”，南宗重视“先命后性”，则代表双方方法进路有先后、主从、轻重的不同。但道法的理论愈趋复杂，除形、神问题外，又结合了宋代道学（或称理学）的发展。如程迥《周易古占法》一书说：“道之超乎象数，则为太极；行乎象数，则为乾坤。”［程迥生卒年不详，北宋隆兴元年（1163）进士，字可久，号沙随，应天府宁陵人］所以朱熹注《四书》解释《中庸》“天命之谓性，率性之谓道，修道之谓教”三句时，特别强调：

> 天以阴阳五行化生万物，气以成形，而理亦赋焉，犹命令也。于是人物之生，因各得其所赋之理，以为健顺五行之德，所谓性也。

朱熹是《周易》的专家，兼为儒学、理学大师，又熟悉道教理论。这段话将《周易》的思想、道教的观念，引导到儒家经典里面，阐释修身的理论。他说的“健、顺”，就是“乾、坤”，“健顺五行”就是“阴阳五行”。他将儒家经典“性”字，解释为在人类生命落实的天理。“理”与“性”是驱动阴阳五行在身体内运作的根源。

42. 什么是“先天”和“后天”？

“先天”、“后天”两个概念原出于乾卦《文言传》对“大人”的歌颂：

> 夫大人者，与天地合其德，与日月合其明，与四时合其序，与鬼神合其吉凶。先天而天弗违，后天而奉天时。天且弗违，而况于人乎？况于鬼神乎？

“先”字和“后”字都是副词，它的语义是“在天之先、在天之后”，“先天而天弗违，后天而奉天时”两句话的意思是：人间发生的事、存有之物，无不依循自然之理——天。有智慧的人明白原理，在事理发生的先后都能做妥当安排。

为什么智者总能在事理发生之前和之后做出妥当安排呢？我认为这当中没有什么神秘的意思。作者要强调的是：我们要学会从人生经验之中，找寻出变化的恒常规律，观察“变”，也要观察“不变”。由掌握到的自然规律，去理解已发生的事，并且推知未发生的事。即使是大人君子，做事亦不能违背自然的道理。

北宋邵雍研究《周易》，注意到一个问题：《周易》是周朝的典籍，八卦却是伏羲所画。伏羲的年代和西周之间，差了一千年以上。这说明：以书本形式流传的《周易》，未必能够充分反映周朝以前的“易”的哲理。所以邵雍将凡属于《周易》书本记载的内容学说，统统称为“后天”，归属给“文王”，例如《说卦传》所记载的八卦方位，邵雍就称之为“文王后天卦位”。

相对上，邵雍根据自己的研究，上推伏羲时代的“易”的思想，而建立另一套学说，称之为“先天”，或称为“伏羲”，例如他所拟定的先天八卦方位，就称之为“伏羲先天卦位”。从此以后，研究《易》学的学者，就依着邵雍的说法，区分出“先天学”和“后天学”两个大类。

事实上，“先天学”和邵雍《皇极经世书》的思想有关。他根据汉代刘歆《三统历》的天人合一思想，用十二宫的理念来说明世界的历史时程，认为“天开于子、地辟于丑、人生于寅”。开天辟地生人之时，尚未有周朝，所以邵雍要用他自己的办法解释《周易》没有讲到的更早阶段的“前《周易》时期”。这套研究“前《周易》时期”的“先天学”，主要阐释的是可以追溯到开天辟地时期的学问。

怎样追溯呢？邵雍吸收了汉代学者的理论，用“元”、“会”、“运”、“世”、“年”作为五个单位，排列宇宙时程：三十“年”为一“世”，十二“世”为一“运”计360年，三十“运”为一“会”计10 800年，十二“会”为一“元”计129 600年。“元”用十天干（甲、乙、丙、丁……）排列，“会”用十二地支（子、丑、寅、戊……）排列，“运”又以十天干排列，“世”又以十二地支排列。邵雍也将“元”、“会”、“运”、“世”比喻为“日、月、星、辰”，等于是将129 600年缩小，比喻为一“日”：每一“会”为一个时辰，其长度为10 800年，用“消息卦”代表，第一个“会”（“子”会）始于开天辟地，属于复卦䷗，是“天开于子”的阶段。第二个“会”（“丑”会）属于临卦䷒，是“地辟于丑”的阶段。第三个“会”（“寅”会）属于泰卦䷊。自泰卦开始，为“开物”，即万物繁育，也是“人生于寅”，如此类推，一直至于第六“会”（“巳”会）为唐尧始，第七“会”（“午”会）为夏殷周秦以降。如此发展，一直至第十一会（“戌”会）是剥卦䷖，是“闭物”，就是物种灭绝。以上是另一类型“末日时钟”的理念。

邵雍的“先天学”，据南宋朱震《汉上易传》的讲法，是传自五代时期陈抟。陈抟原本是个儒生，据说后来为了修道，隐居于华山。据学者考证，华山上并没有留下任何关于陈抟的事迹，表明“陈抟修道于华山”可能只是传说。这套学问，后世学者称之为“陈邵之说”，被民俗信仰所接受及尊崇，但也被一些严肃的学院派学者摒弃，认为缺乏宋代以前的证据支持，纯粹是陈、邵所虚构的学说。

后来道教内丹学也将“先天”和“后天”转变为复合名词，指人的生命的两个阶段，也是两个层次。严格来说，“先天”专指人出生以前或出生后尚未吃五谷杂粮的阶段；一旦吃了五谷杂粮，生命就进入“后天”的阶段。（用今天医学知识去逆推，所谓“先天”近似于我们从父母血缘接受到的“基因”，决定了我们的健康基础；“后天”则取决于水土、粮食、成长环境等因素。）

提倡“先天”的学说，有多重目的。《道德经》好几次提到“婴儿”：“专气致柔，能婴儿乎？”“如婴儿之未孩；儽儽兮若无所归。”“为天下溪，常德不离，复归于婴儿。”因为“婴儿”健康、柔弱，没有成年人对于名利、权位等等的欲望，所以能专心致志活着，专心致志成长，精神上不会受到污染。此外，在内丹修炼的理论中，修道者希望把后天成长过程中顺着肉体欲望而形成的习惯去除掉，而让属于先天的生命原始的部分壮大起来。因此配合着“禁欲”，心灵和身体同时趋于洁净的状态，精神反而能壮大和提升。例如，很多宗教修行都提倡不同程度的禁食，关键在于“饥饿”能有效提升人的精神集中力，吃饱反而容易昏昏欲睡。所以不进食，有利于灵修一类的活动。再配合其他的锻炼，能让修道者身心都处于轻快的状态，这样有利于让灵魂离开躯体，也就是道教修炼者追求的“形神分离”的境界。

弥 纶 天 地

天人、生死、时位

探知《周易》的死生之说、
幽明之故、时位感通

43. 中国哲学的大课题“天人之际”，在《易》学中有什么启示？

中国人喜欢讲“天人之际”，从浅层去解释就是人和自然之间的关系，从深层解释就延伸到生命意义、存在意义、人类责任等哲学课题。

读者不难注意到，《周易》阴阳哲学强调的变化，作为基本的自然律则，本身价值是中性的，只是如实地说明万物（包括人类）的生命的自然成因。从自然哲学的角度考察，上天对于万物（包括人类）不特别慈悲怜悯，亦不特别刻薄残酷，从给予“生”的机遇这一点看，总是平等地对待一切，不带爱恨情仇。

然而，我们读卦爻辞，却会发觉其中不断重复地讲“吉、凶、悔、吝、厉、羞、无咎、灾眚”等等，这是因为：天道是自然的、中性的，是人力无法干预的；我们总虚妄地以为“天”会给人们预兆（prognostication），想方设法利用种种手段（各类占卜）去探测天意，却不知道“天”看待生命的观点与角度，并不一定与人类所盼望的（例如善有善报、恶有恶报）相符合。好比《庄子·逍遥游》中的故事：肩吾盼望藐姑射之山的神仙只要“神凝”就能让人间五谷丰登，连叔却泼他冷水，回应说这个神人想做的也许根本是“旁薄万物以为一”，将天地都消解为一团气体。

由此我们应该领悟，《周易》哲理的可贵，并不在于占问吉凶，逆测天意。“吉、凶、悔、吝、厉、羞、无咎、灾眚”等占断语言，都是作者站在“人”的立场，提醒人类自我检讨，调整生命方向的指引。更重要的是，与其说这些词语的训诲的力量来自“天”，不如说是来自每个人的内心。如果当事人该“悔”而不“悔”，应“羞”而不“羞”，占问的结果是吉是凶也都无所谓了吧？我们应该明白，《周易》作者对于“天”，基本立场是存而不论，而不是充满迷信，充满畏惧。孔子说“敬鬼神而远之”，就是这个意思。站在“人”的立场，在人事上全力以赴，才是人生最重要的功课。

卦爻辞对“吉、凶、悔、吝、厉、羞、无咎、灾眚”有一些解释。《系辞传》说：“吉凶者，失得之象也。悔吝者，忧虞之象也。”又说：“吉凶者，言乎其失得也。悔吝者，言乎其小疵也。无咎者，善补过也。”虽然说到失得、忧虞，读者却不要误以为作者是将它们理解为人的情感或者情绪的反应。因为作者的意思，是认为吉和凶，是人生的得与失。你把它们看成得与失，就没有什么大不了。“悔吝”是提醒人们遇到小瑕疵，是危险（虞）的预兆，所谓“忧”，是要未雨绸缪，准备应付危机，而不是一味杞人忧天。最后，做人要谦虚才能看到自己犯的错。犯了过错，要善于补正过失，才能“无咎”——很明显，“无咎”不是单靠运气的。

人类太渺小了，实在改变不了“天”。这有两层意义：一是改变不了大自然环境，二是干预不了命运。

关于第一点，人类科技突飞猛进，我们以此自傲。但直至今日，举世的科学家连地震都预测不了，旱灾、水灾也都挽救不了，更不用说地球气候和环境如江河日下，日趋崩坏了。

关于第二点，凡夫俗子，总以为找人问卜占卦，可以改变命运，以致陷于迷信之中，不能自拔。事实上“天”的意志，哪有那么容易被凡人所侦测？天之所命，哪有那么容易被改变？人类能做的，只有在人事上尽善尽美，自求多福。孟子说“尽其心者，知其性也，知其性，则知天矣”，意思是不必希冀知道“天”的意志，全力尽自己的心力待人处事，知道自己的善性，就等于“知天”了。孟子又说“存其心，养其性，所以事天也”，可见“事天”的道理，同样不出于心性的修养。“夭寿不贰，修身以俟之，所以立命也”，讲来讲去，“修身”始终是最根本的重点。所以俗语说“尽人事，听天命”，前一句才是重点，因为“天命”是期盼不来的。

天人关系，在中国人文传统里，从来就是高扬人的主动性和积极性。在时间河流里，具体的人、事、物不断消灭，已逝去的不留半点痕迹，抽象的记忆却是那么真实。往事虽不留痕，却常像幽灵般纠缠着未来的人事，挥之不去，甚至决定了未来的轨迹。不懂个中奥秘的凡人，只能罔罔地随波逐流，随着人事变迁而悲喜忧惧；懂得其中奥妙的智者，会积极观察变化，利用变化，开创未来。《系辞传》说“往者，屈也；来者，信也；屈信相感而利生焉”，所以讲“天人之际”，不是教人事事依靠卜问，盼望好运气，或者买吉祥物来改变命运，而是勉励人们积极发挥自己的潜能。

人生就像跑步。跑步，说穿了就是不停地向前跌倒。为了不跌倒，必须勇敢地向前踏出一步。就此连续不断，走出自己的路。

44.《周易》怎样阐释“生”与“死”？

“生”与“死”，是人间数之不尽的变幻中最重大的环节。

《周易》经文六十四卦、三百八十四爻的内容（卦、爻辞）中，只有观卦的爻辞出现过两次“观我生”和一次“观其生”。但这三处讲的是“生活”的“生”，不是讲“生死”的“生”（所以《象传》解释“观其生”，说：“观民也”）。严格来说，《周易》卦爻辞并没有直接讨论“生、死”的问题。

《周易》作者对“生、死”的关心，是从天地万物规律的角度与高度，俯看人间事理，悟到天地终极之理，终归只是无止境的开始和结束。用卦爻辞的话语，就是“初”和“终”——不管什么动物、植物，甚至山河、大地，乃至日月星辰，都只是开始和结束而已。一刹那间的“生、死”，只是“初、终”的一个微不足道的环节而已。

《周易》卦爻辞约撰作于公元前1000年。作者对

“生、死”的存而不论的态度，很有一种无我无惧、视死如归的潇洒胸怀。

数百年后的战国时代，开始出现多种解释卦爻辞的《易传》。《易传》的作者们对“生、死”的问题有了不同的体会和阐释。他们意识到：在天地万物变幻的过程中，成千上万的物种——包括动植飞潜——都因为生命不断的继起和延续，而共同建构了一个绵延不断、繁花似锦的世界。所以他们特别看重这个“生”字，并加以各种解说、申论。《系辞传》说“生生之谓易”、“天地之大德曰生”，《彖传》说“万物化生”（咸卦䷞）、“天施地生”（益卦䷩）。这个“生”字对世界而言，实在太重要了。

《系辞传》更有一段话，不但讨论“生”，还一并讨论“死”，从阴阳二气促成灵魂与躯体的变幻的角度，探讨生死问题，说：

> 《易》与天地准，故能弥纶天地之道。仰以观于天文，俯以察于地理，是故知幽明之故。原始反终，故知死生之说。精气为物，游魂为变，是故知鬼神之情状。

“幽”是阴、终，代表死亡；“明”是阳、始，代表生存。

我们要吃土地种植出来的五谷杂粮来维系肉体生命，呼吸大气雨雾来获得养分，吸收阳光以滋养精神心智。我们获得了“阴、阳”两种力量的支持，结合了“乾、坤”两大精华元素，健康的肉体和畅旺的精神结合为一，于是我们活得灿烂，活得精彩，建构了社会，创造了文明。到了某一天，我们的肉体衰病、死亡，被埋葬而与泥土融合，重新成为“地”的一部分；我们的灵明散归大气和阳光，而重新成为“天”的一部分。与此同时，阴阳二气的精华相激相荡，重新组合成新的生命，“精气为物，游魂为变”，新生命又再被大自然创造诞生。所谓“鬼、神”，不外是阴阳二气的神妙作用，逃不出这个天地万物之理。

去一趟医院，看着新生儿从产房里被推到婴儿房，看着逝世者从病房里送进太平间，前者带来喜悦，后者伴随悲伤。那都是人的情感作用。在大自然的观照下，不过是“原始反终”的短暂示现而已。难怪《周易》作者对于生和死如此豁达。

古人相信“二重灵魂”的思想——魂、魄。“魂”属阳而“魄”属阴。大自然回收了我们的肉体和精神，等于我们把短暂借来寄托所谓“我”的载具，归还大自然了。

严格来说，“有我”只是几十年之间的事，“无我”

才是永恒的。人生要活到“无我”，才能真正自由。妄求长生不老也好，追求任何形式的永垂不朽也好，统统都是虚幻。

45. 要如何用《周易》的变化哲学观照人生？

《易纬》说“易”这个字含有三个意义，也可以说是三层道理：简易、变易、不易。

《系辞传》有两句话：“精义入神，以致用也。”“致用”，就是用在人生，对人生有重要的启示。这不是因为《周易》可以用来占卜，预知未来，而是让我们透视人生许多道理。要将这部书精深的道理吸收、消化，进入我们的精神，才能将其中的智慧用出来，帮助我们活得更好，人生更有品质。掌握了这一点，我们就能掌握“简易”的精神。

第二层关于“变易”。人生在世，宇宙、地球、自然环境、人事物理、生死聚散，无一刻不在变化。“一发”之牵，都可能动摇“全身”，更何况世上每一件事物都在永恒变化？如果说世局如棋，那每行一步，都必将令全局翻新。我们要活着，要活得好，就不能不时时刻刻察觉“变化”，包括我们从小到老，也是不断地迈向死亡的过程——促成小孩日趋成熟的神秘力量，也是导致人类日渐衰老的终极力量。由此可见，每个人都要为人生的未来阶段做准备。所谓“人无远虑，必有近忧”，没有远程的规划，很容易让眼前每一步都颠踬。同一个“变”的道理，落实在每个人身上，人人际遇不同，经历的变化也不一样。察觉环境和自身时时刻刻的改变，至为重要。

第三层关于“不易”，和“变易”的意思相辅相成。因为，认识变化固然重要，但人生追求的毕竟不是“变化”，而是“稳定”。倘若天地没有稳定的规律，物种就不可能生存，文明也不可能发生；家庭没有稳定的作息与伦理关系，成长中的小孩身心也不可能健康。人们日出而作，日入而息，没有稳定的规律，我们身体的免疫系统必将崩溃。经历过战争与乱离岁月的人，最渴求安定的居所，最珍惜稳定的生活。因此“家庭”为所有人永恒的归宿，也是《说卦传》提出“父母六子卦”思想，用父母和三兄弟、三姐妹来说明八卦关系的原因。用家庭结构来说明乾、坎、艮、震、巽、离、坤、兑八个卦的意义，暗示了家庭的人文意义。当然，从死亡的角度看，古人相信有死后的世界。有了这种想象，死亡之所才是真正的永恒归宿，活着反而像是漂泊之中暂住在臭皮囊里。古人说“人生如寄”，将人生譬喻作“逆旅”，反衬出人类对于安定的渴求。

“变”与“不变”的哲理，可以简单易懂，也可以深邃难明。“变”是无穷尽的，所以六十四卦，以乾卦☰为始，以未济卦☲为终。“未济”意思是没有完成。作者讲出了“未济”却没有进一步说明，表示宇宙万物的变化是绝对开放，难以预知，也没有穷尽的。人，和世界一样，每一刻都在变，所以千万不要用旧的量尺，去测度新的事物。有智慧的君子懂得“上下无常”（乾卦《文言传》）之理，所以懂得随时调整自己的步伐，“与时偕行”，积极地察觉变化、驾驭变化，而不是被变化的环境推着走，做到“时乘六龙，以御天也”。其实很少人察觉到，每个人的能力、心境都会因应着人事的变迁、随着年岁推移而改变。我们设法掩饰体力、记忆力逐步衰退的残酷事实，日渐身陷利欲场域中不能自拔，理想逐渐向世俗妥协，于是“真我”随着时光流逝而日渐黯淡。乾卦《文言传》提醒我们：“其唯圣人乎！知进退存亡而不失其正者，其唯圣人乎！”在变幻的世情中掌握“进退存亡”的准则，铭记“初心”，保留人性光辉的不变价值，就是“不失其正”。

将“简易”、“变易”、“不易”分开讲，只是“方便法门”。现实世界中这三位是一体的。我们不能只注意“变易”，忽略了人生稳定的核心价值的重要性；也不能只看重“不易”，忽略了面对多元化世界时灵活地调整心态、调适自我的重要性。

46. 说《周易》哲学尊“天”，“天”有什么意义？

原来在上古时代，“天”字的甲骨文和金文，都是会意字，是一个“人”字的象形，特地把最上端代表人的头颅的一笔加大或加深，标示出来，用来譬喻“天”的意思（图13）。所以古代汉语“颠顶”指头颅，“颠”与“天”二字的读音和意义，是一样的。

图13　古文字“天”

在象人形的“大”字上加一笔标示头颅来譬喻“天”，表达了天人合一的思想。古书形容“人”是“圆颅方趾”，和“天圆地方”是对应的——因为受到圆形的“天”的影响，我们的头颅是圆的；因为受到方形的

"地"的影响，我们双脚是方形的。这是用人的头颅譬喻上天的理论根据。《周易》也接受了这一层意思，所以《周易》六十四卦卦爻辞，有很多都用人的身体来譬喻整个"卦"（详参本书"身体观"一节）。睽卦六三爻辞"其人天且劓"的"天"字，暗喻了人的头颅上凿字的刑罚。

《周易》卦爻辞中的"天"有庇佑人间的力量，例如大有卦☲☰上九爻辞"自天佑之，吉，无不利"。不过将这个具庇佑能力的"天"和阴阳哲学放在一起，我们会注意到，《周易》的"天"具有循环变动的本质，所以所谓"庇佑"并不是绝对的，既会降福，自然也会降祸。原因在于，殷商以前的历法早已经显示，古人认为"日"和"月"的循环——昼夜是一天的循环，月的朔望是一月的循环，日照长短强弱是一年的循环。历法也就根据这些循环的长度来计算——决定了"天"的既恒久又动态的变化。由此我们知道，《周易》思想原来只是以哲理为主，并不具有什么迷信附会的内容。

"天"的意志是可以理解的，因为毕竟"天"的运行也依循了阴阳互推的自然规律；"天"的意志也是不可以推测的，因为人类所拥有的知识未足以让我们精准预知祸福的降临。这也是《诗经》所说"天命靡常"的意思。正由于"靡常"——充满变化，没有常轨——所以人们活着，应该戒慎恐惧，努力做好自己。

《易传》对于“天”的描述，要比卦爻辞生动多了。《彖传》解释乾卦时，注意到既然有“乾”有“阳”，也不能没有“坤”和“阴”，所以讲了阴雨滋养万物形成（云行雨施）之后，紧接着讲太阳升降促成万物的生长（大明终始）。最终提出了“太和”（保合太和）这个概念，表述宇宙（天地）之间充塞着阴气和阳气，以及二气动态互动的伟大力量。北宋理学家张载（横渠，1020—1077）解说《易传》思想，就非常精准地掌握了这个观念，在他的巨著《正蒙》第一章，畅谈“太和”作为宇宙终极的动态原理，是最高层次的“调和”，本质上就是一连串冲突互动。这是哲学上称为“气论”的思想。“气论”就是认为“气”是万物存在的根源。“气”既是物质，也具有物质性，能产生动态力量。

现代科学知识告诉我们物质中的粒子，包括中子（neutron）、电子（electron）、质子（proton），它们的活动呈现了宇宙的引力（gravity）和质量（mass），而人类所感知的“时间”也是由引力所形成。新近学术界还提出了暗物质（dark matter）、暗能量（dark energy）的相反作用，影响到宇宙的膨胀。《彖传》对于“天”是“阴、阳”互动互补的描述文字，完全可以用来说明宇宙中这些元素因为引力聚合而形成新星系的漫长过程——物质一团团形成，既像云，又像尘，在引力作用下，凝聚互推而促成了星系的诞生。

人类的躯体也不外乎是各种粒子组成，而且在无形的生命力推动下，粒子促成细胞的聚合而持续运作，器官彼此互相感应，新陈代谢不断循环，让每个人能获得几十年的寿命。身体器官为何能彼此运作密合无间？是什么原则主宰了身躯的运作？是什么力量形成了我们的生命力？这都是自然科学尚未能解释的。

47. 说《周易》哲学尚“中”，“中”有什么意义？

“中”就是中道，是一个抽象观念。

《周易》的“中”可以从两方面讲：第一，《周易》哲学强调动态变化的世界，在变化过程中，较为稳定的阶段不在刚开始，也不在将结束，而是在中间较为稳定的发展过程。这个稳定的阶段就是“中”。第二，《周易》哲学强调相反并存的世界，相反的事物，无论是正反、前后、高下、大小，价值都是“相对”的。唯一具有超越而绝对价值的就是“中”。

“中道”所讲的“中”，原是一个抽象观念，先提醒人们不要各走极端。一旦各走极端，一样会变成没有是非。所以“中”、“中道”所强调的均衡、调和，要从正与反两方面考虑，推论出一个合理的结论，作为准则，可以供人们遵循。“中”的英译作“mean”或“equilibrium”，除了调和的意思，在《周易》的语言系统中，还常和“正”字常合在一起用，称为“正中”或“中正”。“中”是中道，“正”就是正确，合起来，就是对于是非、原则的坚持。

很多人喜欢引用《论语》孔子说的“过犹不及”来说明“中”。这并没有错。但千万不要误以为是一概“各打五十板子”，或者机械化地中间“一刀切”，或者含糊一点妥协就算了。妥协很容易变成和稀泥，变成没有是非。和稀泥、没有是非算不上真正的“中道”。《尚书》说“允执厥中”，这个“中道”是要执着的，要有所坚持。

“中”字也有别的意义。或指人的内心（例如《诗大序》“情动于中而形于言”的“中”），有时也指身体（譬如《礼记·檀弓下》“文子其中退然如不胜衣”的“中”）。为什么指身体呢？因为每个人都是站在自身的立场判断事情。对事情判断错了，当事人要先检查自己立场上是否有偏私。先调整好自己，不要每件事都责备别人的过错。

人的身体有一条中轴线：任脉和督脉。“任脉”起口腔内的龈交穴，向下经喉头的天突穴、胸前的膻中穴、丹田而至曲骨穴。“督脉”起耻骨上缘曲骨穴，往下经过生殖器官向上沿背部中轴线的尾椎、腰椎、胸椎、颈椎诸穴至头顶百会穴，再向下至上颚顶端龈交穴。任、督二脉，正是人体四正的前中线和后中线。所以《庄子·养生主》说：

> 缘督以为经，可以保身，可以全生，可以养亲，可以尽年。

思想家那么重视人身的中轴线，说明了中国哲学重视用身体作为观察自然环境的坐标。“中”在先秦各种经典文献中，也带有适合、合宜、媒介、调和、符合、正道等各种正面的意思。

汉字“中”字源出于两个不同的语言，也就有了两个字形：

> A. 带着旗帜飘扬的形态：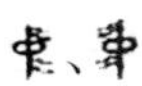
>
> B. 不带旗帜的形态：

A是一个测量风向以确立地标的物品。它的中间是一个立竿，同时也透露了抽象观念的“前中后”、“左中右”意义的“中”字，作为旗帜象形的“中”字的核心符号，应该出现更早。B的形体是放置竹简——古代的书册——的工具。甲骨文“史”字作，以手持“中”，意指掌管史册的官员。

从最古老的经典之一《尚书》来看，表达抽象意义的“中”——包括时间上的“日中”和空间上的“土中”，都早就出现。当然，从概念上讲，甲骨文中已有东土、西土、南土、北土的词语，“中”这个观念就自然地被烘托出来。但由于“中国”作为周民族灭殷之后的新观念，这个“中”的地域所在，也就随着政治中心由西安市西北方的“豳”（后或写作“邠”）拓展到雒邑（洛阳）附近，整个向东方迁移，并且为“华夏”一词以及汉代以后的“中国”观念确立了中心位置。

至于《周易》“尚中”的思想，必须在一个动态的世界中去理解。因为“易”强调循环运动。在循环运动之中，起始的阶段尚未稳定，结束的阶段又已经脱离原有稳定的状态，二者都不是理想的时机。比较而言，“中”的阶段最为稳定，有利于各项事业的发展。“尚中”的思想，提醒人们好好把握人生各个黄金时期，在自己各项条件最成熟稳健时将潜能发挥到极致。

这种情形反映在六十四卦上，就是二爻和五爻占断结果为“吉”的情形，较其他四爻为多，占了大约一半。至于“凶”最多的占断则出现在三爻，其次是上爻。四爻则最多疑、惧。这是因为，一个六爻组成的“别卦”，是由两个三爻的“经卦”重叠而成。初爻和四爻、代表了内卦和外卦发展的初阶，事理发展尚未稳定，因此临事多有疑惧；三爻和上爻属于内卦和外卦发展的终结，事理发展至极端，也就有相反的结果转变。

正如本书上文提及的，三爻的卦是“经卦”，六爻的卦称“别卦”。一个“经卦”就是一个独立单位，由下至上，代表事理发展的开始、中段和结束三阶段。两个“经卦”重叠为一个“别卦”，也可以视为一个情形较为复杂的独立单位，代表一件事的两个阶段发展和转变，尤其三爻和四爻，就是一个“别卦”中的内部转折。同时就全卦六爻而言，初爻和上爻也代表了宏观全卦的开始和最后结束。

再扩大到一组两个卦，依然可以视为一个情形更为复杂的独立单位，代表一件事再进一步的大转变，譬如由剥卦䷖而复卦䷗，则是剥复互推；由泰卦䷊而否卦䷋，则是否极泰来。由此看，就一个“别卦”而言，我们要从二爻和五爻里面去求“中”；就一组两个“别卦”而言，我们要从两卦的变化之中去求“中”。

由于卦爻辞（经文）有“尚中”的思想，所有《易传》都或多或少对于“中”的观念，都作出过解释。例如时常出现的“中正”和“正中”两个词语，原本是指“爻位”而言：如果偶数的二爻为阴爻、奇数的五爻为阳爻，那就是既“中”且“正”，可称为“中正”；“正中”则被《彖传》和《象传》专门用在阳爻居于五爻。

“中”字不但在《周易》中显出了重要性，在整个中国宗教思想传统中也有举足轻重的地位。儒家推崇的“中庸”、道教的“中和”，佛教的“中道”，都用“中”字代表哲理上的核心价值。

48. 说《周易》重视“时”与“位”，什么是“时”？

《周易》卦爻辞很重视“时”。基本上因为它预设了一个动态、变化的世界，认为世界是持续演化的，人也不断地在变化，所以要趋吉避凶，就要注意“时”的变化，包括环境及客观条件的变化，也包括个人及主观条件的变化。

首先，一卦之中，六爻的变化由下至上，每爻有它的“位”，每个“位”有它的特别之处，阴爻或阳爻位于适当的位置，那就是一种“时”，意指时机适合。例如阴爻位于二位、阳爻位于五位。当然《易》的精神在于“变”，所以不能一成不变，例如师卦䷆全卦只有一个阳爻，却位于“二”位，虽然以阳爻居于偶数之位，却因为是师卦，代表了主帅在内（内卦）的“中”位主持大局，驾驭全卦，因此爻辞说“在师中，吉，无咎，王三锡命”，而《彖传》也称许“刚中而应”。

如果爻位发展至三、四爻位，处于事理时势发生转折点，“疑”、“惧”是避免不了的，这时候君子的取态就很重要，例如小过卦䷽九三“弗过防之”，早作预防就很重要，或积极自修如乾卦九三“君子终日乾乾”亦很好。如果能像损卦六三说“三人行则损一人，一人行则得其友”，意思是因损而益（三人则当减损，一人则当增益），这就需要很高的智慧了。至于爻位发展到“上”位，往往有物极必反的现象，这时候君子就要知变。乾卦䷀上九爻辞“亢龙有悔”，这个“悔”字意味深长。居高位者往往因为志得意满而领悟不到“悔”，最后“登高”反而“跌重”。所以在急流之中，如何适时勇退，需要的是“悔”的智慧。

几种《易传》的作者掌握到卦爻辞中对于“时”的重视，所以处处提及“时”，持续发挥“时”的艺术。我常说，“时”的哲理，奠立于一个动态、变化的世界。要明白世界运动循环、变化万端的本质，才会注意到“时”多么重要。乾卦《彖传》说“六位时成，时乘六龙以御天”，要注意乾卦六爻，有潜龙、见龙、飞龙、亢龙等，都是因“时”而处于不同的“位”。严格来说，每个“位”都重要，都有它应时的特性。所以《彖传》作者说，大人君子依循着不同的时、位，自我提升，贡献国家社会，就等于掌握适当的时间，成为适当质性的“龙”。

《易传》由“时”字，又发展出“时行”的概念，《文言传》和《彖传》在坤䷁、大有䷍、遯䷠、艮䷳、小过䷽等几个卦都曾用这个概念解释卦的意义。例如坤卦《文言传》“坤道其顺乎！承天而时行”，又说“与时偕行，与时偕极”。“时行”就是在该行的时候行，不该行的时候停下来。

大有卦《彖传》说：“大有，柔得尊位大中，而上下应之，曰大有。其德刚健而文明，应乎天而时行，是以元亨。”“大有”的意义是丰收，它虽然是阳爻居于二位而阴爻居于五位，但毕竟是“上下应”，而丰收有赖于上天眷顾，所以说“应乎天而时行”。

遯卦《彖传》说：“遯、亨，遯而亨也。刚当位而应，与时行也。小利贞，浸而长也。遯之时义大矣哉！”“遯”有逃遯、归隐的意思。人的一生，际遇难以逆料，所以没有永远遯隐的需要，而应该适当时候遯隐。这是“与时行也”的意思。

最有意思的是艮卦。“艮”有“山”的象征，“山”是静止的，所以它的精神是停止。现代人每天奔忙在生活中，受到外在环境的逼迫驱赶，完全失去自己，迷乱而心无止泊。所以在有需要的时候停下来，是艺术，是一种难以到达的人生境界；但说停下来是艺术、境界，却又不代表永远不行动。所以艮卦《彖传》说“艮，止也。时止则止，时行则行，动静不失其时，其道光明”。“艮”本身强调的是“时止”，却不妨碍它可以引申出“时行”这个相对的观念。所以大家会注意到艮卦六爻，自初爻至五爻，自下而上，都是身体有活动功能的部位，（初六“艮其趾”，“趾”是“脚”；六二“艮其腓”，“腓”是小腿肚；九三“艮其限”，“限”是腹部；六四“艮其身”，“身”是腹部以上身体；六五“艮其辅”，“辅”是口腔），借由艮止和身体活动部位的对照，就是虽能行动而不行动的意思。《易传》作者申论为“时止”和“时行”的对照，再引申出“动静不失其时”的新意义。作者提醒我们：“止”是一种艺术，但更重要的是我们如何在生活中让它和“行”合适地调节、平衡，而创造出什么时候该“动”、“行”，什么时候该“静”、“止”的理想境界。

人生的困难，常产生自突如其来的事件，让人措手不及。《周易》作者提出的解决方案，不是事事都占筮，而是洞察一种可以让自己在人生江海中漂流时，虽不能完全掌握方向，但至少可以累积经验，观察“时”的变化可能造成的冲击，同时勉励人们在变动的生命旅途中获得颖悟，解决问题。

人生有不同的阶段。每个人都需要充分了解不同阶段自己的优势和限制，用不同的心情，做不同的发挥。这正是“时”的智慧。清代名将彭玉麟有一名联：“烈士肝肠名士胆，杀人手段救人心。”那是壮岁意气风发，意欲经纶世宙，怀抱舍身取义救世助人的一腔热血。及至晚年，血气衰疲，维持年轻的心境既不合适，也做不到。这时候就应该恬淡一点，参考一下陆游诗句：“秋风弃扇知安命，小炷留灯悟养生。”懂得做适当的调节，也需要人生智慧。

49. 说《周易》重视“时”与“位”，什么是“位”？

就《周易》卦爻辞本身而言，“位”就是爻位，原本的意义比较单纯，就是君子立身处世，要注意自身的位置。例如需卦䷄“需于郊”为无咎，“需于沙，小有言”是终吉，“需于泥”结果就是“致寇至”。君子等待之地，位于泥土，举步维艰，招致贼寇是寻常结果。所以《象传》解释说“自我致寇，敬慎不败也”也是将焦点放在君子立身危险上的缺失，以及趋吉避凶之道。

至于坤卦䷁卦辞“西南得朋，东北丧朋”，蹇卦䷦卦辞“利西南，不利东北”，综合《易》家的解释，有两种说解。第一种历史解释，即分别指殷周地理位置：周民族居于“西南”、殷商人居于“东北”而言。“朋”就是同类，意指殷商遗民应亲近新统治者，而勿相与屯聚为乱。第二种是卦位兼象数的解释，王念孙、王引之父子《经义述闻》引《易通卦验》：“艮，东北也，主立春，艮气不至，应在其冲。坤，西南也，主立秋，坤气不至，应在其冲。”“冲”字意思是面对面。艮卦☶在八卦方位中，位于东北，坤卦☷位于西南，两卦彼此互为“冲”。“朋”指阳爻，像君子。艮卦在方位上“主立春”，是阴气消减，阳气生息之时，坤卦的三爻与上爻变为阳爻，即为艮卦；坤卦在方位上“主立秋”，是阳气消减，阴气生息之时，艮卦的三爻与上爻变而为阴爻，即为坤卦。因此说“西南得朋，东北丧朋”。

至于蹇卦䷦，卦辞“利西南，不利东北。利见大人，贞吉”，《彖传》解释说：“蹇利西南，往得中也；不利东北，其道穷也。”“往得中”一语双关，既指六二与九五中正而应，亦指服从周王朝而得治道纲领；“其道穷”亦一语双关，既指东北之“冲”是主立秋的“坤”卦☷，而当时正值阳消阴息之际，所以又象征殷商王朝已终结，无道可循。

至于“卦位”，指的是八卦的方位。读者需要先参考《说卦传》“天地定位”、“帝出乎震”两段文字，尤其是后一段“帝出乎震”，认为八卦中的“震”居于帝位。尊崇“震”，那是尊尚东方，即太阳升起的方位。尊尚东方是中国的传统，我们看汉、唐等朝廷都有“大明宫”，含有迎接日出的意思。所以又说“万物出乎震，震，东方也”，其次就是“巽，东南也”，“离”则是“南方之卦也。圣人南面而听天下，向明而治，盖取诸此也”。西南方则是“坤”卦，“地也，万物皆致养焉，故曰致役乎坤”。接下来是代表秋天的正西方，“兑，正秋也，万物之所说也，故曰说言乎兑”。顺时针方向下一个是“乾”，“西北之卦也，言阴阳相薄”。而正北方则是“坎”卦，“坎者，水也，正北方之卦也，劳卦也，万物之所归也”。最后是东北方“艮”卦，“艮，东北之卦也，万物之所成终而所成始也”。《说卦传》以外，《系辞下传》“天地设位”也有一段文字提及卦位。

上述这个八卦方位，邵雍称之为“文王后天卦位”，因为认为它是《周易》所记载的属于周朝的观念，著作权属于周文王。而周朝以前，则另外有一个传自“伏羲”的卦位。这个卦位，邵雍以前没有人提出过，邵雍就根据他自己的研究，将代表“天、地、水、火”的“乾、坤、坎、离”四卦分居四方：乾南、坤北、离东、坎西、震东北、兑东南、巽西南、艮西北。认为“自震至乾为顺，自巽至坤为逆”。这是为了符合天道左旋、大地右旋的原理。

以下分列“文王后天八卦方位”（图14左）和“伏羲先天八卦方位”（图14右）图供参考。

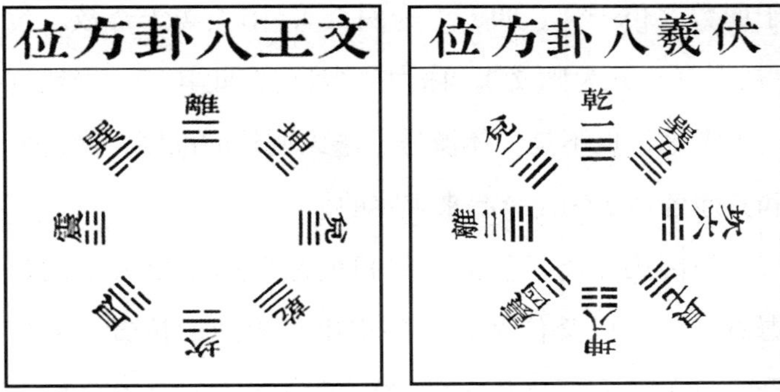

图14　文王、伏羲八卦方位

“爻位”也是《周易》作者看重的，因为一卦有六爻，分别为“六位”，正如乾卦《彖传》说“六位时成”，就是指六个阳爻而言。《文言传》则说“贤人在下位而无辅”、“位乎天德”、“居上位而不骄”、“贵而无位”，遯卦《彖传》“刚当位而应”，《系辞上传》“列贵贱者存乎位”，《系辞下传》“二与四同功而异位”、“故《易》六位而成章”，等等，都是说卦中六爻之位，都可见《易传》作者亦重视爻位。

六爻之中，初与四位、二与五位、三与上位之间，具有特殊关系，有时是互相呼应，有时是互相支援，此其一。邻接的两爻，固然也是彼此照应，但依照“爻”上下位置的关系，下一爻有支持上一爻的义务，此其二。爻的阴阳和它的位置有关，理想的状态是阴爻居于偶数之位（二、四、上为阴爻），阳爻居于奇数之位（初、三、五为阳爻），称为“当位”，此其三。当然这三项考虑，也不是一体瀿遵、毫无例外的准则，而是要和其他各种条件配合起来观察的。

但因为《周易》的最终目的是要引申出人生的教诲意义，所以爻位又必然要引申到伦理的位置（如父母、兄弟、夫妇之位）或政治的位置（如君臣之位）。譬如乾卦上九“亢龙有悔”，《文言传》引孔子说“贵而无位”，就是用阳爻来譬喻贵重的君子没有政治上的职位而言。坤卦《文言传》解释六五爻说“正位居体”，用居于五位的阴爻来譬喻“或从王事，无成有终”的君子。

汉魏时期《易》家如荀爽、虞翻等，对于“爻位”有一些特殊的想法。他们注意到《易》道主刚而尚阳，又参考了《象传》“志行”（阳爻居阴爻之上）、“乘刚”（阴爻居阳爻之上）的理论，而认为阳爻居于下而不吉的情形，终将因为上升而转为吉；阴爻居于上而让卦象失衡，亦终将因下降而获得改善。所以发展出“阳升阴降”的义例，认为阴爻宜降，而阳爻宜升。此外，他们又特别喜欢既济卦䷾，认为下体“离”为“火”之象，上体“坎”为“水”之象。火向上炎，水向下润，水火互济，兼且奇数爻位皆为阳爻，偶数爻位皆为阴爻，最为理想，所以提出“成既济定”的义例，认为某些因不符合此种理想状态而致凶或悔吝的卦，终将会变成既济的状态而转趋吉利。这一类学说，因为有其学理根据，很难说它们完全错误。然而，机械式地推到极致，反而固执不通。

历来解说《周易》哲理的名家大师，都喜欢借用爻“位”的升或降，来指向伦理社会之中，人事变迁之中各人身份、地位的变化与意义。

生活的目标，不外乎追求长久的幸福。人类社会的演进十分复杂，社会的结构，伦理的关系，风俗的变迁，以及上述这些条件不停变动所引起的价值观变化，都有无穷尽的探讨空间。

迈入21世纪，人类社会群居的形态改变了，大家族没落了，尤其家族聚居在大户大宅的情形少了，取而代之是小家庭，而且两性趋于平等，男女的社会地位和古代差异愈来愈大。加上很多新兴学科——如心理治疗——也在不停发掘不同阶层、性别的人们在身处不同环境结构与人际关系时，所受到的压力与挑战，因而让我们知道更多关于追求幸福的方法与途径。相对上，旧社会伦理规范偏重强调订定基本原则，要求人们去遵循。这显然不合时宜了。

《周易》哲理中“位”的思想，旨在提醒我们要灵活看待“人”在社群、社会中身份的流动性，不同时候、不同环境、不同年龄阶段，都会扮演不同的角色。因此“时”的观念所强调的“随时”精神，也应该投射到“位”的观念上，要用灵活、随时的通达观念看待“位”，自身处于低位时要保持沉潜自修的毅力，对待低位者要同情体谅，对待高位者要不亢不卑，切勿僵固地坚执旧的封建社会伦理纲常而一成不变。

50.“感应”、“感通”是什么意思?

《周易》“感应”的理论，是源出对于世界的“整体性”思维，认为“天地”或“宇宙”(“宇”就是上下四方，“宙”就是往古来今)是一个完整的生命，活在这个生命体里面的千千万万动、植、矿物，都只是他的一部分，好像一个人身上有千千万万的细胞、再可分拆为数以亿万计的粒子一样，因此所有事物相互间存在着无形的关联。

现今理论物理学对于宇宙的认识也和这种想法接近。大爆炸之前，宇宙所有物质凝聚在一个重力、密度都无法想象之大的一点，在爆炸发生后，物质开始以无法想象的高速度向外扩散，一直到今天，不但没有停止，而且膨胀速度愈来愈快。星体与星体之间在扩张的同时，又存在引力互相牵引。是什么力量，让众多行星围绕着一颗恒星转动呢？当今科学家都想提出解释而未能，感到困惑难解，因而注意到了暗物质(dark matter)

的存在，发现可测量的物质，只占宇宙物质的一小部分，一大部分尚不能被人类所知，故称之为“暗”。另一方面，所有物质都可被分解直到成为终极粒子（ultimate particle），也表示一切存在的事物的构成都可被分解到最普遍存在的形态，一棵树、一只鸟、一个人、一块石，分解至最细微，其物质基础是相同的。正是这个原因，让“感应”、“感通”的原理，成为可能。近数十年关于量子纠缠的研究，其实讲述的也是一种感应。

《系辞传》说：“易无思也，无为也。寂然不动，感而遂通天下之故。”翻译成白话就是说：“易”的原理，没有特定动机，也没有固定的、具有目的性的作为。阴阳就寂寂静静地存在于万事万物之中，促进天下万物的互相感动、互相融通。这里讲的“感”，就是汉语常用语“感应”，或哲学术语“感通”。

郭店楚简《太一生水》篇说：

> 天地复相辅也，是以成神明；神明复相辅也，是以成侌昜；侌昜复相辅也，是以成四时；四时复相辅也，是以成寒热；寒热复相辅也，是以成湿燥；湿燥复相辅也，成岁而止。

这段文字里面讲的天地、神明、侌昜（阴阳）、四时、寒热、湿燥的“相辅”，意思是互相辅助也互相牵制，神和明“相辅”，侌昜（阴阳）、寒热、四时、湿燥都不例外。这种互相辅助也互相牵制的关系，就是感通、感应——人类知道它们互动的现象，却无法透彻说明其背后的原理。

《世说新语·文学》说：

> 殷荆州曾问远公：“易以何为体？”答曰：“易以感为体。”殷曰：“铜山西崩，灵钟东应，便是易耶？”远公笑而不答。

这个小轶事记载了魏晋清谈名士的文采风流。慧远和尚说“易以感为体”，意思是天地万物的变化——易——都缘起于“感”。他讲的“感”和《系辞传》的“感而遂通”是一样的。“易以感为体”，意思是“感”是“易”的内核。逻辑上，并不能说“易”完全等于“感”；但如果把现实世界事物相互牵制的关系一口否定了，又违背了事实。慧远如果直接说“不”，等于连“易以感为体”都一并否定了。这是他“笑而不答”的原因。

其实不必谈宇宙，即使在地球上的生物，彼此之间存在的“感”（包括感通、感应）也充满神秘，却又历历在目。自然界有许多动、植物，并没有眼睛观察，却可以演化出能够融入环境，甚至模仿其他动植物的外貌（拟态，mimicry）。像散发出腐肉气味吸引昆虫的花朵、长得像兰花的螳螂。“拟态”的能力，便利了它们生存、繁衍，但这种拟态的本领是怎么“学习”来的，却是一个谜。这些都是感通、感应的作用。我们看到的是千差万别的世界，这种“千差万别”是永恒处于动态发展，而不是静态的。物种之中，以苹果为喻，不同地区也可以繁殖相同品种的苹果，单一地区也可以发展出不同品种的苹果。稻米、蔬菜也一样。植物、动物的演化，随着气候改变而迁徙，随着人文与自然环境变迁而发展，数量愈来愈多。

今天最让人痛心的，是生物多样性（biodiversity）——地球生态健康的象征与保证——在人类摧残中已濒临崩溃。这也是让笔者感到痛心而无奈的事实。

试将整个物种演化过程倒过来往上追溯，最初只有单细胞生物；再往上追溯，最初只有物质或暗物质，分析到最小可能就是“基本粒子”。但到最后，竟然可以发展出亿万物种，成千上万的纲目、门类、品种。这显示我们看到地球上富有万物，但万物生命初源的原理，真的只有“一”。这个“一”，无论是基本粒子，抑或复合粒子，总是包含了生物演化的基本规律，最后所以能让一切物种再分别演化为百千万亿物种，总是因为有“阴、阳”两种相反但相辅的性质与力量在驱使它自身运动。这就创造了“天地一太极，物物一太极”的情形，是“太极”包含的“一阴一阳”的规律，散入万物生命的内部，产生相互联系的力量，促成了千千万万物种相互之间的相感相通。

久已适应了千差万别的世界的我们，可能根本忘记了万物其实同出一源，生命同出一理。明白了这个“一源”、“一理”，我们对于物种互相竞争却又互相依存的事实，自然不会感到惊讶，也会更明白思想家如庄子、张载、戴震，何以常有“万物一体”的观念。

上述这种相感相通，就是《易》哲学上的“感应”。“感应”只有一个名称，却有不同的呈现，包括了相互影响、彼此支持、相互排斥、彼此流动。归结于一个概念，就称之为“感而遂通”。

有人说《易传》作者不是天文科学家，怎么有资格讲天地万物？我的回答是：自然界的答案不局限在自然科学，而是跨学科的。从哲学上推理，也能阐明相同的道理。

51. 常说乾、坤二卦是《周易》的门户，为什么？

乾、坤二卦在六十四卦之中最为特别，亦最为重要。所以唐代的《易》学家李鼎祚说“乾坤为门户”。为什么说是“门户”呢？“门”左右两扇，打开两扇门，才能登堂入室，迈入《易》学的殿堂。弄不明白乾、坤两个卦，就不可能明白《周易》的道理。难怪唐代孔颖达说“乾坤者，阴阳之本始，万物之祖宗”。

首先，乾卦䷀六爻皆阳，坤卦䷁六爻皆阴，而且排列在第一、二卦；其余六十二卦，都是阴爻和阳爻掺杂一起。就《周易》哲理上讲，世上万物都是阴阳相杂，没有“纯”阴，也没有“纯”阳。“纯”，只能是抽象的概念。《周易》作者在六十四卦的第一、二两卦放置了纯阳和纯阴之卦，就是用它们来标示“阴”、“阳”作为“概念”的存在。我们不知道刚健发展到极点会怎么样，乾卦就告诉你，发展到最后就是“亢龙有悔”，即使再刚健的事物，也没有永不衰灭的道理。我们不知道柔顺发展到极点会怎么样，坤卦就告诉你，发展到最后属于乾卦的“龙”的象征就会出现，和阴的力量发生极端的冲突，所以说“龙战于野，其血玄黄”。这是乾、坤二卦第一个特征。

六十四卦之中，也唯有乾、坤二卦在六爻之外，有“用九”和“用六”。所谓“用九”，是专门讲乾卦纯阳极致的术语，发展到六爻皆变时，就全部变为“阴”，所谓“群龙无首”，就是“坤”卦了。所谓“用六”，是专门讲坤卦纯阴极致的术语，发展到六爻皆变时，就全部变为“阳”，所谓“利永贞”，就是“乾”卦了。这在筮法之中，占得“二用”（用九、用六）时，也是以二卦卦辞为占（占得“用九”则以坤卦卦辞为占，占得“用六”则以乾卦卦辞为占）。乾、坤这一组卦，说明了“纯阴”与“纯阳”的变化是激烈而极端的，但又互相依存，不能缺少彼此的支持。这样用来解释自然，就说明了“天、地”之间的关系。这是乾、坤二卦第二个特征。

依照《说卦传》六子卦的学说，坎☵、离☲、震☳、巽☴、艮☶、兑☱六个“经卦”（三爻卦）是子女六人，三男三女；乾☰、坤☷二卦，则代表父亲和母亲，在伦理上地位和其余六卦不同。因此，八卦相重为六十四卦时，八纯卦中的乾䷀、坤䷁二卦也特别尊贵，代表了万物化生的根源力量。人类生活在世界上，应该尊重“天”。这个“天”有多重意义，包括了宰制命运祸福的主宰“天”，也包括赐予阳光和雨水的自然“天”。我们也应该尊重“地”。这个“地”也有多重意义，能让人类安稳地在上面建立家园，种植庄稼，豢养禽畜，养活无数生命；人类死后，躯体还要和土地重新融合为一。所以它们是生命的根本。这是乾、坤二卦第三个特征。

《系辞传》说“法象莫大乎天地”，可见天、地就是乾、坤二卦最大的法象，这是其他六十二卦所不能与之相提并论的。“乾”和“坤”彻头彻尾地彼此相反，同时又彻头彻尾地互相依存、互为变化。乾来自坤，坤来自乾，共同构成了天与地、阴与阳，推动着天地永恒而稳定的循环变化，也推动着生命永恒而稳定的生死代谢。《彖传》作者特别将两卦卦辞共有的“元亨”的第一个字“元”，和卦的名称结合，成为“乾元”和“坤元”两个概念。要知道“元”就是首脑，具有唯一性、崇高性和尊贵性。《彖传》作者认为“元”是宇宙终极的力量，而有时以“乾”的形态显现，有时以“坤”的形态显现。这是“法象莫大乎天地”的意思，也是乾、坤二卦第四个特征。

六十四卦之中，唯有乾、坤二卦有《文言传》。乾卦的《文言传》不但说明六爻各自具有不同的性质表现，而且引孔子的话，将卦辞和爻辞对于“大人”和“君子”言行的启示，一一说明。坤卦《文言传》也差不多，不过语调较谦下，鼓励“君子”行事退守、谨慎的艺术。这是乾、坤二卦第五个特征。

我们从“爻变”的角度解释为何只有乾、坤二卦有《文言传》，也不难发现它是理所当然的，因为其他六十二卦都是阴阳爻相掺杂而成，根据爻的升降也好、递换也好、根据非覆即变的原理也好，某一个或几个“爻”的变化，就能使本卦演变成为另一卦。唯有乾、坤二卦，乾之变即是坤，坤之变即成乾。此就是为何朱熹《周易本义》卷首所列的“卦变图”，“一阴一阳之卦各六，皆自复、姤而来”、“二阴二阳之卦各十五，皆自临、遯而来”、“三阴三阳之卦各二十，皆自泰、否而来”、“四阴四阳之卦各十五，皆自大壮、观而来”、“五阴五阳之卦各六，皆自夬、剥而来”，皆一一胪列，独独没有六阴六阳之卦。

52. 为什么《易》家特别重视“一阳来复”?

“一阳来复”讲的是复卦䷗,《周易》上经第二十四卦,初九一阳在下,上五爻皆阴爻,表示阳气由下而上滋长(一卦六爻,由下而上发展)。复卦相对的是剥卦䷖,《周易》上经第二十三卦,下五爻皆阴爻,上九一阳在上,表示阳气即将被阴的力量消剥殆尽。

从阴阳消长的角度看,我们要注意三个方面。

第一,是一组卦相对的卦义。剥与复两卦作为一组,它们的卦义表达什么呢?因为《易》的符号,阳大阴小,阳尊阴卑,阳贵阴贱。我们先从剥卦讲起:剥卦六爻,阳气被阴所消剥,只剩余一阳在上,《彖传》称“柔变刚”(阴柔改变了阳刚),又说“小人长也”,卦义为负面可知。因此剥卦以人卧床为喻,初六“剥床以足”、六二“剥床以辨”,都是“凶”象。六四“剥床以肤”,剥的力量由床寖及于床上的人,亦为“凶”。至上九一阳,爻辞:“硕果不食。君子得舆,小人剥庐。”

《易》是君子之道，因此此爻爻义在于君子而不在小人，象则独取“硕果”、“君子”，在前者则能单独存活，未被剥落；在后者则获得下五阴爻所象小人（人民）的支持。由此可见，虽然阴气自下滋长，终将剥落上九一阳，但卦的发展，始终有否极泰来的精神，因此剥卦“小人长”的现象，发展到最终，则即将归于君子之道长的结果，在下的阴爻亦成为支持力量，全卦由凶而趋于吉。相对上，复卦一阳在下，《彖传》所谓“刚长”（阳刚的生长），在阴气高涨之时，阳气一点开始滋长，即初九爻辞所谓“不远复，无祇悔，元吉”。六二阴爻居于二位而得正，故爻辞为“休复，吉”（“休”义为“美”。）六三“频复，厉”是因为三、四多疑惧所致。六四“中行独复”，意指上五爻之中，唯有四爻与初爻阴阳相应，故在众阴之中，能单独获得“阳”的力量支持，故《象传》称“以从道也”。发展至上六，爻辞“迷复，凶，有灾眚。用行师，终有大败。以其国，君凶，至于十年不克征”，则是由“元吉”而发展至“凶，有灾眚”，与剥卦恰为相对。

第二，是复卦代表宇宙论变化的契机。这在传统《易》家，主要是针对“其见天地之心”有两种不同的解释。

第一种解释，精神上属于积极有为。欧阳修《易童子问》就认为：

> 一阳初动于下矣，天地所以生育万物者，本于此，故曰天地之心也，天地以生物为心者也。

这是说“阳”代表的是生命力，这种生命力就是“天地之心”，亦即以生育万物，作为大公无私的崇高精神，应为大人君子的典范。大自然冬去春来，寒暑有节、晴雨有度，就是永远给予万物一个“生”的契机，生命就欣欣向荣，生生不息。将这项精神延伸到政治，帝王、统治者也应该仿效大自然，永远要给人民一个“生”的机会。

第二种解释，精神上属于守虚无为。王弼（辅嗣，226—249）《周易注》发挥道家“无”的观念：

> 凡动息则静，静非对动者也；语息则默，默非对语者也。然则天地虽大，富有万物，雷动风行，运化万变，寂然至无，是其本矣。故动息地中，乃“天地之心”见也。若其以有为心，则异类未获具存矣。

这段话是说，“静”是“天地之心”，天地之所以富有万物，是因为它的“心”是静的、无的，如果“天地之心”是动的、有的，那么天地就只会存在单一的事物，不会有相反事物存在。然而现实世界，相反事物都能健健康康、完完整整地存在，黑的很黑、白的很白，大的很大、小的很小……如此类推，“异类”（相反事物）能“俱存”，那就证明“天地之心”大公无私，没有预设，所以是静的、无的。生在“名教”与“自然”两种政治立场冲突矛盾的时代，王弼深深觉得政治上包容异见的重要性。他提倡要让“异类俱存”，就是呼吁包容的精神，希望从政者不要将不同的意见完全消灭。

第三，是复卦反映《周易》尚阳思想的特殊地位。按照卦气“十二消息卦”的系统，复卦是十一月之卦，十一月是周正“建子之月”（正月）。而日照在每年农历建子之月，约当太阳历12月21或22日也就是冬至之日，自南回归线北返。换言之，在北半球进入一年最冷阶段的时候（日照距离北回归线最远），日照开始渐渐增长，预示回暖之期已近。这就是《易》家对“一阳来复”的理解。所以《象传》说：“先王以至日闭关，商旅不行，后不省方。”而朱熹《周易本义》解释说：“安静以养微阳也。”也许有人怀疑，中国人未知日、月、地球运行的关系，何以能知这个原理。其实要知道此一原理，只需日晷测定日照转移，即可确定。古人未知原理，单凭生活经验，亦明白日照自南而北的规律。上古中国关于四季方位的理论，常以夏季居于南方。《说卦传》“后天八卦方位”亦以离火之卦列居南方，亦是这个缘故。重视复卦“一阳来复”，就是重视冬去春来，肇始于冬至预示回暖之机，北半球动植物准备复苏。汉代以前，二十四气以“惊蛰”为一年之中第一个“中气”（汉代以后改列第二个“节气”），即与“冬至”遥遥相应。

弥 纶 天 地

礼教象教

礼教与象教

——经天纬地，究极天人分际

53. 为什么说《周易》是“礼教”？

中国向来被称为“礼仪之邦”，不过，从历史角度考察，礼教主要行于贵族阶层。自从清末民初以来，因为受到反传统思潮影响，社会运动价值观过度强调“庶民化”，科举制度被新式教育体系取代，社会上已经不像古代那样有着强大的“士族”流动，承传礼教。毫无疑问，今天的中国，传统的礼教逐渐式微已经很久了。

“礼教”二字并不深奥，归根究底，它讲的就是优雅的、有品位的生活，进而追求精神价值。要讲究品位，必须先懂得“区别”：亲与疏不同、好与坏不同、优与劣不同、高尚与低俗不同……如此类推。所以在伦理上讲究礼教，就是教人懂得亲疏有别；在行为上讲究礼教，就要教人讲究行为合不合适；在谈吐上讲究礼教，措辞会有高尚与低俗之分；等等。

张载说：“《易》为君子谋，不为小人谋。”《周易》讲的是君子之道，不是小人之道。《周易》讲究“大人”、“君子”，在封建社会，“大人”是天子后牧，“君子”就是士人阶层。他们都属统治阶层，不但生活较普罗小民为优裕，更重要的是，因为管治国家人民，事务千头万绪，不得不养成区别各种人、事、物高度敏锐的能力和习惯。卦爻辞中所说的“王假有庙”（涣卦䷺）、“建侯”（屯卦䷂）、“王用三驱”（比卦䷇）、“用行师”（复卦䷗）、“维用伐邑”（晋卦䷢）、“盥而不荐”（观卦䷓）、“用亨于天子”（大有卦䷍）、“田获三狐”（解卦䷧）、“扬于王庭”（夬卦䷪），都是“大人”礼教生活和工作的内容；“观国之光，利用宾于王”（观卦䷓）、“束帛戋戋”（贲卦䷕）、“樽酒、簋贰”（坎卦䷜）、“王臣蹇蹇”（蹇卦䷦），等等，都是“君子”礼教生活和工作的内容。革卦䷰九五爻辞“大人虎变”、上六“君子豹变”，强调大人、君子从内在到外表自我变革，德性充实于内、而文采焕发于外，焕然一新。如果没能先改变自己的品位，又怎能懂得提升自我呢？

唯有长期在礼教生活中培养出对言行、礼仪、喜好的品位，才能达至乾卦《文言传》所说的“修辞立其诚”、“进德修业”、“位乎天德”，以及《象传》所说的“果行育德”（蒙卦䷃）、“懿文德”（小畜卦䷈）、“类族辨物”（同人卦䷌）、“裒多益寡，称物平施”（谦卦䷎）、

“非礼弗履”（大壮卦䷡）、“自昭明德”（晋卦䷢）、“居贤德善俗”（渐卦䷴）等。

无可讳言，古代还有所谓“礼不下于庶人”。在旧社会，对于普罗大众而言，糊口已不容易，品位生活对他们而言可能距离较远。生活要讲究品位，代价并不小，因为需要一定财富支撑起某种程度以上丰富的生活内容，才能达到“区别”各式各样事物的功效。不过，话说回来，人类活着，不可能单靠物质财富，精神陶冶也不可或缺。精神与物质二者是相辅相成，缺一不可。上面胪列卦爻辞反复讲述的“大人、君子”内容，处处强调的是言行的品位，强调的是苏轼诗所说的“腹有《诗》《书》气自华”，君子受到文学、知识、文化的熏陶，才能显出言行品位，透露“财富”绝对无法代表的“礼教”内涵与精神，勉励君子在生活之中活出品味，生命的价值也因而有所提升。

54. 什么是“象”？

“象”是《周易》最核心的元素。《易》学，就是形象的哲学。

“象”是天地间一切变幻的显现。显现而能够被肉体感官所感知（用眼睛看、用耳朵听、用皮肤接触……）的，是“具象”；显现却不能被肉体感官所感知，而是通过情感、思维去领会（例如不同类型的“爱”与“恨”、感动、畏惧等等）的，是“抽象”。

《周易》最初寄托在文本（text）里面的“象”有多重性，直接导致文本的语言文字也有多义性。《系辞传》说：“易者，象也；象也者，像也。”由此可见，《易》学就是一种“象”学。

卦爻必以须用“象”解释。有时一卦即有其“象”，不必区分上下体，如乾卦纯阳、坤卦纯阴之卦，鼎卦䷱为鼎体之象，小过卦䷽为“飞鸟之遗音”之象，不但有视觉的象，也有声音之美。有时须讲究上下体的关系，如比卦䷇上坎下坤，《经典释文》引《子夏传》说：“地得水而柔，水得地而流，故曰比。”所强调的是“水土和合”（王应麟《困学纪闻》），所以《象传》说“建万国，亲诸侯”。又如噬嗑卦䷔卦体以颐卦为基础，象征“口颐”就是嘴巴，中间四阴爻代表口颐的空间，九四阳爻象征嘴巴咬着的物件，故称为噬嗑。由噬嗑咬合象征刑具或枷锁，所以《象传》说“先王以明罚敕法”。

要了解“象”，首先需要灵活的思维和天马行空的想象。没有想象力的人不适合读《周易》，会把一门活活泼泼的学问读“死”了。

《系辞传》解释“象”，提醒我们要灵活阅读卦爻，更要灵活阅读世界。作者指出：最大的“象”，莫过于“天地”、“日月”，所以说“是故法象莫大乎天地”、“县（悬）象著明莫大乎日月”云云。我们活在世上，无论走到哪里，头上都有一片天，脚下都踏着一片地。我们呼吸大气，接受阳光滋养，同时也吃着土地长出的五谷杂粮（我们吃的家禽牲畜也都吃五谷杂粮）。我们死了之后，灵明回归大气，腐烂的遗体回归土地。可见我们由生到死，时时刻刻和天地交流着。

“象”既然有“抽象”，表示“天地”也不止于看得到的苍苍之天、繁茂之地，举凡天地一切事物之象，皆涵括在内。所以说“在天成象，成象之谓乾”，我们望着苍苍之天要怎样找到“乾”呢？可见“乾”不能用肉眼看到，而是要领会“天”的种种变化所赐予人间大地的力量，这种抽象刚健的力量，才是“乾”。再引申出去，“天、地”法象也引申到“父、母”。对每个小孩子而言，在成长的漫漫长路上，“父、母”就是他们的“天、地”。孩子时时刻刻都需要父母的照料和爱护。父亲、母亲没有扮演好自己的角色，无论是冷漠、暴虐或是其他，都很容易伤害孩子，导致他们心理偏差，而引发乖戾行为。就像过多的暴雨、太久的干旱，会让人间百姓受苦。

关于“象”对于人生的启示，作者又说“象者，言乎象者也”，表示阅读卦体和卦辞，要领略它们的具象和抽象意义。说“吉凶者，失得之象也”，提醒我们人生有吉有凶，也就是有得有失，要用平常心看待吉与凶，也应该避免患得患失。又说“悔吝者，忧虞之象也”，提醒我们遇到忧虑、危险时，抚心自省，内心泛起后悔、艰难的心情，对于趋吉避凶反而有帮助。又说“变化者，进退之象也”，提醒我们遇到事势变化的时候，要懂得进取与退避的艺术，不要固执而不知变通。

总而言之，“见乃谓之象”，“象”会自然呈见，让我们眼里看见具象、心中感知抽象。一切事物的意义，都豁然呈露于眼前，朗然感知于心底。正所谓："象也者，像此者也；圣人有以见天下之赜，而拟诸其形容。象其物宜，是故谓之象。"

由此可见，具象也好，抽象也好，涵括了自然万物，人生百态，社会伦理，文学艺术，主宰了人类对于世界的认知，也提供了无穷的资源供人类利用。因为人生在世，就是一个不断观察世界、观察自己而学习新知，自我提升的过程。可以说，"象"是人类赖以生存的思维寄托。

我们无时无刻需要"象"的思维。要掌握"具象"的认知能力去认识事物、熟悉环境，也需要"抽象"的思维能力去归纳、区别、评价、判断各种事物。无论是"具象"抑或"抽象"，"象"都是我们赖以生存的元素。

不同的人从事不同行业，但相同的是，我们都受形象世界制约。专门从事战争的人，他的思维常以冲突杀戮为主要的"象"，也就毕生困缚在其中；专门从事商业的人，他的思维常以谋取利润为主要的"象"，也就毕生困缚在其中。其余"仕"、"农"等各种行业，都没有例外。世界无限大，时空恒常变。每一个人在短短数十年间，都只能在有限的条件下过着某一种类型的生活，在恒常变化之中，追求相对稳定的生活。于是大部分的人，也就终身受到某一类"象"的约束。一直没有机会接触的事物既不接触，也就永远不会引起相关的“象”。

所以，聪明的人懂得去领悟《系辞传》鼓励人们“观象制器”的精神，去认识和自己密切相关的“象”，创造适合的事物条件，探讨有效的方法，让自己的生活趋于便利。

55. 为什么说《易》卦有“身体”的象征?

人生的烦恼，常从无法解决自身问题开始。因为对于顺境逆境无法自解，困扰压力无处宣泄，而引致悲观、愤怒、嫉妒等种种情绪，终或至于觉得天要塌下来了，人生的路仿佛走到尽头。归根究底，终日受困于外在名利物欲的引诱，而看不见自己的“心”患了慢性病。《周易》作者利用“卦”的身体譬喻，提醒我们将注意力放在让自己身心健康之上的重要性。

六十四卦中有一现象，就是其中至少有二十多个卦（见276页附表），表达了一种“身体观”，就是用“足”或足部的事物（如履、趾）写入初爻的爻辞，用“头”或头部的事物（如颐、颊）写入上爻的爻辞。

六十四卦之中，有好多卦，读起来就像在阅读一个人的身体，由下的足部，到上的头部。其中像颐卦䷚，本来就是嘴巴的象形；噬嗑卦䷔九四一个阳爻象征嘴巴所噬咬的物件。它们就是身体的一个部位的象形。咸卦䷞由足部、小腿、大腿、胸口、背部，一直到头部，贯串整个身体。这样完整地表述一个人体，更为清楚。

“颐”卦䷚也是以身体为喻，但不是自足至首，而是更集中在嘴巴，卦辞“观颐，自求口实”已经指出。所谓“口实”，其义有二：一指食物，如六二“颠颐，拂经”指食物塞满嘴巴不能言语；一指言语，如初九“舍尔灵龟，观我朵颐，凶”，即指将神灵大龟之占断置之不理，反而聆听我之喋喋不休；上九“由颐，厉，吉。利涉大川”，“由颐”指畅所欲言。一个人畅所欲言，可以致福，亦可以取祸，故为“厉，吉”。如《尚书》训诰之属，即系言语可以致福；《大学》所谓“一言偾事”，即指言语可以致祸。从“颐”初九至上九，可知该爻是以“慎饮食”来譬喻“慎言语”——进食可以养生，亦易致疾病；言语可以兴邦，亦可以丧邦。二者都是君子所当注意谨慎的。“颐”之基础，以慎言而始，勿观人之朵颐；而“颐”的结束，“由颐”可用以治国，但亦有危险，亦必须谨慎。

“身体观”不一定是人，有时用动物为喻，如小过卦䷽，三、四爻为阳爻，其余均为阴爻，形象就是一只飞鸟，所以卦辞说“飞鸟之遗音”是贴近着卦体而言的。用动物而非人体，则有时初爻为“尾”，上爻为“角”。例如遯卦䷠初六“遯尾”，既济卦䷾初九“濡其尾”；晋卦䷢上九“晋其角”，姤卦䷫上九“姤其角”。

“身体观”也可以扩展到非动物，例如鼎卦䷱六爻结合，初六爻辞“鼎颠趾”、九二“鼎有实”、九三“鼎耳革”、九四“鼎折足”、六五“鼎黄耳”、上九“鼎玉铉”的描述，将“鼎”从足部到贯穿鼎耳的“铉”都提及了。

“身体观”建构在“天人合一”的理论基础上，认为每个人在精神意识上，局限在自己的身体里面，通过一些小窗户（眼睛、耳朵、鼻子等感官）去窥探、认识外在世界。我们对世界的认识，时常受到自己主观的性格和情绪等等（古人称之为“心性”）的影响。所谓“能近取譬”，《周易》就用我们的身体，提醒我们借由投射事理到身体各部位的方式，认识世上和我们命运紧紧相连的各种事物和道理。

《周易》艮卦䷳卦辞说：“艮其背，不获其身，行其庭，不见其人。”人体督脉自长强穴至龈交穴，沿着脊椎共约三十个穴位。医家借以解释这个卦讲的是人身的经络。而上古医书像《素问》、《黄帝内经》里面也渗透了丰富的阴阳哲学。《管子》进一步将大地譬喻为肌肉、山岭为骨骼、河流为血脉，那就将天地视为阴阳与身体的延伸，地球变成一个有机的生命体。由此可见，在先秦时期，《周易》和古代医学共同分享了一些思想观念，认为人体与自然界之间，存在着一些不容易被人发现的神秘关系。

卦名	以足部（或足履之物）喻初爻	以头部（或头部器官）喻上爻
坤	履霜坚冰至	
比		比之无首
履	素履，往，无咎	
噬嗑	屦校灭趾	何校灭耳
贲	贲其趾	
剥	剥床以足	
颐		由颐，厉吉，利涉大川
大过		过涉灭顶
离	履错然	有嘉折首，获匪其丑
咸	咸其拇	咸其辅颊舌
遯	遯尾	
大壮	壮于趾	羝羊触藩，不能退，不能遂
晋		晋其角，维用伐邑
夬	壮于前趾	无号，终有凶
姤	羸豕孚蹢躅	姤其角
萃		赍咨涕洟，无咎
革		小人革面
鼎	鼎颠趾	
震		视矍矍
艮	艮其趾	
归妹	跛能履	
既济	濡其尾	濡其首
未济	濡其尾	濡其首

56. 河图、洛书是什么?

《易》学术语所谓“图书”，狭义是“河图”、“洛书”的简称，广义则是继“义理”、“象数”之后，一种新兴于8世纪以后，用图表诠释《周易》的方法。

河图与洛书源出于中国古代的神话传说，“河图”一般被认为是龙马从黄河中出来时背负着的神物，伏羲据之而画八卦。“洛书”一般被认为是神龟从洛水中出来时背甲显示的花纹，夏禹得之而订定了“洪范九畴”。这就是“纬书”（补充记录《五经》内容的书籍）所说的“河以通‘乾’出天苞，洛以流‘坤’吐地符。河龙图发，洛龟书感”(《春秋纬》)。

《论语·子罕》说:“凤鸟不至，河不出图，吾已矣夫!”“凤鸟”和“河图”都近似神话，而经由孔子的口中说出，即使未必真有其事，起码说明了这是春秋末年有一定普遍性的传说。《系辞传》说:“河出图，洛出书，圣人则之。”这是说圣人以“河图”和“洛书”

作为法则。圣人是谁？是一个还是两个？这里没有清楚交代。

汉代的纬书《礼纬·含文嘉》也说："伏牺德合上下，天应以鸟兽文章，地应以《河图》、《洛书》，伏牺则而象之，乃作八卦。"这段话比起先秦时期的记载清楚得多，但也离不开附会的成分。"德合上下"的"上下"就是后文的"天……地……"，圣人因为德行伟大而天地出现神奇的事物让他学习、进一步创造"八卦"。这样的记载离神话也不远。

汉代以前的神话传说，不能说完全是无中生有的伪造，当中可能也有"口述历史"（oral history）的内容成分，也就是跨世代人们口耳相传的故事。但无论如何，神话、传说不能和"信史"混为一谈。东汉班固《汉书·叙传下》：

> 河图命庖，洛书赐禹，八卦成列，九畴逌叙。

差不多同时期的王充《论衡·正说》：

> 夫圣王起，河出图，洛出书。伏羲王，河图从河水中出，易卦是也；禹之时，得洛书，书从洛水中出，《洪范》九章是也。故伏羲以卦治天下，禹

> 案《洪范》以治洪水。古者烈山氏之王得河图，夏后因之，曰《连山》；烈山氏之王得河图，殷人因之，曰《归藏》；伏羲氏之王得河图，周人曰《周易》。其经卦，皆六十四。

这段话把伏羲和河图、八卦、《连山》、《归藏》、《周易》看成是一条发展路线下的产物，把洛书、夏禹治水、《尚书·洪范》九畴（《尚书·洪范》记录的是殷商灭亡后箕子向周武王讲述治国大法的内容，和夏禹的年代差了千年以上）也连在一起，实在太混淆了。

北宋以后，突然出现了《易》学家辗转相传的“河图”和“洛书”，都是数字分布图，如图15：

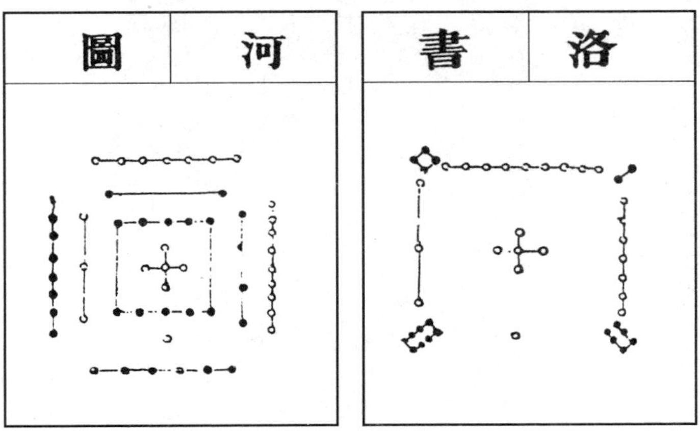

图15　宋人所传“河图”、“洛书”

这两幅图的数字用白点和黑点显示，奇数用白点，象阳；偶数用黑点，象阴。它们是朱熹《周易本义》承继自邵雍《先天图》的“河图”、“洛书”。左图是“河图”，就是1—10十个数字的排列，一在北方，二在南方，三在东方，四在西方，五居于中央。以上属于“生数”，代表万物始生，“五”又被称为“土数”，因为象征“土”居于中央。接着1—4的“生数”分别加上“土数”5，六与一居北方，七与二居南方，八与三居东方，九与四居西方，十与五合居于中央。至于右图则是“洛书”，就是相传“戴九履一，左三右七，二四为肩，六八为足”之图。

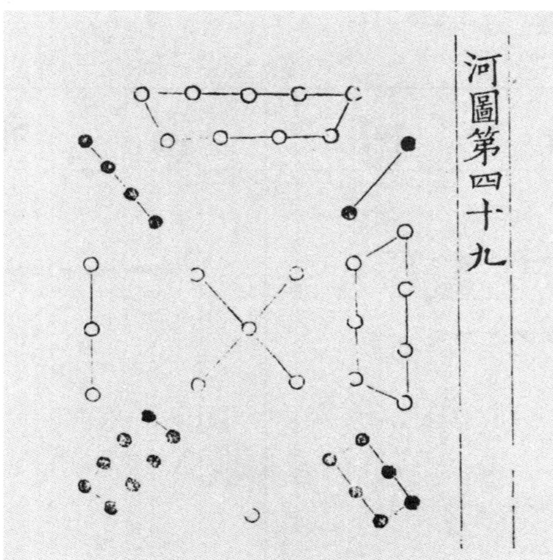

图16　刘牧“河图”

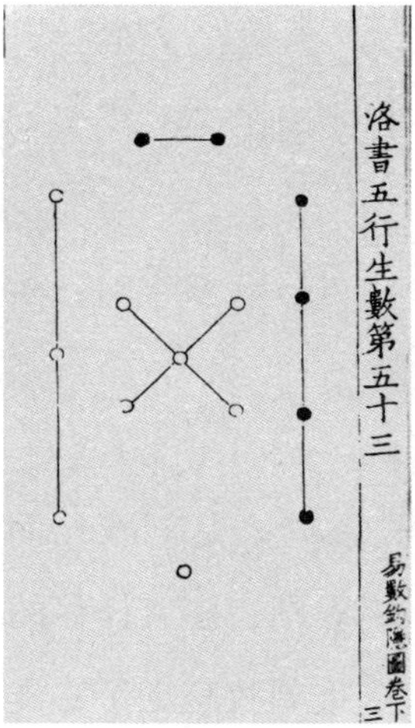

图17　刘牧“洛书”（一）

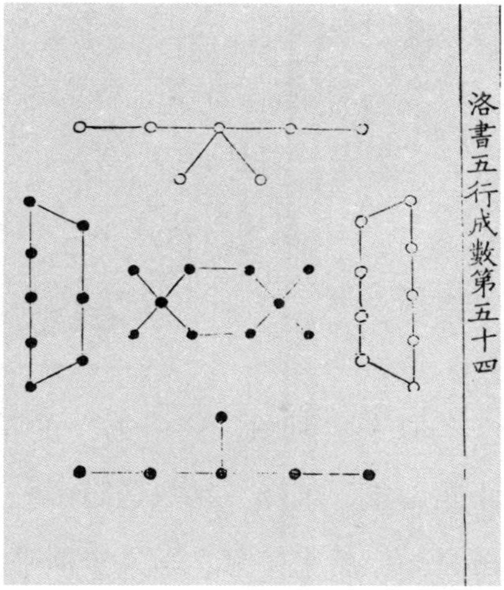

图18　刘牧“洛书”（二）

图16—18是出自北宋刘牧《易数钩隐图》的“河图”、“洛书”。图16“河图”，就是邵雍、朱熹的“洛书”；图17是一分为二的“洛书”图，合起来就是邵雍、朱熹的“河图”。刘牧给这两个图命名，和邵雍、朱熹刚好相反。读者千万别误会是刘牧或者编印者不小心弄反了，在《易数钩隐图》书中，刘牧对这三幅图的结构和理论可是有清楚解说的，可见并没有弄反。

原来根据南宋《易》学家朱震的讲法，“图书”有三个大类，师徒传授的谱系都不同：

“先天图”的谱系：陈抟→种放→穆修→李之

才→邵雍。

“河图、洛书”的谱系：种放→李溉→许坚→范谔昌→刘牧。

“太极图”的谱系：穆修→周敦颐→程颢、程颐兄弟。

原来“河图”、“洛书”的正式承继人是刘牧，而不是邵雍，难怪《易数钩隐图》不但有图，还有详尽的解释。但后来《易》学人士似乎大多把刘牧忘记了，震慑于朱熹的大名，转而接受他所推崇的邵雍的学说。又因为朱熹在《周易本义》卷首“图说”中忠实地引述了蔡元定的解释说：“图书之象，自汉孔安国、刘歆、魏关朗子明、有宋康节先生邵雍尧夫，皆谓如此。至刘牧始两易其名，而诸家因之。故今复之，悉从其旧。”《周易本义》流传很广，大家都接受了朱熹所承传的邵雍的版本。

汉代以前神话传说，都没说清楚“河图”、“洛书”是什么，唐末五代以后“河图”、“洛书”都是数字的排列。究竟古代经典有没有其他的证据呢？答案是，“洛书”并没有实物的记载，“河图”似乎是实物，却不是数字图。《尚书·顾命》记录：“大玉、夷玉、天球、河图，在东序。”《顾命》记载周成王驾崩后丧礼的布置，看起来“河图”是实用的器物而不是数字的图。因此黄宗羲在《易学象数论》一书中就推断“河图”、“洛书”都是地理图表一类的实用性文献。

57.“太极图”想表达什么?

清末民初的国学大师章太炎曾说:“此土玄谈，多用假名。立破所持，或非一实。”这四句话是说，中国人谈哲学，常常假借各种名称，来指涉不同的对象。一旦揭开了这种“假借”的神秘面纱，就会看到大家所用的同一个名称，其指涉的事物并不相同。《易》学里常说的“太极图”，就存在着这种情况。同样名为“太极图”，不同的作者、著作都可以有不同的样式。我随手举四个例子:

图19是《易象图说内篇》的“太极图”，图20是《中和集》中的“太极图”，图21是《周易图》所收录的“太极图”，图22是《金丹大要》的“太极图”。

看完上述这四个“太极图”，读者可能觉得完全陌生。大家真正比较认识、深入人心的“太极图”有两个，一个就是阴阳仪太极图，本书已有收录(图6);另一个是北宋周敦颐《通书》中的太极图，如图23所示。

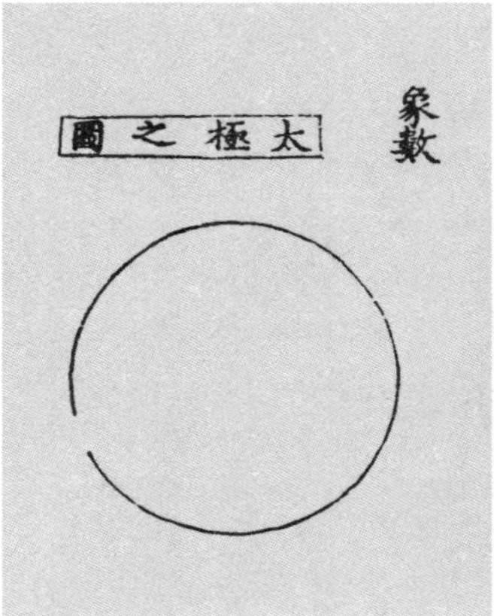

图19　太极图（一）

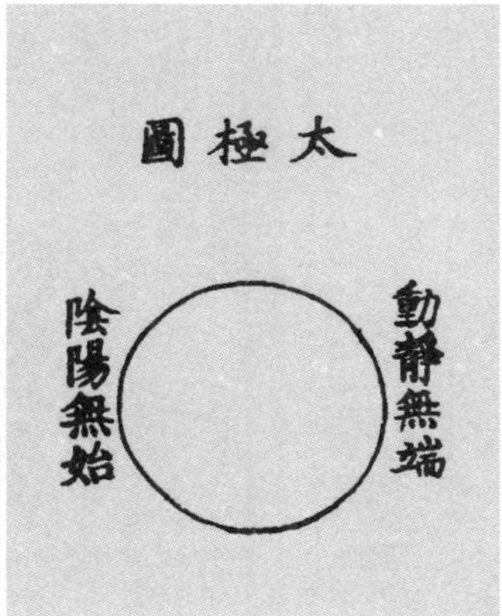

图20　太极图（二）

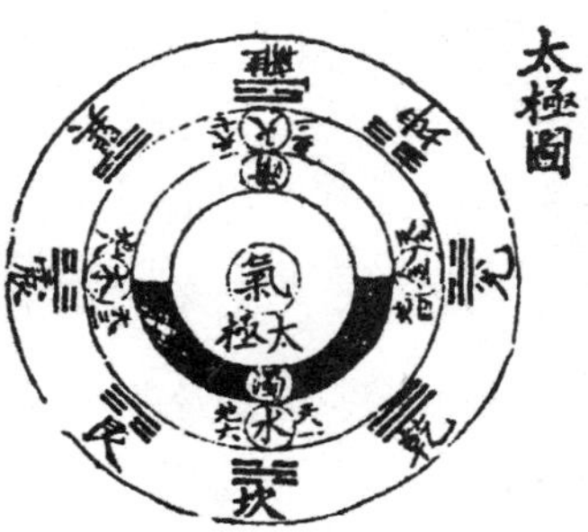

图21　太极图（三）

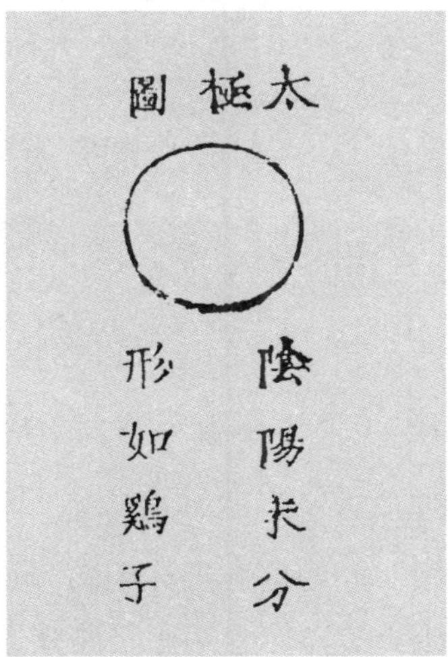

图22　太极图（四）

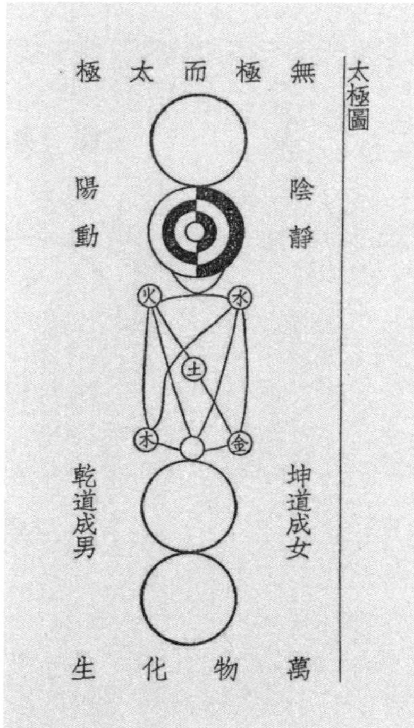

图23　周敦颐“太极图”

上列周子“太极图”，我在《周易阶梯》中已有文献上的分析。读者也可以参考我另一部书《易图象与易诠释》(繁体字版台湾大学出版中心出版，简体字版华东师范大学出版社出版)，其中第四章讨论周敦颐“太极图”问题，有很详细的分析。我在这里就针对上述两部书没有讨论到的作一些补充说明。

周敦颐“太极图”，我讲过，只取用了道教讲内丹学的“太极顺逆图”的一半。以下是“太极顺逆图”（图24）：

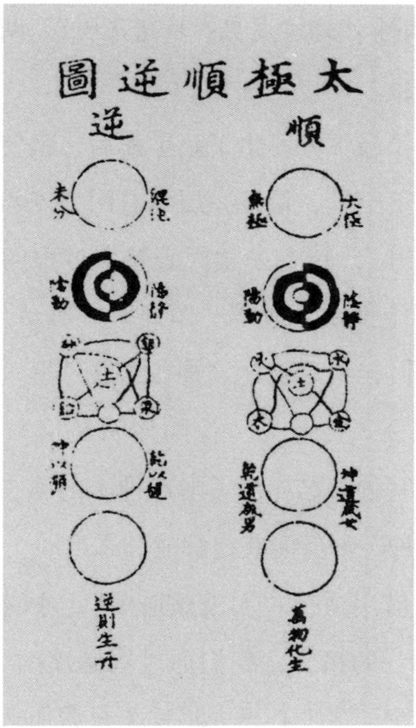

图24　太极顺逆图

“太极顺逆图”原本有两个图形一样的“太极图”并列，顺图在右边，阅读方式是由上至下，最上层一圈就是“无极、大极”，象征宇宙“无”的本体；第二圈利用“水火匡廓图”呈现阴静、阳动的交错，就是“无”的本体生成了成双成对的阴气和阳气；第三层“五气顺布”就是五行的力量乘着阴阳的相激相荡，创造了富有的世界。在于人，则阴阳投射于生命而有了“男、女”两性：“乾道成男，坤道成女”。两性交合，就创造了新生命。

右图到了最下方诞生了新生命后，就转入左图，阅读方式是由下至上，最下一层承右图“万物化生”而转为“逆则生丹”，转上去就代表整个过程的倒转，是要求修道者摒绝性欲，所谓“阳静”、“阴动”，通过修炼“形”与“神”，最后能让“神”摆脱“形”而独存，返回“混沌未分”的状态。像陶渊明是信奉天师道的著名诗人，所写的著名作品《形影神》的第三首“神释”，就是讲述“神”如何能获得解放的态度。

必须要借用道教“太极顺逆图”，才能对照出周敦颐“太极图”的精髓，我们通过周濂溪的“图说”，才能了解到他花了多少心思去将这个只袭取道教丹图一半的作品，表达出完整的“道学”意义。

大家不要笑周敦颐怎么取了一半遗漏了另一半，历史上这一类例子不少。像千古传诵的禅宗六祖慧能大师四句偈“菩提本无树，明镜亦非台。本来无一物，何处惹尘埃”是转化自神秀的偈语“身如菩提树，心如明镜台。时时勤拂拭，莫使惹尘埃”。无论是慧能偈还是神秀偈，上联第一句讲“身”，第二句讲“心”。身心对举，非常清楚，但下联两句只上承第二句申论了“心”的洁净，“身”的部分却没有了着落。

无论是道教的丹图抑或周敦颐“太极图”，都同时取法两个元素。

第一个元素是宇宙化生人类万物的历程。正如朱熹详尽的解释，关键的一句话就是“一理、二气、五行之分合”。“无极而太极”就是“一理”，“阴静、阳动”就是“二气”，中间“金、木、水、火、土”五气顺布就是“五行分合”。阴阳五行互动调和的结果，产生了两性和社群，万物也就这样欣欣向荣。

第二个元素是人类的躯体。最上一圈“无极而太极”是人头脑中的灵明承接了阳光与大气而与宇宙的本体之理相融合；第二层“阴静、阳动”既是两性意识的主宰，亦是善恶性情的分野；第三层五气顺布是躯体内的“五脏”，肝木、肺金、心火、肾水、脾土，调和健康，才能促成两性的结合。所以最下两圈，上一圈为“乾道成男，坤道成女”，人类的男女，就是动物的牝牡雌雄，两性结合则生命诞生。所以这个“太极图”就像一个象征式的人体挂图，让我们知道，人类除了肉体上的各种功能，也必须依赖最上一层的灵明，作为生命的主宰。

58.《周易》有隐逸思想吗？
为什么书中常说“利见大人”？

《周易》记录了深沉的隐逸思想。“隐逸”传统保留了中国文化传统凄美的一面。西方的隐士常常是宗教上的灵修之士，英译是“hermit”或“eremite”；中国的隐士却大多是政治难民，远远避开腐败政权的异见人士。所以在中国“隐逸”（隐士逸民）一词应该译为“recluse”而不是“hermit”。

古老的中国，早在殷周之际，出处进退，就成为一个士大夫无法回避的问题，后来也成为他们魂萦梦绕的难题。后世的正史，有些立《隐逸传》，有些立《逸民传》，有些立《遗逸传》，也有像皇甫谧《高士传》，传述《庄子》一书所记的逃避社会、隐居山林之人。

《周易》有遯卦䷠，讲述了隐士逸民遯逃的精神。正如王弼《周易注》所说“遯之为义，遯乃通也”，意思即“遯逃”是唯一的出路。所以《经典释文》说“隐退也。匿迹避时，奉身退隐之谓也”。而《象传》说“君子以远小人，不恶而严”，意思是君子要避免和小人打交道，最好远远避开，容貌颜色不必凶恶，但态度一定要严正果决。君子远远避开了，既不用和小人正面冲突，也为历史的下一个阶段做好准备，另谋出路。

《周易》乾卦䷀初爻“潜龙勿用”，也在讲君子隐伏的艺术，在政治上蕴积不发，一时之间未能得位而行道，倒不如躲起来沉潜修为，自我进修。乾卦《文言传》用“隐逸”的精神解释“乾”初九说：

> “初九：潜龙勿用，何谓也？子曰：‘龙德而隐者也。不易乎世，不成乎名，遯世无闷，不见是而无闷，乐则行之，忧则违之，确乎其不可拔，潜龙也。’”

“龙德而隐”，那就是可以得位行道却隐伏而不出，故有“遯世无闷”之说。这里讲的很明显不是后世一些向往山林、萧然物外的避世者，而是有政治地位但隐伏未出的人。

“隐逸”的传统来自士大夫与统治者的紧张性。它的结果是士大夫辞职不干了，远远离开，沉潜自修，同时对于腐败、专制的政权表达软性的抗议。不过在政治清明的时代，朝廷始终不断寻觅优秀人才服务政府，而士人也不断寻找机会出仕朝廷，希望能得位而行道。于是在“隐遯”思想发生的同时，也有一种领导人与杰出人才之间相互相寻找对方的微妙心情——君主的理想在于得臣养贤，士大夫的理想在于能遇明主。换言之，杰出的人才不会永远成为隐逸，贤明的君主或领导人，也会懂得用尽各种方法招聘到真正杰出的人才。

我们看乾卦由“潜龙”至“飞龙”，一连串讲述士大夫遇到明主的过程，所以最后说“利见大人”，就是得位行道了。《周易》常提到“利见大人”，就是讲君子如何能遇到懂得赏识他们的领导人，也就是贤明的君主（大人）。这种心理，和“退隐”恰好相反。韩愈《杂说》“世有伯乐然后有千里马”一文，就是发挥“利见大人”思想的著名文章，倘若世上没有独具慧眼的“大人”伯乐，身为“千里马”也就只能埋没一生。

除了乾卦，“利见大人”四字在其他卦中亦常出现。像讼卦䷅卦辞“有孚，窒惕，中吉，终凶，利见大人，不利涉大川”；蹇卦䷦卦辞“利西南，不利东北；利见大人，贞吉”和上六爻辞“往蹇来硕，吉，利见大人”。萃卦䷬卦辞“亨，王假有庙，利见大人。亨，利贞，用大牲，吉，利有攸往”、巽卦䷸卦辞“小亨，利攸往，利见大人”等，都是讲有利于君子与大人（天子、诸侯）相见相遇。

在《周易》的语汇中，“利见大人”有时也称为“遇主”。如睽卦䷥全卦都谈“遇”，九二“遇主于巷，无咎”，因为九二以象征君主的阳爻居于阴位，而与象征臣下的六五阴爻相遇，因此是“臣遇君于巷”之象。君臣相睽，身份相异，相遇于巷，其位不正，但毕竟遇见，故亦能无咎。

睽卦以外，丰卦䷶亦言“遇主”，即初九“遇其配主”、九四“遇其夷主”；甚或小过卦䷽六二爻辞：“过其祖，遇其妣；不及其君，遇其臣，无咎。”六二上与六五为相对，以阴遇阴，不与阳相应，故爻辞如此。遇其臣而不及于君，未必有利，亦未必不利，故称“无咎”。

杰出人才和贤明君主的相遇，不是单向的只有君子想尽办法去“遇主”，反过来说，贤明君主也竭尽心力去谋求遇到优秀的人才。汉代刘向《说苑·尊贤》说：

> 人君之欲平治天下而垂荣名者，必尊贤而下士。《易》曰：“自上下下，其道大光。”又曰：“以贵下贱，大得民也。”夫明王之施德而下下也，将怀远而致近也。夫朝无贤人，犹鸿鹄之无羽翼也，虽有千里之望，犹不能致其意之所欲至矣；是故游江

海者托于船，致远道者托于乘，欲霸王者托于贤；伊尹、吕尚、管夷吾、百里奚，此霸王之船乘也。

这段话也生动地申论了“利见大人”的另一面：明王没有贤人辅助，就像鸿鹄没有羽翼一样，那就根本飞不起来。

大畜卦䷙正好讲述了有智慧的领导人招揽人才的艺术。爻辞“豮豕”、“童牛”、“良马”都是体型大的牲畜，而以“豮豕之牙”一辞，可知此卦所述的牲畜非豢养于家中，而是自外捕猎而得，因其勇悍而易伤人，故爻辞称“豮豕之牙”。其余“童牛之牿”、“良马逐”，都清楚提示了获得此类野兽的主人应设法驾驭并防范，避免受其伤害。以此譬诸养贤，贤士的能力强大者（不论文士或武士）亦容易伤害其主人，故古人有养士譬如养虎、养鹰的种种譬喻。像《后汉书》就记载了吕布和谋士陈登的一则故事：吕布指派陈登向曹操求“徐州牧”的职位，没有结果。回来后吕布怀疑陈登出卖了自己，大怒，拔剑要求陈登交代和曹操的对话。陈登转述他对曹操说：“你养着吕布，就像养老虎，必须用肉喂饱他，否则他吃不饱就会伤人。”（原文：“待将军譬如养虎，当饱其肉，不饱则将噬人。”）曹操笑着回答：“你说的不对。我认为养吕布像养鹰，让它饿着才会听话，一旦喂饱，就飞走了。”（原文：“不如卿言也。譬如养鹰，饥则为用，饱则扬去。”）吕布听罢默然，因为很明显是曹操的口吻，才不再生陈登的气。

大畜卦辞所谓“不家食”，就是不食于家之意，亦即获之于野外的意思。天子求贤，多从宫廷以外求。就相当于今天大学、政府、商业机构常常强调“全球招聘”，就是用尽各种方法，用最宽广的标准来网罗最优秀的人才的意思。相对上，真正的人才，往往也不会永远困守一隅，而是到处历练，以求遇到真正知人善任的贤明领导人。

59.“乾道变化，各正性命”是什么意思？

“乾道变化，各正性命”是《周易》乾卦䷀《彖传》的话。它是作者讲完“云行雨施，品物流形”和“大明终始，六位时成”之后的话，在阴和阳的矛盾冲突之中，试着说明宇宙万物“一本”和“万殊”的关系。地球创生的原理只有一个，基本的元素分析到最后只是基本粒子，那么何以能够化生出千千万万的物种？反过来推想，到了太阳死亡，地球毁灭，千千万万的物种也将回归一“气”。那么我们要怎么样找到生命存在的价值和意义呢？

讲得浅白一点，“乾道变化，各正性命”两句话的意思是：老天爷给了每一个人一次“活着”的机会，这一点基础是平等的。在这基础之上，每个人拥有不同条件，随着岁月变迁，也可以有不同际遇。俗语说“寒门出孝子，慈母多败儿”，潦倒穷困未必没有前途，受尽呵护也未必永远一帆风顺。人人都应该把握自己的机遇，努力去经营、创造自己的生命境界。

讲得哲理一点，这两句话的意思是：万物共同源出于天道，天道变化，没有一刻停息，人类和万物都可各自努力，达到“各得其所”的理想境界。近代著名哲学家熊十力指出“孔子之道”有两大义，一是天地万物为一体，二是万物各得其所。要知道“天地万物为一体”的意思，是提醒我们生态平衡的重要性，包括生物多样性——人类不断污染海洋，砍伐雨林，让地球上的物种不断消灭，最后人类也将因为物种太少，让自身也灭亡。唯有让生物维持多样性，生态才能健康，人类也才能免于灭亡。乾卦《文言传》说“圣人作而万物睹”，“万物睹”就是万物繁育、生意盎然的样子。懂得尊重物种、尊重生命，让每个生命都获得“生”的机会和环境，才配被称为圣人。

以上所说的精神，用在不同的领域范围，都有正面的力量和效果。

作为父母，对小孩而言，在家中就扮演了“天道”的角色，家中成员各自有各自的际遇，家庭也会有变化。父母应该支持小孩让他们适才适性地发挥生命的优势和自身的长处，找到自己的前途和幸福。

作为老师，对学生而言，在知性上也扮演了“天道”的角色。教室里的学生性格不同、兴趣各异，学习情形也不一样。老师应该本着“有教无类”的精神，用“因材施教”的方法，令每一位学生获得相同的机会，在学习中成长。

作为市长，对市民而言，在政治上扮演了“天道”的角色，颁布政令，照顾人民生活，给予人民幸福，某种程度上也像天道养育万物。政令不能偏私，不能放纵特权，这也是“乾道变化，各正性命”的精神。

如果我们再靠近一点阅读这两句话，“乾道变化”是毋容置疑的大前提：世界的变动，所有人、事、物翻翻滚滚随着时空发展向前推移，没有人能回到过去，也没有人能将覆水重收。深切意识到这一点后，我们会发现，原来重点在后一句话：“各正性命。”这提醒我们无论际遇如何，都要有找寻生命动力的精神。“正”，意思是确立、端正。生命境界靠我们自己开创，不能抱着侥幸心理靠运气，不应逢迎巴结靠权贵，不能自怨自艾自我放弃，更不必羡慕其他人所拥有的优越条件。每个人都应以“顶天立地”自我期许。

李白诗说“天生我材必有用”，我们要设法了解自己的“材”，然后发挥自己的“用”。既然“材”是自己独有的，发掘“材”的方法也只有自己最清楚。所以先决条件是要认识、尊重自己的个性，凡事要有自己的想法和主意，生活中要培养出独立思考的习惯和独立自由的精神意志，不要轻易被周遭环境所形成的价值观念所左右，不要轻易盲从于各式各样的教条。这样才能真正做到不辜负生命赐予我们的“生”的机会。

60. 读《周易》能增进智慧吗？

这是我最常被问到的第二个问题。（第一个问题是：你会用《周易》占卜吗？）

这个问题没有答案，因为“智慧”不可定义，也捉摸不到，愈有意追求，距离可能愈远。一个人一旦有了求智慧的想法，千方百计想去获得智慧，往往南辕北辙。就像一个人愈千方百计要求别人尊重自己，最后必愈难获得尊重。要知道带有目的性的活动，必然属于“有”的层次，那就代表存在一个一开始就被当事人排拆掉的对象——你设定了要追求的目标是“圆”，方形的事物就不可能存在；你设定了要追求“美”，丑的事物一开始就被否定掉。这样一来，表示我们的理性思维有了障蔽；有障蔽，就一定有某种程度的“不智”。明知道不智还要执着坚持，就是“反智”。

古代的智者早就有所警觉，所以孔子用“绝四”之旨教人：“毋意、毋必、毋固、毋我。”“毋”就是不要，不要着意、不要必定、不要固执、不要有我，总的来说就是教人放开“我执”。

老子则用“无”的本体教人，“当其无”才能“有器之用”。东晋著名的和尚僧肇（384—414）写过一部讲大乘教义的著作《肇论》，第四篇《般若无知论》，主旨是“圣心虚其心而实其照，终日知，而未尝知也”，唯有“无知”，才能达致“全知”。

如果“智慧”指的是洞明世事、深察物理，读书的确是无可取代的重要途径，因为读书是我们暂时将自己孤立起来的唯一办法，通过理解文字，在脑海里进行思考活动。这种活动本身对智慧就有所增益。再说，阅读任何经典都可以增长智慧，不一定要读《周易》。另一方面，光读书却不能在实事上磨炼，恐怕也只是纸上谈兵。所谓“书到用时方恨少，事非经过不知难”，读书不嫌多、处事不厌难，是基本的人生态度。欠缺这两种态度，《周易》熟能成诵，亦没有用。

经典中蕴藏了不少智慧之言，但学者、读者能消化多少，贵在个人修为，不在经典本身。譬如孔子说：“知者不惑，仁者不忧，勇者不惧。”（《论语·子罕》）一般人捕捉到“知、仁、勇”三字，称誉之为“三达德”；但“惑、忧、惧”三字却似乎很少有学者去详细解释。这三字，是三种情感，对芸芸众生而言，是最普遍的日常困扰。要怎样才能解开“惑”？消除“忧”？克服“惧”？没有人知道孔子的答案，因为《论语》没有记载。传统《论语》传注，据我所知也讲得很少。

中国经典的特色是：它常常只讲“结论”或者“教诲”，而不教你获得这个结论以及遵循这个教诲的方法。俗语所谓“鸳鸯绣与从教看，莫把金针渡与人”。你要看鸳鸯，我绣给你欣赏，你尽可以惊叹工夫的纤巧，但金针我却不能给你。这是古代哲学家的习惯——也许不能算是好习惯。当然也许有人认为是优点，因为鼓励每个人自己去品尝人生滋味，从中体会圣人之教。但这样说，也未必完全正确，因为好的教育家应当让学生少走冤枉路。韩愈说：“师者，所以传道、授业、解惑也”。我常常对学生说，其实重点只有“解惑”。“惑”不“解”，传道、授业统统做不到。

回来讲《周易》的智慧，其能否被学者、读者所吸收，首先要看有没有找到好老师导入正途。

其次就要看当事人怎样去理解、领会和消化《周易》。

第一要看立心。一个人读《周易》，是为了帮人占卜术数命理、求名求利，抑或关怀世道人心、生命真谛？如果是前者，我会劝他不要玷污了这部经典；如果是后者，才可以开始登入堂奥。

第二要讲训练。包括文献、历史、门径等各种基础训练。像我在《周易阶梯》和本书中反复申论的，经典原创时代距今三千年了，文字内容如此古奥，文本存在那么多关隘，如果连基本文献问题都不理会，申论的道理岂能无误？

第三要融会。经典不是只供赏玩的古董，尤其是《周易》，它把人文与自然之理融会贯通了，所以历久弥新，具有永恒普世的价值，可以和任何一个时代的脉搏相和应。不落实在现实生活中理解它的知识，肯定不能明白它的意义。

做到以上三点，才可能有机会从学《易》之中获得智慧。

以下我作为一个读书人，谈谈读《周易》的经验。

《周易》的玄理，可谓"致广大，尽精微"，极为高远窈杳，但又处处触及现实人生。面对这部智慧之书，阅读它的内容，其实也同时在阅读自己的内心，两者是同步发生的。当我们心如止水，心也就是一片明镜，一切投射于其上的事物，都照出了本来面目，道理就如如地自然呈现。但现实是，我们内心的色调、波澜、障蔽，时时刻刻在变幻，影响了我们的理性和感性思维，让我们在阅读卦爻和文字时，戴上一副又一副的有色眼镜，让我们无论是在观察经典、自我，还是外在世界时，都无法释放心性，令有色眼镜消失于无形。

一个成功的阅读者，自然不会只停留在文献的表层，只攫取耳目记诵的知识，而一定明白要消化知识、让知识滋养精神生命的道理。所以《周易》最核心的价值，与其说是在于增加“知识”，倒不如说是增进“智慧”。用中国哲学的术语讲，“知识”是“闻见之知”，“智慧”则是“德性之知”；前者主要是借由耳目感官而汲取信息，后者则是通过心性领悟而获得启示。

现代人常用“知识爆炸”或“信息爆炸”来形容这个时代，让好多人误以为“求学”是无止境地向外吸收知识。其实，“向外吸收知识”只能算是第一个阶段。真正的“求学”，是将知识“内化”，进一步发掘自己的潜质、认识自我的灵明、充实自己的心性。唯有“内化”，才能变化气质，将“知识”提升为“智慧”。读万卷书也好，行万里路也罢，一切见闻和知识，最终必须“内化”到自身心灵之中，才能转化为智慧，就像我们从食物中摄取养分，从而让身体获得滋养一样。

但是话说回来，读者不要误会我将“知识”看得一定比“智慧”的层次低。这二者不是高低的问题，而是相互间有关联。世上没有不含知识的智慧，也没有能脱离智慧的知识。知识和智慧二者的关系，某种方面可以理解为佛教天台宗讲的“定慧”:“定”是“止”，是禅定之境;“慧”是“观”，是观想之智。二者是相辅相成的。

又正如太极、阴阳的关系，有些《易》家也曾争论二者层次的高低。这都是没有从“生”之理去看透《易》理本质的缘故。为什么《易》之理和“生”之理有关系呢？因为脱离了“生”,《易》就不必讲了。正如《系辞传》说“乾坤毁，则无以见易”。人类灭绝了，还有《周易》可讲吗？“生”，可以是生活，也可以是生命。“生活”是每天的，当下的;“生命”则是生与死之间的全程。这样讲，好像“生命”更重要，其实未必，因为“生命”是“生活”的累积。坤卦《文言传》解释“渐”的意旨:“积善之家，必有余庆；积不善之家，必有余殃。”人生旅途，回首来时路，看看自己每天每月积了多少善，又积了多少不善，恍然大悟，原来每件事都从无数不经意的细节积累而成，原来细节重要得很！再说，活好每一天，对于生命品质的维护至为重要。一年中有三百六十四天都活得没问题，有一天和家人发生了冲突，覆水难收，终致抱憾终身，又将如何？所以断不能说生命重要，生活就不重要。

人的一生，是一个“迷”与“觉”的过程，有时在“迷”之中有“觉”,“觉”之中有“迷”，就像阴与阳，阴中有阳，阳中也有阴。庄子说："梦之中又占梦焉。且有大觉，然后知此其大梦也。"意思是自以为清醒的人往往还在梦中，要到了"大觉"（死亡）来到了，才知道以前发生的统统是"大梦"（活着）。明代大思想家罗汝芳说："即觉时虽迷为觉，即迷时虽觉为迷。"意思是：偶然打个盹并不影响圣人的高度觉醒，糊涂虫的"千虑一得"也改变不了他糊涂的本质。我想说的是，社会上有不少宗教人士打着《易经》的招牌，自诩为大师，呼朋引伴，为人指点迷津。他们有没有想过，究竟当下的自己是身处在"迷"与"觉"历程中的哪一个阶段呢？

其实芸芸众生，时刻动心起念，大多分不清楚哪一刻为"迷"。认不清"迷"，就不可能真正理解"觉"。我这样说，也部分解释了我不去回答人们问我"《周易》能增进智慧吗"这问题的原因。

《菜根谭》有几句话很有情味："藏巧于拙，用晦而明，寓清于浊，以屈为伸。""拙"中之"巧"、"晦"中之"明"、"浊"中之"清"、"屈"中之"伸"，对于名利之心特别重的人来说，尤其难以辨认。所以我常说世间万物都有相对而并存的"对境"，就像老子说的："有无相生，难易相成，长短相较，高下相倾，音声相和，前后相随。"从"对境"当中观想《周易》各方面的哲理——乾坤刚柔、否极泰来、剥复循环——也许能让我们能真正欣赏到这部经典的智慧火花。我相信北宋哲学家张载也是亲身经历了这个历程，才会悟到《正蒙·太和》关于“阴、阳”二者“浮沉、升降、动静、相感、絪缊、相荡、胜负、屈伸”本质的伟论。

事 有 终 始

别卦选讲

经分上下，原始反终

——卦义讲解示例

61. 谈谈上经开始的两卦：乾与坤

六十四卦的排列次序（sequence），以及依三十卦及三十四卦分为“上经”和“下经”，究竟是保留了最初撰著时的原貌，还是经过后人重新编纂的结果，今日已经不能确定。不过，至迟在《序卦传》撰写时，已是今日所见的序列，是可以确定的。《序卦传》作者直接从今本（或称为“传本”[received version]）的排序中，讲出了一番道理。

乾䷀、坤䷁二卦，一向被称为《周易》的门户，就是说，学《易》的人必须先能掌握这两卦的意义和精神，才能进入《周易》的世界，研读其余六十二卦。

过去的《易》家也早已指出，乾、坤二卦尽管有纯阳纯阴的相反关系，也有互为主体的内在关系：乾卦用九“见群龙无首，吉”，即坤卦卦辞“元亨，利牝马之贞”；坤卦用六“利永贞”，即乾卦卦辞的“利贞”。阴阳、刚柔、正反落实在世上的事物也是这样，互相推移，也互相涵摄，构成了重重叠叠的意义。《文言传》反反复复地文饰乾卦六爻的义理，《系辞上传》重重复复地阐释乾坤、阴阳的精神，就是因为二卦之间的关系不是单一的，而是多层次的。

乾、坤二卦的意义虽然多，但不外乎从自然界讨论到人文界的“自然→人文”模式，认为人类应该效法自然，然后将当中的训诲（moral）应用在人生、社会和政治。例如乾卦《文言传》第一层讲“元、亨、利、贞”四德，将它们引导到君子之仁和国家典礼，一直到最后申论“大人”的“领导”（leadership），首先要“与天地合其德，与日月合其明，与四时合其序”，说明“领导”的方法，必须结合自然与人文，提升人的视界，鸟瞰式地观察全局（birds-eye view）来产生出视野（vision）。譬如从大自然的风云变幻，领悟到人事危机处处变化多端，从而产生一种不断思考未来发展的胸襟与眼光，就像熟悉自然环境的旅人一样，预知天气变幻和环境安危。最后，《文言传》提醒领导者要“知进退存亡，而不失其正”。个人获得职位，发挥长才，得位行道，是人生宝贵的机会，要懂得“进退存亡”的艺术，就个人而言不要恋栈权位，因为每个人在职位上，都是“过客”；就大局而言则要随时准备好退下来后，所推行的政策能获得发展和延续，亦即通过长期、中期、短期的发展策略（strategic development plan），维持政策与方针的可持续性（sustainability），用以应付世局难测的变幻。

《系辞上传》首章阐释乾、坤二卦最详。就卦而言是“乾、坤”，就卦象而言是“天、地”和“日、月”，就价值而言是“尊、卑”（尊卑强调的不是阶级，而是主从、轻重、先后），就事物的属性而言是“刚、柔”，就自然循环而言是“寒、暑”、“昼、夜”，就精神而言是“易、简”，就追求的功效而言是“可久、可大”（像上天一样恒久，像大地一样广袤）。最后指出这是贤人道德与事业的基础。

自然与人文的关系还可以从其他方方面面考察。雄性是“阳”，雌性是“阴”，没有两性的结合，生命就不可能繁衍。日出而作是“阳”，日入而息是“阴”，人类和所有生物都需要睡眠来维持新陈代谢健康运作。壮志凌云时是“阳”，消极沉潜时是“阴”，人生吉凶祸福起伏总是在不停替换之中前进。这样推衍下去，小至于一念之生，有正有邪，有起有伏，都是阴阳的变异，扩大至于“生”之与“死”，生为阳，死为阴，在人世间每一刻上演，也是阴阳的示现。

62. 谈谈上经结束的两卦：坎与离

上经开始的乾、坤两卦，自然之象是天与地，伦理之象则为父与母，就宇宙论而言是阴与阳，就卦德而言是刚与柔，就物象而言是雄与雌。《荀子·天论》说：“在天者莫明于日月，在地者莫明于水火。”上经结束的习坎卦䷜与离卦䷝，象征了大地的两个最重要的事物——“水、火”，和作为首两卦、形象取上天“日、月”的乾、坤二卦遥遥相对。这两个卦位于上经的终结，同时也是“四正卦”中代表北方和南方的卦。

“坎”字的本义是就是朱熹说的“险陷”，但在八卦中它的自然之象是“水”，经卦坎☵的伦理之象为“中男”，人生之象为“陷阱”、“重险”（抽象）。我们读别卦坎卦䷜六爻，会注意到各爻的意义和卦的意义不完全在一个相同的层次。卦的意义虽然以“水”为主，但各爻却完全在“陷阱”的意义上发挥，这当然是《周易》作者故意经营的。《彖传》作者深明于此，所以都围绕着“险”来阐释意义。“险”对人类而言当然有遭遇危害的可能，但正因为危险，反而会成为自我考验、自我挑战的契机。自然的“险”，包括天险、地险等都应该善加利用，王公设险则可以守国。作者鼓励“行险而不失其信”，这和其他卦一样，作者提醒人们不要恐惧危机，而应该善于利用危机，并转危险为机遇。

“离”字的本义是鸟名，但在八卦中它的自然之象是“火”，引申为“明”。由火又引申为“夕阳”，因“离”与“丽”字读音相同，而引申意义为附丽（附着）的意思，强调世间人事物除了“个别性”（particularity）的个别价值以外，还有“关联性”（connectivity）的整合价值。《彖传》讲得非常好：天上有“日、月”，地上有“百谷草木”，各有特殊性，各有位置。唯有依据事物本身的特殊性（如日、月不能依附于土地），而依据其特殊性联系应附着的位置（如日、月附着于“天”），才能促成天地之间生命的繁茂。经卦离☲的伦理之象是“中女”。唯有天地万物各安其位，各得其所，世界才能丰富，生命才能有光彩。因此，离卦各层次，强调人生之象是光明、附丽。这是在卦的层次展开的多层次意义。落实到各爻，则有鞋履的光彩（履错然）、老年的光彩（日昃之离）、军事的光辉（王用出征，有嘉折首，获匪其丑）等等。唯有九四以刚居柔位，处六五之下，有过刚摧折之象，因而引喻为造成伤亡的火灾。

习坎、离二卦，前者危机四伏，后者光明变幻，自然现象，一一转化进入人生。我们汲其这两卦的精神，就要懂得认识危机、利用危机，从危机中捕捉机会。另一方面，也要深入了解，个人成长，离不开周遭环境，包括人、事、物，一切都互相依附、互相联系。每个人都要学会善用环境，和身边的人事物维持融和的关系。

63. 谈谈下经开始的两卦：咸与恒

如果说上经乾、坤和坎、离两组卦分别代表自然界的天、地、水、火四种元素，下经的咸䷞、恒䷟二卦所代表的夫妇之道和既济、未济二卦所代表的事业完成与否，就是分别代表人生界两个最重要的方面——婚姻幸福与事业成就。

咸、恒二卦的卦义必须要参考《说卦传》“父母六子卦”的理论来解释。咸卦艮下兑上，兑为少女，艮为少男，少男在下支持少女，有少年感动的象征，是婚姻的基础和开始。所以咸卦卦辞说：“亨，利贞，取女，吉。”《彖传》说：“咸，感也。柔上而刚下，二气感应以相与，止而说，男下女，是以亨，利贞，取女，吉也。”

相对而言，恒卦巽下震上，震为长男，巽为长女，长女在下支持长男，是婚姻稳定而长久的象征。所以恒卦卦辞说：“亨，无咎，利贞。利有攸往。”而《彖传》强调：“刚上而柔下，雷风相与，巽而动，刚柔皆应，恒。恒，亨，无咎，利贞，久于其道也。天地之道，恒久而不已也。利有攸往，终则有始也。”由此可见，《周易》哲理虽然说是阴阳交融，生生不息，但生命的继起，必然首重“婚姻”，因为婚姻是家庭的基础，也是人一生最重要的稳定力量来源。

荀子说：“汤之咸，见夫妇。夫妇之道，不可不正也，君臣父子之本也。咸，感也，以高下下，以男下女，柔上而刚下。”（《荀子·大略》）就是说的夫妇相处的艺术，双方需要调整好关系（正），譬如一般来说男性生理条件较强壮，应该多保护、容让妻子，才是“以高下下，以男下女”的艺术。

再深入一点讨论咸卦，本义为少男少女相合。少男少女血气方刚，需要注意恋爱不是只有肉体的结合，更重要的是精神契合，所以身体的“咸其拇”（初爻）到“咸其辅颊舌”（上爻）外，还有九四“憧憧往来，朋从尔思”象征心志的感动。精神和身体、由外至内的感动，才是完整的感动。相反地，内外不一致，立心不贞诚，则有凶吝。因此“咸”卦涉及躯体感官诸爻（拇、股、脢、辅颊舌），易生凶吝，尤其是上六依恃口舌之快（咸其辅颊舌），《象传》所谓“滕口说”，则为君子所不取。心性之动（憧憧往来），反复考虑，反而可得贞吉。

再深入一点讨论恒卦，要知道人类虽然是群居的动物，但每个人都有他自己的个性。夫妇——两个独立个体——生活在一起，原本就困难重重，所以婚姻能长久，需要在多方面互相迁就，而大前提是双方都有真心诚意去经营好婚姻。所以《彖传》就从“恒久”的正面意义发挥：“日月得天而能久照，四时变化而能久成。圣人久于其道，而天下化成。观其所恒，而天地万物之情可见矣！”从自然界到国家社会，再到男女婚配，都需要长期不变的承诺，有所坚持，才能维护原来的价值。恒卦各爻辞充满智慧，初六“浚恒”，想要长久但又不考虑按部就班，在短时间内求之过深，未免太急躁，反而有凶险。所以《象传》说“浚恒之凶，始求深也”。

64. 谈谈下经结束的两卦：既济与未济

既济䷾和未济䷿既是下经的末两卦，也是《周易》最末两卦，代表的是人生事业是否有成。天、地、水、火是自然界的存在，是人类无法掌控的；婚姻、事业则是人生界而不是自然界，是基于自由意志，是可以掌握的，与天、地、水、火截然不同。

《周易》下经咸、恒二卦置于第31、32卦，因为婚姻虽取决于自由意志，但至少有部分是源出于原始生理自然欲望；63、64卦所代表的事业有成与否，那就完全是自由意志所决定了。然而，人生际遇千变万化，环境、健康、际遇等各种因素变动不居，个中的学问，真是太复杂、太难言了。

我在本书多次提出，《周易》讲的是君子之道，是“为君子谋”而不是“为小人谋”。原本既济、未济所讨论的“事业”，并非个人生活上的小事情，更不是为满足私心的欲求之事，而是涉及国家、社会、真理等等，直接关乎公共大众、群体利益的事情。知识分子在古代是“士”阶层，是公共利益以及真理公义的代言人，所以要领会这两卦的意义，切记要摒除私人利益的考虑。

“济”原本是“济渡”的意思，《尔雅·释诂》:“济，渡也。”《经典释文》也说:“济，度也。”《周易正义》说:“济者，济渡之名；既者，皆尽之称。”引申意义就是事业的有成、完成。从六十四卦的卦序考察，以未济卦作为第64卦，其抽象意义就是没有结束。天道变化循环，总是剥复相代、否极泰来、吉凶互替、祸福相倚。即使太阳系毁灭了，促成地球、月亮、太阳稳定运行的那个力量或原理仍将亘古恒存宇宙之中。这就是朱熹所说的“万一山河大地都陷了，毕竟‘理’却只在这里”(《朱子语类》卷一)。

既济、未济卦均以“狐”的渡河作为象征。以狐狸作为譬喻，可以有济渡的可能，而没有“涉川”的行险。此外，狐狸动作灵敏而性格多疑，故借以譬喻《易》理主“变”的精神。既济、未济两卦，取象的方法，狐的渡河，初爻均是“濡其尾”，上爻都是“濡其首”。既济卦初爻尾巴沾湿而“无咎”，头部沾湿则“厉”(危险)；未济卦初爻尾巴沾湿则“吝”(忧虞)，上爻头部沾湿则“无咎”，正好反映两卦卦德的差异：既济“初吉”而“终乱”，未济则相反，初有忧虞而后则无咎。但上爻末二句“濡其首，有孚失是”，则因上九阳刚，饮酒过量，有失自我节制，则又将陷入危险。因此《小象传》说：“饮酒濡首，亦不知节也。”

最后，既济卦六爻阴阳位置各得其所，离下坎上，水自上而流下，火自下而炎上，因此有水火交融的意思（就像泰卦乾下坤上，象征天的力量由上至下，地的力量由下至上），代表了一个阶段的完成。因此汉代《易》家，以及后世道教内丹学的修道之人，都非常喜欢既济卦。然而，读者要注意《易》理否极泰来，反复无穷，因此既济卦之“初吉”，最终必至不吉，所以卦辞说“终乱”，就是这个缘故。而已经济渡的“亨”，最终也只能是“亨小”（意思是“亨”之中小而非大者。朱熹大概是读到旅卦卦辞“旅，小亨，旅贞吉”就以为“亨小”应当是“小亨”的讹误。其说法并不正确）。而这个“亨小”，在爻的发展来看，开始是“无咎”，中间是“终日戒”，最后则“何可久也”（《小象传》）。换言之，济渡完成，泰极则否又必将来临，所以卦爻辞谆谆告诫君子，深自警惕。《彖传》说：“终止则乱，其道穷也。”《大象传》说：“水在火上，既济，君子以思患而豫防之。”都是反复叮咛居安思危之意。居安思危、谨慎有节，也是通部《周易》最核心、最崇高的精神。

附　录

《周易》卦爻辞

附《彖传》、《象传》、《文言传》

“附录”内容为作者参前贤校勘经传成果，略作修正而成，部分内容句读或与通行本不同。读者幸识之。

乾

卦辞：乾，元亨，利贞。

爻辞：初九：潜龙勿用。九二：见龙在田，利见大人。九三：君子终日乾乾，夕惕，若厉，无咎。[①]九四：或跃在渊，无咎。九五：飞龙在天，利见大人。上九：亢龙有悔。用九：见群龙无首，吉。

彖传：大哉乾元！万物资始，乃统天。云行雨施，品物流形。大明终始，六位时成，时乘六龙以御天。乾道变化，各正性命。保合大和，乃利贞。首出庶物，万国咸宁。

象传：天行健，君子以自强不息。（初九）“潜龙勿用”，阳在下也。（九二）“见龙在田”，德施普

① 传统句读并有“夕惕若厉，无咎”及“夕惕若，厉，无咎”等几种读法。

也。（九三）“终日乾乾”，反复道也。（九四）“或跃在渊”，进“无咎”也。（九五）“飞龙在天”，“大人”造也。（上九）“亢龙有悔”，盈不可久也。（用九）“用九”天德，不可为“首”也。

文言传：“元”者，善之长也；“亨”者，嘉之会也；“利”者，义之和也；“贞”者，事之干也。君子体仁足以长人，嘉会足以合礼，利物足以和义，贞固足以干事。君子行此四德者，故曰“乾：元、亨、利、贞”。初九曰“潜龙勿用”，何谓也？子曰：“龙德而隐者也。不易乎世，不成乎名，遯世无闷，不见是而无闷，乐则行之，忧则违之，确乎其不可拔，‘潜龙’也。”九二曰“见龙在田，利见大人”，何谓也？子曰：“龙德而正中者也。庸言之信，庸行之谨；闲邪存其诚，善世而不伐，德博而化。《易》曰‘见龙在田，利见大人’，君德也。”九三曰“君子终日乾乾，夕惕若，厉无咎”，何谓也？子曰：“君子进德修业。忠信，所以进德也；修辞立其诚，所以居业也；知至至之，可与几也；知终终之，可与存义也。是故居上位而不骄，在下位而不忧。故乾乾因其时而惕，虽危无咎矣。”九四曰“或跃在渊，无咎”，何谓也？子曰：“上下无常，非为邪也；进退无恒，非离群也。君子进德修业，欲及时也，故无咎。”九五曰“飞龙在天，利见大人”，何谓也？子曰：“同声相应，同气相求。水流湿，火就燥；云从龙，风从虎；圣人作而万物睹。本乎天者亲上，本乎地者亲下，则各从其类也。”上九曰“亢龙有悔”，何谓也？子曰：“贵而无位，高而无民，贤人在下位而无辅，是以动而有悔也。”“潜龙勿用”，下也。“见龙在田”，时舍也。“终日乾乾”，行事也。“或跃在渊”，自试也。“飞龙在天”，上治也。“亢龙有悔”，穷之灾也。乾元“用九”，天下治也。“潜龙勿用”，阳气潜藏。“见龙在田”，天下文明。“终日乾乾”，与时偕行。“或跃在渊”，乾道乃革。“飞龙在天”，乃位乎天德。“亢龙有悔”，与时偕极。乾元“用九”，乃见天则。“乾元”者，始而亨者也。“利贞”者，性情也。乾始能以美利利天下，不言所利，大矣哉！大哉乾乎！刚健中正，纯粹精也；六爻发挥，旁通情也；时乘六龙，以御天也；云行雨施，天下平也。君子以成德为行，日可见之行也。“潜”之为言也，隐而未见，行而未成，是以君子弗用也。君子学以聚之，问以辩之，宽以居之，仁以行之。《易》曰“见龙在田，利见大人”，君德也。九三重刚而不中，上不在天，下不在田，故“乾乾”因其时而“惕”，虽危“无咎”矣。九四重刚而不中，上不在天，下不在田，中不在人，故“或”之。“或”之者，疑之也，故“无咎”。夫大人者，与天地合其德，与日月合其明，与四时合其序，与鬼神合其吉凶。先天而天弗违，后天而奉天时。天且弗违，而况于人乎？况于鬼神乎？“亢”之为言也，知进而不知退，知存而不知亡，知得而不知丧。其唯圣人乎！知进退存亡，而不失其正者，其唯圣人乎！

坤

卦辞：坤，元亨，利牝马之贞。君子有攸往，先迷后得主。利西南得朋；东北丧朋。安贞，吉。

爻辞：初六：履霜，坚冰至。六二：直方，大，不习无不利。六三：含章可贞。或从王事，无成有终。六四：括囊，无咎，无誉。六五：黄裳，元吉。上六：龙战于野，其血玄黄。用六：利永贞。

彖传：至哉坤元！万物资生，乃顺承天。坤厚载物，德合无疆。含弘光大，品物咸亨。牝马地类，行地无疆；柔顺利贞，君子攸行。先迷失道，后顺得常。“西南得朋”，乃与类行；“东北丧朋”，乃终有庆。“安贞”之吉，应地无疆。

象传：地势坤，君子以厚德载物。（初六）“履霜坚冰”，阴始凝也。驯致其道，至坚冰也。（六二）六二之动，“直”以“方”也。“不习无不利”，地道光也。（六三）“含章可贞”，以时发也。“或从王事”，知光大也。（六四）“括囊，无咎”，慎不害也。（六五）“黄裳，元吉”，文在中也。（上六）“龙战于野”，其道穷也。

文言传：坤，至柔而动也刚，至静而德方。后得主而有常，含万物而化光。坤道其顺乎？承天而时行。积善之家，必有余庆；积不善之家，必有余殃。臣弑其君，子弑其父，非一朝一夕之故，其所由来者渐矣，由辩之不早辩也。《易》曰："履霜坚冰至"，盖言顺也。“直”，其正也；“方”，其义也。君子敬以直内，义以方外，敬义立而德不孤。“直方，大，不习无不利”，则不疑其所行也。阴虽有美，含之；以从“王事”，弗敢成也。地道也，妻道也，臣道也。地道“无成”，而代“有终”也。天地变化，草木蕃；天地闭，贤人隐。《易》曰："括囊，无咎，无誉"，盖言谨也。君子黄中通理，正位居体，美在其中，而畅于四支，发于事业，美之至也。阴疑于阳必战，为其嫌于无阳也，故称龙焉；犹未离其类也，故称血焉。夫“玄黄”者，天地之杂也，天玄而地黄。

屯

卦辞：屯，元亨，利贞。勿用，有攸往，利建侯。

爻辞：初九：磐桓，利居贞，利建侯。六二：屯如邅如，乘马班如，匪寇，婚媾。女子贞不字，[①]十年乃字。六三：即鹿无虞，惟入于林中。君子几，不如舍，往吝。六四：乘马斑如，求婚媾，往吉，无不利。九五：屯其膏，小贞吉，大贞凶。上六：乘马班如，泣血涟如。

彖传：屯，刚柔始交而难生。动乎险中，大亨，贞。雷雨之动满盈，天造草昧，宜“建侯”而不宁。

象传：云雷屯。君子以经纶。（初九）虽“磐桓”，志行正也。以贵下贱，大得民也。（六二）六二之难，乘刚也。“十年乃字”，反常也。（六三）“即鹿无虞”，以从禽也。“君子”“舍”之，“往吝”，穷也。（六四）“求”而“往”，明也。（九五）“屯其膏”，施未光也。（上六）“泣血涟如”，何可长也？

蒙

卦辞：蒙，亨。匪我求童蒙，童蒙求我。初筮，告；再

① 王引之《经义述闻》读“女子贞”为一句，“不字”（意即不孕）为一句。

三，渎，渎则不告。利贞。

爻辞：初六：发蒙，利用刑人，用说桎梏。以往，吝。九二：包蒙，吉。纳妇，吉。子克家。六三：勿用取女，见金夫，不有躬，无攸利。六四：困蒙，吝。六五：童蒙，吉。上九：击蒙，不利为寇，利御寇。

彖传：蒙，山下有险，险而止。“蒙，亨”，以亨行，时中也。“匪我求童蒙，童蒙求我”，志应也。“初筮，告”，以刚中也。“再三，渎，渎则不告”，渎蒙也。蒙以养正，圣功也。

象传：山下出泉，蒙。君子以果行育德。（初六）“利用刑人”，以正法也。（九二）“子克家”，刚柔接也。（六三）“勿用取女”，行不顺也。（六四）“困蒙”之“吝”，独远实也。（六五）“童蒙”之“吉”，顺以巽也。（上九）“利”用“御寇”，上下顺也。

需

卦辞：需，有孚，光亨，贞吉。利涉大川。

爻辞：初九：需于郊，利用恒，无咎。九二：需于沙，小有言，终吉。九三：需于泥，致寇至。六四：需于血，出自穴。九五：需于酒食，贞吉。上六：入于穴，有不速之客三人来，敬之，终吉。

彖传：需，须也，险在前也。刚健而不陷，其义不困穷矣。“需，有孚，光亨，贞吉”，位乎天位，以正中也。“利涉大川”，往有功也。

象传：云上于天，需。君子以饮食宴乐。（初九）“需于郊”，不犯难行也。“利用恒，无咎”，未失常也。（九二）“需于沙”，衍在中也。虽“小有言”，以吉终也。（九三）“需于泥”，灾在外也。自我“致寇”，敬慎不败也。（六四）“需于血”，顺以听也。（九五）“酒食，贞吉”，以中正也。（上六）“不速之客来，敬之，终吉”，虽不当位，未大失也。

讼

卦辞：讼，有孚，窒惕，中吉，终凶。[①]利见大人，不利涉大川。

爻辞：初六：不永所事，小有言，终吉。九二：不克讼，归而逋，其邑人三百户，无眚。六三：食旧德，贞厉，终吉。或从王事，无成。九四：不克讼，复即命，渝，安贞吉。九五：讼，元吉。上九：或锡之鞶带，终朝三褫之。

彖传：讼，上刚下险，险而健，讼。“讼，有孚，窒惕，中吉”，刚来而得中也；“终凶”，讼不可成也。“利见

① 陆德明《经典释文》：“‘有孚窒’一句，‘惕中吉’一句。”另一读法为“有孚，窒惕，中吉，终凶”。

大人”，尚中正也。“不利涉大川”，入于渊也。

象传：天与水违行，讼。君子以作事谋始。（初六）“不永所事”，讼不可长也。虽“小有言”，其辩明也。（九二）“不克讼”，归逋窜也。自下讼上，患至掇也。（六三）“食旧德”，从上吉也。（九四）复即命渝。安贞不失也。（九五）“讼，元吉”，以中正也。（上九）以讼受服，亦不足敬也。

师

卦辞：师，贞，丈人吉，无咎。

爻辞：初六：师出以律。否臧，凶。九二：在师中，吉，无咎。王三锡命。六三：师或舆尸，凶。六四：师左次，无咎。六五：田有禽，利执言，无咎。长子帅师，弟子舆尸，贞凶。上六：大君有命，开国承家，小人勿用。

象传：师，众也。贞，正也。能以众正，可以王矣。刚中而应，行险而顺，以此毒天下，而民从之，吉又何咎矣！

象传：地中有水，师。君子以容民畜众。（初六）“师出以律”，失律，凶也。（九二）“在师中吉”，承天宠也。“王三锡命”，怀万邦也。（六三）“师或舆尸”，大无功也。（六四）“左次，无咎”，未失常也。（六五）“长子帅师”，以中行也。“弟子舆尸”，使不当也。（上六）“大君有命”，以正功也。“小人勿用”，必乱邦也。

比

卦辞：比：吉。原筮，元永贞，无咎。不宁方来，后夫凶。

爻辞：初六：有孚比之，无咎。有孚盈缶，终来，有它吉。六二：比之自内，贞吉。六三：比之匪人。六四：外比之，贞吉。九五：显比。王用三驱，失前禽，邑人不诫，吉。上六：比之无首，凶。

彖传：比，辅也，下顺从也。“比，吉，原筮，元永贞，无咎”，①以刚中也。“不宁方来”，上下应也。“后夫凶”，其道穷也。

象传：地上有水，比。先王以建万国，亲诸侯。（初六）比之初六，“有它吉”也。（六二）“比之自内”，不自失也。（六三）“比之匪人”，不亦伤乎！（六四）“外比”于贤，以从上也。（九五）“显比”之吉，位正中也。舍逆取顺，“失前禽”也。“邑人不诫”，上使中也。（上六）“比之无首”，无所终也。

---

① 今本《彖传》作“比，吉也。比，辅也，下顺从也”，据王引之《经义述闻》考证，不确。“比，吉”应置于“原筮，元永贞”之前，为卦名及卦辞首字。“也”字衍。传文“比，辅也，下顺从也”，依《彖传》体例，即解释该卦之名义。

小　畜

卦辞：小畜，亨。密云不雨，自我西郊。

爻辞：初九：复自道，何其咎？吉。九二：牵复，吉。九三：舆说輹，夫妻反目。六四：有孚，血去，惕出，无咎。九五：有孚挛如，富以其邻。上九：既雨既处，尚德载。妇贞厉。月几望，君子征，凶。

彖传：小畜，柔得位而上下应之，曰小畜。健而巽，刚中而志行，乃亨。“密云不雨”，尚往也。“自我西郊”，施未行也。

象传：风行天上，小畜。君子以懿文德。（初九）“复自道”，其义“吉”也。（九二）“牵复”在中，亦不自失也。（九三）“夫妻反目”，不能正室也。（六四）“有孚”，“惕出”，上合志也。（九五）“有孚挛如”，不独富也。（上九）“既雨既处”，“德”积“载”也。“君子征，凶”，有所疑也。

履

卦辞：履虎尾，不咥人，亨。

爻辞：初九：素履，往，无咎。九二：履道坦坦，幽人贞吉。六三：眇能视，跛能履，履虎尾，咥人，凶。武人为于大君。九四：履虎尾，愬愬，终吉。

九五：夬履，贞厉。上九：视履考祥，其旋元吉。

彖传：履，柔履刚也。说而应乎乾，是以“履虎尾，不咥人，亨。”刚中正，履帝位而不疚，光明也。

象传：上天下泽，履。君子以辩上下，定民志。（初九）“素履”之“往”，独行愿也。（九二）“幽人贞吉”，中不自乱也。（六三）“眇能视”，不足以有明也。“跛能履”，不足以与行也。“咥人”之“凶”，位不当也。“武人为于大君”，志刚也。（九四）“愬愬，终吉”，志行也。（九五）“夬履，贞厉”，位正当也。（上九）“元吉”在上，大有庆也。

泰

卦辞：泰：小往大来，吉，亨。

爻辞：初九：拔茅茹，以其汇，征吉。九二：包荒，用冯河，不遐遗。朋亡，得尚于中行。九三：无平不陂，无往不复，艰贞，无咎。勿恤其孚，于食有福。六四：翩翩，不富以其邻，不戒以孚。六五：帝乙归妹，以祉，元吉。上六：城复于隍，勿用师。自邑告命，贞吝。

彖传：“泰，小往大来，吉，亨”，则是天地交而万物通也，上下交而其志同也。内阳而外阴，内健而外顺，内君子而外小人，君子道长，小人道消也。

象传：天地交，泰。后以财成天地之道，辅相天地之宜，以左右民。（初九）“拔茅”，“征吉”，志在外也。（九二）“包荒”，“得尚于中行”，以光大也。（九三）“无往不复”，天地际也。（六四）“翩翩不富”，皆失实也。“不戒以孚”，中心愿也。（六五）“以祉，元吉”，中以行愿也。（上六）“城复于隍”，其命乱也。

否

卦辞：否之匪人，不利君子贞，大往小来。

爻辞：初六：拔茅茹，以其汇，贞吉，亨。六二：包承，小人吉，大人否亨。六三：包羞。九四：有命，无咎，畴离祉。九五：休否，大人吉。其亡其亡，系于苞桑。上九：倾否，先否后喜。

彖传：“否之匪人，不利君子贞，大往小来”，则是天地不交而万物不通也，上下不交而天下无邦也。内阴而外阳，内柔而外刚，内小人而外君子，小人道长，君子道消也。

象传：天地不交，否。君子以俭德辟难，不可荣以禄。（初六）“拔茅”，“贞吉”，志在君也。（六二）“大人否，亨”，不乱群也。（六三）“包羞”，位不当也。（九四）“有命，无咎”，志行也。（九五）

"大人"之"吉",位正当也。(上九)"否"终则"倾",何可长也?

同人

卦辞:同人,同人于野,亨。利涉大川,利君子贞。

爻辞:初九:同人于门,无咎。六二:同人于宗,吝。九三:伏戎于莽,升其高陵,三岁不兴。九四:乘其墉,弗克攻,吉。九五:同人先号咷而后笑,大师克,相遇。上九:同人于郊,无悔。

彖传:同人,柔得位、得中,而应乎乾,曰同人。"同人于野,亨。利涉大川",[1]乾行也。文明以健,中正而应,"君子"正也。唯君子为能通天下之志。

象传:天与火,同人。君子以类族辨物。(初九)出门"同人",又谁咎也?(六二)"同人于宗","吝"道也。(九三)"伏戎于莽",敌刚也。"三岁不兴",安行也!(九四)"乘其墉",义"弗克"也。其"吉",反则得,得则吉也。[2](九五)"同人"之"先",以中直也。"大师""相遇",言相克也。(上

① 今本《周易》"曰同人"之后即为"同人曰同人于野,亨,利涉大川",其中"曰同人"三字涉上文而衍,应删去,作"同人于野,亨,利涉大川"。

② 今本《周易》作"则困而反则也",意义不详。《经典释文》:"一本作'反则得,得则吉也'。"始为正确。

九）“同人于郊”，志未得也。

大　有

卦辞：大有，元亨。

爻辞：初九：无交害，匪咎，艰则无咎。九二：大车以载，有攸往，无咎。九三：公用亨于天子，小人弗克。九四：匪其彭，无咎。六五：厥孚交如，威如，吉。上九：自天祐之，吉，无不利。

彖传：大有，柔得尊位大中，而上下应之，曰大有。其德刚健而文明，应乎天而时行，是以“元亨”。

象传：火在天上，大有。君子以遏恶扬善，顺天休命。（初九）大有初九，“无交害”也。（九二）“大车以载”，积中不败也。（九三）“公用亨于天子”，“小人”害也。（九四）“匪其彭，无咎”，明辨晢也。（六五）“厥孚交如”，信以发志也。“威如”之“吉”，易而无备也。（上九）“大有”上“吉”，“自天祐”也。

谦

卦辞：谦，亨。君子有终。

爻辞：初六：谦谦君子，用涉大川，吉。六二：鸣谦，贞吉。九三：劳谦君子，有终，吉。六四：无不利，㧑谦。六五：不富以其邻，利用侵伐，无不利。上六：鸣谦，利用行师，征邑国。

彖传："谦，亨"。天道下济而光明，地道卑而上行。天道亏盈而益谦，地道变盈而流谦，鬼神害盈而福谦，人道恶盈而好谦。谦尊而光，卑而不可逾，"君子"之终也。

象传：地中有山，谦。君子以裒多益寡，称物平施。（初六）"谦谦君子"，卑以自牧也。（六二）"鸣谦，贞吉"，中心得也。（九三）"劳谦君子"，万民服也。（六四）"无不利，㧑谦"，不违则也。（六五）"利用侵伐"，征不服也。（上六）"鸣谦"，志未得也，可"用行师，征邑国"也。

豫

卦辞：豫，利建侯、行师。

爻辞：初六：鸣豫，凶。六二：介于石，不终日，贞吉。六三：盱豫，悔；迟，有悔。九四：由豫，大有得。勿疑，朋盍簪。六五：贞疾，恒不死。上六：冥豫，成有渝，无咎。

彖传：豫，刚应而志行，顺以动，豫。豫顺以动，故天地如之，而况"建侯、行师"乎？天地以顺动，故日月不过，而四时不忒；圣人以顺动，则刑罚清而民服。豫之时义大矣哉！

象传：雷出地奋，豫。先王以作乐崇德，殷荐之上帝，以配祖考。（初六）初六“鸣豫”，志穷“凶”也。（六二）“不终日，贞吉”，以中正也。（六三）“盱豫”，“有悔”，位不当也。（九四）“由豫，大有得”，志大行也。（六五）六五“贞疾”，乘刚也。“恒不死”，中未亡也。（上六）“冥豫”在上，何可长也？

随

卦辞：随，元亨，利贞，无咎。

爻辞：初九：官有渝，贞吉。出门交，有功。六二：系小子，失丈夫。六三：系丈夫，失小子，随有求，得。利居贞。九四：随有获，贞凶。有孚在道以明，何咎？九五：孚于嘉，吉。上六：拘系之，乃从维之，王用亨于西山。

彖传：随，刚来而下柔，动而说，随。大亨，贞，“无咎”，而天下随时。随之时义大矣哉！

象传：泽中有雷，随。君子以向晦入宴息。（初九）“官有渝”，从正吉也。“出门交，有功”，不失也。（六二）“系小子”，弗兼与也。（六三）“系丈夫”，志舍下也。（九四）“随有获”，其义凶也。“有孚在道"，明功也。（九五）"孚于嘉，吉"，位正中也。（上六）"拘系之"，上穷也。

蛊

卦辞：蛊，元亨，利涉大川。先甲三日，后甲三日。

爻辞：初六：干父之蛊，有子，考无咎，厉，终吉。九二：干母之蛊，不可贞。九三：干父之蛊，小有悔，无大咎。六四：裕父之蛊，往见吝。六五：干父之蛊，用誉。上九：不事王侯，高尚其事。

彖传：蛊，刚上而柔下，巽而止，蛊。"蛊，元亨"，而天下治也。"利涉大川"，往有事也。"先甲三日，后甲三日"，终则有始，天行也。

象传：山下有风，蛊。君子以振民育德。（初六）"干父之蛊"，意承"考"也。（九二）"干母之蛊"，得中道也。（九三）"干父之蛊"，终无咎也。（六四）"裕父之蛊"，往未得也。（六五）"干父"，"用誉"，承以德也。（上九）"不事王侯"，志可则也。

临

卦辞：临，元亨，利贞。至于八月，有凶。

爻辞：初九：咸临，贞吉。九二：咸临，吉，无不利。六三：甘临，无攸利。既忧之，无咎。六四：至临，无咎。六五：知临，大君之宜，吉。上六：敦临，吉，无咎。

彖传：临，刚浸而长，说而顺，刚中而应，大"亨"以正，天之道也。"至于八月，有凶"，消不久也。

象传：泽上有地，临。君子以教思无穷，容保民无疆。（初九）"咸临，贞吉"，志行正也。（九二）"咸临，吉，无不利"，未顺命也。（六三）"甘临"，位不当也。"既忧之"，"咎"不长也。（六四）"至临，无咎"，位当也。（六五）"大君之宜"，行中之谓也。（上六）"敦临"之"吉"，志在内也。

观

卦辞：观，盥而不荐，有孚颙若。

爻辞：初六：童观，小人无咎，君子吝。六二：阚观，利女贞。六三：观我生，进退。六四：观国之光，利用宾于王。九五：观我生，君子无咎。上九：观其生，君子无咎。

彖传：大观在上，顺而巽，中正以观天下。"观，盥而不荐，有孚颙若"，下观而化也。观天之神道，而四时不忒。圣人以神道设教，而天下服矣。

象传：风行地上，观。先王以省方观民设教。（初六）

初六“童观”，“小人”道也。（六二）“阙观，女贞”，亦可丑也。（六三）“观我生，进退”，未失道也。（六四）“观国之光”，尚“宾”也。（九五）“观我生”，观民也。（上九）“观其生”，志未平也。

噬　嗑

卦辞：噬嗑，亨。利用狱。

爻辞：初九：屦校灭趾，无咎。六二：噬肤，灭鼻，无咎。六三：噬腊肉，遇毒，小吝，无咎。九四：噬乾胏，得金矢，利艰贞，吉。六五：噬乾肉，得黄金，贞，厉，无咎。上九：何校灭耳，凶。

彖传：颐中有物，曰噬嗑。噬嗑而“亨”，刚柔分，动而明，雷电合而章，柔得中而上行，虽不当位，“利用狱”也。

象传：雷电，噬嗑。先王以明罚勅法。（初九）“屦校灭趾”，不行也。（六二）“噬肤，灭鼻”，乘刚也。（六三）“遇毒”，位不当也。（九四）“利艰贞，吉”，未光也。（六五）“贞厉，无咎”，得当也。（上九）“何校灭耳”，聪不明也。

贲

卦辞：贲，亨，小利有攸往。

爻辞：初九：贲其趾，舍车而徒。六二：贲其须。九三：贲如濡如，永贞，吉。六四：贲如皤如，白马翰如，匪寇，婚媾。六五：贲于丘园，束帛戋戋，吝，终吉。上九：白贲，无咎。

彖传：贲，柔来而文刚，故亨。①分刚上而文柔，故"小利有攸往"，天文也。文明以止，人文也。观乎天文以察时变，观乎人文以化成天下。

象传：山下有火，贲。君子以明庶政，无敢折狱。（初九）"舍车而徒"，义弗乘也。（六二）"贲其须"，与上兴也。（九三）"永贞"之"吉"，终莫之陵也。（六四）六四当位，疑也。"匪寇，婚媾"，终无尤也。（六五）六五之"吉"，有喜也。（上九）"白贲，无咎"，上得志也。

剥

卦辞：剥，不利有攸往。

爻辞：初六：剥床以足，蔑贞，凶。六二：剥床以辨，蔑贞，凶。六三：剥，无咎。六四：剥床以肤，凶。六五：贯鱼，以宫人宠，无不利。上九：硕果不食，君子得舆，小人剥庐。

---

① 今本《周易》作"贲，亨，柔来而文刚，故亨"，前一"亨"字衍，今删去。

彖传：剥，剥也。柔变刚也。“不利有攸往”，小人长也。顺而止之，观象也。君子尚消息盈虚，天行也。

象传：山附于地，剥。上以厚下安宅。（初六）“剥床以足”，以灭下也。（六二）“剥床以辨”，未有与也。（六三）“剥之无咎”，失上下也。（六四）“剥床以肤”，切近灾也。（六五）“以宫人宠”，终无尤也。（上九）“君子得舆”，民所载也；“小人剥庐”，终不可用也。

复

卦辞：复，亨。出入无疾，朋来无咎。反复其道，七日来复，利有攸往。

爻辞：初九：不远复，无祇悔，元吉。六二：休复，吉。六三：频复，厉，无咎。六四：中行独复。六五：敦复，无悔。上六：迷复，凶，有灾眚。用行师，终有大败。以其国君凶，至于十年不克征。

彖传：“复，亨”，刚反，动而以顺行，是以“出入无疾，朋来无咎”。“反复其道，七日来复”，天行也。“利有攸往”，刚长也。复，其见天地之心乎？

象传：雷在地中，复。先王以至日闭关，商旅不行，后不省方。（初九）“不远”之“复”，以修身也。

（六二）“休复”之“吉”，以下仁也。（六三）“频复”之“厉”，义“无咎”也。（六四）“中行独复”，以从道也。（六五）“敦复，无悔”，中以自考也。（上六）“迷复”之“凶”，反君道也。

无　妄

卦辞：无妄，元亨，利贞。其匪正，有眚，不利有攸往。

爻辞：初九：无妄，往吉。六二：不耕获，不菑畬，则利有攸往。六三：无妄之灾，或系之牛，行人之得，邑人之灾。九四：可贞，无咎。九五：无妄之疾，勿药，有喜。上九：无妄，行有眚，无攸利。

彖传：无妄，刚自外来，而为主于内。动而健，刚中而应，大“亨”以正，天之命也。“其匪正，有眚，不利有攸往”，无妄之往，何之矣？天命不祐，行矣哉！

象传：天下雷行，物与无妄。先王以茂对时，育万物。（初九）“无妄”之“往”，得志也。（六二）“不耕获”，未富也。（六三）“行人”得牛，“邑人”灾也。（九四）“可贞，无咎”，固有之也。（九五）“无妄”之“药”，不可试也。（上九）“无妄”之“行”，穷之灾也。

大　畜

卦辞：大畜，利贞。不家食，吉。利涉大川。

爻辞：初九：有厉，利已。九二：舆说輹。九三，良马逐，利艰贞。曰闲舆卫，利有攸往。六四：童牛之牿，元吉。六五：豮豕之牙，吉。上九：何天之衢，亨。

彖传：大畜，刚健，笃实煇光，日新其德。刚上而尚贤，能止健，大正也。“不家食，吉”，养贤也。“利涉大川”，应乎天也。

象传：天在山中，大畜。君子以多识前言往行，以畜其德。（初九）“有厉，利已”，不犯灾也。（九二）“舆说輹”。中无尤也。（九三）“利有攸往”，上合志也。（六四）六四“元吉”，有喜也。（六五）六五之“吉”，有庆也。（上九）“何天之衢”，道大行也。

颐

卦辞：颐，贞吉。观颐，自求口实。

爻辞：初九：舍尔灵龟，观我朵颐，凶。六二：颠颐，拂经，于丘颐，征凶。六三：拂颐，贞凶。十年勿用，无攸利。六四：颠颐，吉。虎视眈眈，其欲逐逐，无咎。六五：拂经，居贞吉。不可涉大川。上九：由颐，厉，吉。利涉大川。

彖传:“颐，贞吉”，养正则吉也。“观颐”，观其所养也。“自求口实”，观其自养也。天地养万物，圣人养贤以及万民，颐之时大矣哉!

象传：山下有雷，颐。君子以慎言语，节饮食。（初九）“观我朵颐”，亦不足贵也。（六二）六二“征凶”，行失类也。（六三）“十年勿用”，道大悖也。（六四）“颠颐”之“吉”，上施光也。（六五）“居贞”之“吉”，顺以从上也。（上九）“由颐，厉，吉”，大有庆也。

大　过

卦辞：大过，栋挠。利有攸往，亨。

爻辞：初六：藉用白茅，无咎。九二：枯杨生稊，老夫得其女妻，无不利。九三：栋桡，凶。九四：栋隆，吉，有它吝。九五：枯杨生华，老妇得其士夫，无咎，无誉。上六：过涉灭顶，凶，无咎。

彖传：大过，大者过也。“栋挠”，本末弱也。刚过而中，巽而说行，“利有攸往”，乃“亨”。大过之时大矣哉!

象传：泽灭木，大过。君子以独立不惧，遯世无闷。

（初六）“藉用白茅”，柔在下也。（九二）“老夫”“女妻”，过以相与也。（九三）“栋桡”之“凶”，不可以有辅也。（九四）“栋隆”之“吉”，不桡乎下也。（九五）“枯杨生华”，何可久也？“老妇”“士夫”，亦可丑也。（上六）“过涉”之“凶”，不可咎也。

习　坎

卦辞：习坎，有孚，维心亨，行有尚。

爻辞：初六：习坎，入于坎窞，勿用。九二：坎，有险，求小得。六三：来之坎坎，险且枕。入于坎窞，勿用。六四：樽酒，簋贰，用缶，纳约自牖，终无咎。九五：坎不盈，祇既平，无咎。上六：系用徽纆，寘于丛棘，三岁不得，凶。

彖传：习坎，重险也。水流而不盈，行险而不失其信。“维心亨”，乃以刚中也。“行有尚”，往有功也。天险，不可升也。地险，山川丘陵也。王公设险，以守其国。险之时用大矣哉！

象传：水洊至，习坎。君子以常德行，习教事。（初六）“习坎，入坎”，失道“凶”也。（九二）“求小得”，未出中也。（六三）“来之坎坎”，终无功也。（六四）“樽酒，簋贰”，刚柔际也。（九五）“坎不盈”，中未大也。（上六）上六失道，凶“三岁”也。

离

卦辞：离，利贞，亨。畜牝牛，吉。

爻辞：初九：履错然，敬之，无咎。六二：黄离，元吉。九三：日昃之离，不鼓缶而歌，则大耋之嗟，凶。九四：突如其来如，焚如，死如，弃如。六五：出涕沱若，戚嗟若，吉。上九：王用出征，有嘉折首，获匪其丑，无咎。

彖传：离，丽也。日月丽乎天，百谷草木丽乎土，重明以丽乎正，乃化成天下。柔丽乎中正，故“亨”，是以“畜牝牛，吉”也。

象传：明两作，离。大人以继明照于四方。（初九）“履错”之“敬”，以辟咎也。（六二）“黄离，元吉”，得中道也。（九三）“日昃之离”，何可久也？（九四）“突如其来如”，无所容也。（六五）六五之“吉”，离王公也。（上九）“王用出征，以正邦也。”

咸

卦辞：咸，亨，利贞。取女，吉。

爻辞：初六：咸其拇。六二：咸其腓，凶。居吉。

九三：咸其股，执其随，往吝。九四：贞吉，悔亡。憧憧往来，朋从尔思。九五：咸其脢，无悔。上六：咸其辅、颊、舌。

彖传：咸，感也。柔上而刚下，二气感应以相与，止而说，男下女，是以“亨，利贞。取女，吉”也。天地感而万物化生，圣人感人心而天下和平。观其所感，而天地万物之情可见矣。

象传：山上有泽，咸。君子以虚受人。（初六）“咸其拇”，志在外也。（六二）虽“凶，居吉”，顺不害也。（九三）“咸其股”，亦不处也。志在“随”人，所“执”下也。（九四）“贞吉，悔亡”，未感害也。“憧憧往来”，未光大也。（九五）“咸其脢”，志末也。（上六）“咸其辅、颊、舌”，滕口说也。

恒

卦辞：恒，亨，无咎，利贞。利有攸往。

爻辞：初六：浚恒，贞凶，无攸利。九二：悔亡。九三：不恒其德，或承之羞，贞吝。九四：田无禽。六五：恒其德，贞，妇人吉，夫子凶。上六：振恒，凶。

彖传：恒，久也。刚上而柔下，雷风相与，巽而动，刚柔皆应，恒。“恒，亨，无咎，利贞”，久于其道也。天地之道，恒久而不已也。“利有攸往”，终则有始也。日月得天而能久照，四时变化而能久成。圣人久于其道，而天下化成。观其所恒，而天地万物之情可见矣！

象传：雷风，恒，君子以立不易方。（初六）“浚恒”之“凶”，始求深也。（九二）九二“悔亡”，能久中也。（九三）“不恒其德”，无所容也。（九四）久非其位，安得禽也？（六五）“妇人”贞吉，从一而终也。“夫子”制义，从妇“凶”也。（上九）“振恒”在上，大无功也。

遯

卦辞：遯，亨，小利贞。

爻辞：初六：遯尾，厉。勿用有攸往。六二：执之用黄牛之革，莫之胜说。九三：系遯，有疾，厉。畜臣妾，吉。九四：好遯，君子吉，小人否。九五：嘉遯，贞吉。上九：肥遯，无不利。

彖传：“遯、亨”，遯而亨也。刚当位而应，与时行也。“小利贞”，浸而长也。遯之时义大矣哉！

象传：天下有山，遯。君子以远小人，不恶而严。（初六）“遯尾”之“厉”，不往何灾也？（六二）“执用黄牛”，固志也。（九三）“系遯”之“厉”，“有疾”

惫也。“畜臣妾，吉”，不可大事也。（九四）“君子”“好遯”，“小人否”也。（九五）“嘉遯，贞吉”，以正志也。（上九）“肥遯，无不利”，无所疑也。

大 壮

卦辞：大壮，利贞。

爻辞：初九：壮于趾，征凶，有孚。九二：贞吉。九三：小人用壮，君子用罔，贞厉。九四：羝羊触藩，羸其角。贞吉，悔亡。藩决不羸，壮于大舆之輹。[①]六五：丧羊于易，无悔。上六：羝羊触藩，不能退，不能遂，无攸利，艰则吉。

彖传：大壮，大者壮也。刚以动，故壮。“大壮，利贞”，大者正也。正大，而天地之情可见矣。

象传：雷在天上，大壮。君子以非礼弗履。（初九）“壮于趾”，其“孚”穷也。（九二）九二“贞吉”，以中也。（九三）“小人用壮，君子罔”也。（九四）“藩决不羸”，尚往也。（六五）“丧羊于易”，位不

---

① 九四爻辞“羝羊触藩，羸其角”，今本《周易》属于九三爻辞。高亨《周易古经今注》举三证说明其应属九四爻辞，其说甚详，认为九三爻辞“贞厉”，占断已毕，不应续有文字，此其一；九四“贞吉，悔亡”，即“羝羊触藩，羸其角”的占断，语气一贯，不应分置两爻，此其二；九四“藩决不羸”的“藩”字是承接同一爻辞“羝羊触藩”而言，此其三。

当也。（上六）“不能退，不能遂”，不详也。“艰则吉”，咎不长也。

晋

卦辞：晋：康侯用锡马蕃庶，昼日三接。

爻辞：初六：晋如摧如，贞吉。罔孚，裕，无咎。
六二：晋如愁如，贞吉。受兹介福，于其王母。
六三：众允，悔亡。九四：晋如鼫鼠，贞厉。
六五：悔亡，失得勿恤。往吉，无不利。上九：晋其角，维用伐邑。厉，吉，无咎，贞吝。

彖传：晋，进也。明出地上，顺而丽乎大明，柔进而上行，是以“康侯用锡马蕃庶，昼日三接”也。

象传：明出地上，晋。君子以自昭明德。（初六）“晋如摧如”，独行正也。“裕，无咎”，未受命也。（六二）“受兹介福”，以中正也。（六三）“众允”之志，上行也。（九四）“鼫鼠，贞厉”，位不当也。（六五）“失得勿恤”，往有庆也。（上九）“维用伐邑”，道未光也。

明　夷

卦辞：明夷，利艰贞。

爻辞：初九：明夷于飞，垂其翼。君子于行，三日不食。有攸往，主人有言。六二：明夷，夷于左股，用拯马壮，吉。九三：明夷于南狩，得其大首，不可疾贞。六四：入于左腹，获明夷之心，于出门庭。六五：箕子之明夷，利贞。上六：不明晦，初登于天，后入于地。

彖传：明入地中，明夷。内文明而外柔顺，以蒙大难，文王以之。“利艰贞”，晦其明也。内难而能正其志，箕子以之。

象传：明入地中，明夷。君子以莅众，用晦而明。（初九）“君子于行”，义不食也。（六二）六二之“吉”，顺以则也。（九三）“南狩”之志，乃大得也。（六四）“入于左腹”，获心意也。（六五）“箕子”之“贞”，明不可息也。（上六）“初登于天”，照四国也。“后入于地”，失则也。

家　人

卦辞：家人，利女贞。

爻辞：初九：闲有家，悔亡。六二：无攸遂，在中馈，贞吉。九三：家人嗃嗃，悔厉，吉；妇子嘻嘻，终吝。六四：富家，大吉。九五：王假有家，勿恤，吉。上九：有孚，威如，终吉。

彖传：家人，女正位乎内，男正位乎外，男女正，天地之大义也。家人有严君焉，父母之谓也。父父，子子，兄兄，弟弟，夫夫，妇妇，而家道正；正家而天下定矣。

象传：风自火出，家人。君子以言有物而行有恒。（初九）“闲有家”，志未变也。（六二）六二之“吉”，顺以巽也。（九三）“家人嗃嗃”，未失也。“妇子嘻嘻”，失家节也。（六四）“富家，大吉”，顺在位也。（九五）“王假有家”，交相爱也。（上九）“威如”之“吉”，反身之谓也。

睽

卦辞：睽，小事吉。

爻辞：初九：悔亡。丧马勿逐，自复。见恶人，无咎。九二：遇主于巷，无咎。六三：见舆曳，其牛掣，其人天且劓。无初，有终。九四：睽孤，遇元夫，交孚，厉，无咎。六五：悔亡。厥宗噬肤，往，何咎？上九：睽孤：见豕负涂，载鬼一车；先张之弧，后说之弧；匪寇，婚媾。往，遇雨则吉。

彖传：睽，火动而上，泽动而下，二女同居，其志不同行。说而丽乎明，柔进而上行，得中而应乎刚，是以“小事吉”。天地睽而其事同也，男女睽而其志通也，万物睽而其事类也。睽之时用大矣哉！

象传：上火下泽，睽。君子以同而异。（初九）“见恶人”，以辟“咎”也。（九二）“遇主于巷”，未失道也。（六三）“见舆曳”，位不当也。“无初，有终”，遇刚也。（九四）“交孚”，“无咎”，志行也。（六五）“厥宗噬肤”，往有庆也。（上九）“遇雨”之“吉”，群疑亡也。

蹇

卦辞：蹇，利西南，不利东北。利见大人。贞吉。

爻辞：初六：往蹇，来誉。六二：王臣蹇蹇，匪躬之故。九三：往蹇，来反。六四：往蹇，来连。九五：大蹇，朋来。上六：往蹇，来硕，吉。利见大人。

彖传：蹇，难也，险在前也。见险而能止，知矣哉！“蹇，利西南”，往得中也。“不利东北”，其道穷也。“利见大人”，往有功也。当位贞吉，以正邦也。蹇之时用大矣哉！

象传：山上有水，蹇。君子以反身修德。（初六）“往蹇，来誉”，宜待也。（六二）“王臣蹇蹇”，终无尤也。（九三）“往蹇，来反”，内喜之也。（六四）“往蹇，来连”，当位实也。（九五）“大蹇，朋来”，以中节也。（上六）“往蹇，来硕”，志在内也。“利见大人”，以从贵也。

解

卦辞：解，利西南。无所往，其来复，吉。有攸往，夙吉。

爻辞：初六：无咎。九二：田获三狐，得黄矢，贞吉。六三：负且乘，致寇至，贞吝。九四：解而拇，朋至斯孚。六五：君子维有解，吉。有孚于小人。上六：公用射隼于高墉之上，获之，无不利。

彖传：解，险以动，动而免乎险，解。“解，利西南”，往得众也。“其来复，吉”，乃得中也。“有攸往，夙吉”，往有功也。天地解，而雷雨作；雷雨作，而百果草木皆甲坼。解之时大矣哉！

象传：雷雨作，解。君子以赦过宥罪。（初六）刚柔之际，义“无咎”也。（九二）九二“贞吉”，得中道也。（六三）“负且乘”，亦可丑也。自我致戎，又谁咎也？（九四）“解而拇”，未当位也。（六五）“君子”“有解”，“小人”退也。（上六）“公用射隼”，以解悖也。

损

卦辞：损，有孚，元吉，无咎，可贞，利有攸往。曷之用？二簋可用享。

爻辞：初九：已事遄往，无咎。酌损之。九二：利贞，征凶。弗损，益之。六三：三人行，则损一人；一人行，则得其友。六四：损其疾，使遄有喜，无咎。六五：或益之十朋之龟，弗克违，元吉。上九：弗损，益之，无咎，贞吉，利有攸往，得臣无家。

彖传：损，损下益上，其道上行。损而"有孚，元吉，无咎，可贞，利有攸往。曷之用？二簋可用享"，二簋应有时，损刚益柔有时，损益盈虚，与时偕行。

象传：山下有泽，损。君子以惩忿窒欲。（初九）"已事遄往"，尚合志也。（九二）九二"利贞"，中以为志也。（六三）"一人行"，"三"则疑也。（六四）"损其疾"，亦可喜也。（六五）六五"元吉"，自上祐也。（上九）"弗损，益之"，大得志也。

益

卦辞：益，利有攸往，利涉大川。

爻辞：初九：利用为大作，元吉，无咎。六二：或益之十朋之龟，弗克违，永贞吉。王用享于帝，吉。六三：益之，用凶事，无咎。有孚中行，告公用圭。六四，中行告公从，利用为依迁国。九五：有孚，惠心，勿问，元吉。有孚，惠我德。上九：莫益之，或击之，立心勿恒，凶。

彖传：益，损上益下，民说无疆。自上下下，其道大光。“利有攸往”，中正有庆。“利涉大川”，木道乃行。益动而巽，日进无疆。天施地生，其益无方。凡益之道，与时偕行。

象传：风雷益。君子以见善则迁，有过则改。（初九）“元吉，无咎”，下不厚事也。（六二）“或益之”，自外来也。（六三）“益用凶事”，固有之也。（六四）“告公从”，以益志也。（九五）“有孚，惠心”，“勿问”之矣。“惠我德”，大得志也。（上九）“莫益之”，偏辞也。“或击之”，自外来也。

夬

卦辞：夬，扬于王庭，孚号有厉。告自邑，不利即戎，利有攸往。

爻辞：初九：壮于前趾，往不胜，为咎。九二：惕号，莫夜有戎，勿恤。九三：壮于頄，有凶。君子夬夬独行，遇雨若濡。有愠，无咎。九四：臀无肤，其行次且。牵羊悔亡，闻言不信。九五：苋陆夬夬，中行无咎。上六：“无号”，终有凶。

彖传：夬，决也，刚决柔也。健而说，决而和。“扬于王庭"，柔乘五刚也，"孚号有厉"，其危乃光也。"告自邑，不利即戎"，所尚乃穷也。"利有攸往"，刚长乃终也。

象传：泽上于天，夬。君子以施禄及下，居德则忌。（初九）"不胜"而往，"咎"也。（九二）"有戎，勿恤"，得中道也。（九三）"君子夬夬"，终"无咎"也。（九四）"其行次且"，位不当也。"闻言不信"，聪不明也。（九五）"中行，无咎"，中未光也。（上六）"无号"之凶，终不可长也。

姤

卦辞：姤，女壮，勿用取女。

爻辞：初六：系于金柅，贞吉。有攸往，见凶。羸豕孚蹢躅。九二：包有鱼，无咎，不利宾。九三：臀无肤，其行次且。厉，无大咎。九四：包无鱼，起凶。九五：以杞包瓜，含章，有陨自天。上九：姤其角，吝，无咎。

彖传：姤，遇也，柔遇刚也。"勿用取女"，不可与长也。天地相遇，品物咸章也。刚遇中正，天下大行也。姤之时义大矣哉！

象传：天下有风，姤。后以施命诰四方。（初六）"系于金柅"，柔道牵也。（九二）"包有鱼"，义不及宾也。（九三）“其行次且”，行未牵也。（九四）“无鱼”之凶，远民也。（九五）九五“含章”，中正也。“有陨自天”，志不舍命也。（上九）“姤其角”，上穷“吝”也。

萃

卦辞：萃，亨。王假有庙，利见大人，亨，利贞。用大牲，吉。利有攸往。

爻辞：初六：有孚不终，乃乱乃萃，若号。一握为笑，勿恤，往无咎。六二：引吉，无咎，孚乃利用禴。六三：萃如嗟如，无攸利，往无咎，小吝。九四：大吉，无咎。九五：萃有位，无咎，匪孚。元永贞，悔亡。上六：赍咨涕洟，无咎。

彖传：萃，聚也。顺以说，刚中而应，故聚也。“王假有庙”，致孝享也。“利见大人，亨”，聚以正也。“用大牲，吉，利有攸往”，顺天命也。观其所聚，而天地万物之情可见矣。

象传：泽上于地，萃。君子以除戎器，戒不虞。（初六）“乃乱乃萃”，其志乱也。（六二）“引吉，无咎”，中未变也。（六三）“往无咎”，上巽也。（九四）“大吉，无咎”，位不当也。（九五）“萃有位”，志未光也。（上六）“赍咨涕洟”，未安上也。

升

卦辞：升，元亨。用见大人，勿恤。南征，吉。

爻辞：初六：允升，大吉。九二：孚乃利用禴，无咎。

九三：升虚邑。六四：王用亨于岐山，吉，无咎。

六五：贞吉，升阶。上六：冥升，利于不息之贞。

彖传：柔以时升，巽而顺，刚中而应，是以大亨。“用见大人，勿恤”，有庆也。“南征，吉”，志行也。

象传：地中生木，升。君子以顺德，积小以高大。（初六）“允升，大吉”，上合志也。（九二）九二之“孚”，有喜也。（九三）“升虚邑”，无所疑也。（六四）“王用亨于岐山”，顺事也。（六五）“贞吉，升阶”，大得志也。（上六）“冥升”在上，消不富也。

困

卦辞：困：亨。贞，大人吉，无咎。有言不信。

爻辞：初六：臀困于株木，入于幽谷，三岁不觌。九二：困于酒食，朱绂方来，利用享祀。征凶，无咎。六三：困于石，据于蒺藜，入于其宫，不见其妻，凶。九四：来徐徐，困于金车，吝，有终。九五：劓刖，困于赤绂，乃徐有说，利用祭祀。上六：困于葛藟，于臲卼。曰：动悔，有悔，征吉。

彖传：困，刚揜也。险以说，困而不失其所亨，其唯君子乎！“贞，大人吉”，以刚中也。“有言不信”，尚口乃穷也。

象传：泽无水，困。君子以致命遂志。（初六）“入于幽谷”，幽，不明也。（九二）“困于酒食”，中有庆也。（六三）“据于蒺藜”，乘刚也。“入于其宫，不见其妻”，不祥也。（九四）“来徐徐”，志在下也。虽不当位，有与也。（九五）“劓刖”，志未得也。“乃徐有说”，以中直也。“利用祭祀”，受福也。（上六）“困于葛藟”，未当也。“动悔，有悔”，吉行也。

井

卦辞：井，改邑不改井，无丧无得，往来井井。汔至，亦未繘井，羸其瓶，凶。

爻辞：初六：井泥不食，旧井无禽。九二：井谷射鲋，瓮敝漏。九三：井渫不食，为我心恻。可用汲，王明，并受其福。六四：井甃，无咎。九五：井洌，寒泉，食。上六：井收，勿幕，有孚，元吉。

彖传：巽乎水而上水，井。井养而不穷也。“改邑不改井”，乃以刚中也。“汔至，亦未繘井”，未有功也。“羸其瓶”，是以凶也。

象传：木上有水，井。君子以劳民劝相。（初六）“井泥不食”，下也。“旧井无禽”，时舍也。（九二）“井谷射鲋”，无与也。（九三）井渫不食，行“恻”也。求“王明”，受“福”也。（六四）“井甃，无咎”，修井也。（九五）“寒泉”之“食”，中正也。（上六）“元吉”在上，大成也。

革

卦辞：革，己日乃孚，元亨，利贞，悔亡。

爻辞：初九：巩用黄牛之革。六二：己日乃革之，征吉，无咎。九三：征凶，贞厉。革言三就，有孚。九四：悔亡，有孚，改命，吉。九五：大人虎变，未占有孚。上六：君子豹变，小人革面。征凶，居贞吉。

彖传：革，水火相息，二女同居，其志不相得，曰革。“己日乃孚”，革而信之。文明以说，大“亨”以正。革而当，其“悔”乃“亡”。天地革而四时成。汤武革命，顺乎天而应乎人。革之时大矣哉！

象传：泽中有火，革。君子以治历明时。（初九）“巩用黄牛”，不可以有为也。（六二）“己日”“革之”，行有嘉也。（九三）“革言三就”，又何之矣！（九四）“改命”之“吉”，信志也。（九五）“大人虎变”，其文炳也。（上六）“君子豹变”，其文蔚也。“小人革面”，顺以从君也。

鼎

卦辞：鼎，元吉，亨。

爻辞：初六：鼎颠趾，利出否，得妾以其子，无咎。九二：鼎有实，我仇有疾，不我能即，吉。九三：鼎耳革，其行塞，雉膏不食。方雨亏悔，终吉。九四：鼎折足，覆公餗，其形渥，凶。六五：鼎黄耳，金铉，利贞。上九：鼎玉铉，大吉，无不利。

彖传：鼎，象也。以木巽火，亨饪也。圣人亨以享上帝，而大亨以养圣贤。巽而耳目聪明，柔进而上行，得中而应乎刚，是以“元亨”。

象传：木上有火，鼎。君子以正位凝命。（初六）“鼎颠趾”，未悖也。“利出否”，以从贵也。（九二）“鼎有实”，慎所之也。“我仇有疾”，终无尤也。（九三）“鼎耳革”，失其义也。（九四）“覆公餗”，信如何也！（六五）“鼎黄耳”，中以为实也。（上九）“玉铉”在上，刚柔节也。

震

卦辞：震，亨。震来虩虩，笑言哑哑。震惊百里，不丧匕鬯。

爻辞：初九：震来虩虩，后笑言哑哑，吉。六二：震来，厉，亿丧贝。跻于九陵，勿逐，七日得。六三：震苏苏，震行无眚。九四：震遂泥。六五：震往来，厉，亿无丧有事。上六：震索索，视矍矍，征凶。震不于其躬，于其邻，无咎。婚媾有言。

彖传：震，亨。"震来虩虩"，恐致福也。"笑言哑哑"，后有则也。"震惊百里"，惊远而惧迩也。出，可以守宗庙社稷，以为祭主也。

象传：洊雷，震。君子以恐惧修省。（初九）"震来虩虩"，恐致福也。"笑言哑哑"，后有则也。（六二）"震来厉"，乘刚也。（六三）"震苏苏"，位不当也。（九四）"震遂泥"，未光也。（六五）"震往来厉"，危行也。其事在中，大，"无丧"也。（上六）"震索索"，中未得也。虽凶"无咎"，畏邻戒也。

艮

卦辞：艮其背，不获其身；行其庭，不见其人，无咎。

爻辞：初六：艮其趾，无咎，利永贞。六二：艮其腓，不拯其随，其心不快。九三：艮其限，列其夤，厉薰心。六四：艮其身，无咎。六五：艮其辅，言有序，悔亡。上九：敦艮，吉。

象传：艮，止也。时止则止，时行则行，动静不失其时，其道光明。艮其止，止其所也。上下敌应，不相与也。是以“不获其身，行其庭，不见其人，无咎”也。

象传：兼山，艮。君子以思不出其位。（初六）“艮其趾”，未失正也。（六二）“不拯其随”，未退听也。（九三）“艮其限”，危“薰心”也。（六四）“艮其身”，止诸躬也。（六五）“艮其辅”，以中正也。（上九）“敦艮”之“吉”，以厚终也。

渐

卦辞：渐，女归，吉，利贞。

爻辞：初六：鸿渐于干。小子厉，有言，无咎。六二：鸿渐于磐。饮食衎衎，吉。九三：鸿渐于陆。夫征不复，妇孕不育，凶。利御寇。六四：鸿渐于木。或得其桷，无咎。九五：鸿渐于陵。妇三岁不孕，终莫之胜，吉。上九：鸿渐于陆。其羽可用为仪，吉。

象传：渐，之进也，“女归，吉”也。进得位，往有功也。进以正，可以正邦也。其位，刚得中也。止而巽，动不穷也。

象传：山上有木，渐。君子以居贤德善俗。（初六）“小子”之“厉”，义“无咎”也。（六二）“饮食衎衎”，不素饱也。（九三）“夫征不复”，离群丑也。“妇孕不育”，失其道也。利用“御寇”，顺相保也。（六四）“或得其桷”，顺以巽也。（九五）“终莫之胜，吉”，得所愿也。（上九）“其羽可用为仪，吉”，不可乱也。

归　妹

卦辞：归妹，征凶，无攸利。

爻辞：初九：归妹以娣，跛能履，征吉。九二：眇能视，利幽人之贞。六三：归妹以须，反归以娣。九四：归妹愆期，迟归，有时。六五：帝乙归妹，其君之袂，不如其娣之袂良。月几望，吉。上六：女承筐无实，士刲羊无血，无攸利。

彖传：归妹，天地之大义也。天地不交，而万物不兴。归妹，人之终始也。说以动，所归，妹也。“征凶”，位不当也。“无攸利”，柔乘刚也。

象传：泽上有雷，归妹。君子以永终知敝。（初九）“归妹以娣”，以恒也。“跛能履”，吉相承也。（九二）“利幽人之贞”，未变常也。（六三）“归妹以须”，未当也。（九四）“愆期”之志，有待而行也。（六五）“帝乙归妹”，“不如其娣之袂良”也。其位在中，以贵行也。（上六）上六“无实”，“承”虚“筐”也。

丰

卦辞：丰，亨，王假之。勿忧，宜日中。

爻辞：初九：遇其配主，虽旬无咎，往有尚。六二：丰其蔀，日中见斗。往得疑疾，有孚发若，吉。九三：丰其沛，日中见沬。折其右肱，无咎。九四：丰其蔀，日中见斗。遇其夷主，吉。六五：来章，有庆誉，吉。上六：丰其屋，蔀其家，阚其户，阒其无人，三岁不觌，凶。

彖传：丰，大也。明以动，故丰。“王假之”，尚大也。“勿忧，宜日中”，宜照天下也。日中则昃，月盈则食，天地盈虚，与时消息，而况于人乎？况于鬼神乎？

象传：雷电皆至，丰。君子以折狱致刑。（初九）“虽旬无咎”，过旬灾也。（六二）“有孚发若”，信以发志也。（九三）“丰其沛”，不可大事也。“折其右肱”，终不可用也。（九四）“丰其蔀”，位不当也。“日中见斗”，幽不明也。“遇其夷主”，吉行也。（六五）六五之“吉”，“有庆”也。（上六）“丰其屋”，天际翔也。“阚其户，阒其无人”，自藏也。

旅

卦辞：旅，小亨，旅贞吉。

爻辞：初六：旅琐琐，斯其所取灾。六二：旅即次，怀其资，得童仆贞。九三：旅焚其次，丧其童仆贞，厉。九四：旅于处，得其资斧，我心不快。六五：射雉一矢，亡，终以誉命。上九：鸟焚其巢，旅人先笑后号咷。丧牛于易，凶。

彖传："旅，小亨"，柔得中乎外而顺乎刚，止而丽乎明，是以"小亨，旅贞吉"也。旅之时义大矣哉！

象传：山上有火，旅。君子以明慎用刑，而不留狱。（初六）"旅琐琐"，志穷"灾"也。（六二）"得童仆贞"，终无尤也。（九三）"旅焚其次"，亦以伤矣。以旅与下，其义丧也。（九四）"旅于处"，未得位也。"得其资斧"，"心"未"快"也。（六五）"终以誉命"，上逮也。（上九）以旅在上，其义"焚"也。"丧牛于易"，终莫之闻也。

巽

卦辞：巽，小亨。利有攸往。利见大人。

爻辞：初六：进退，利武人之贞。九二：巽在床下，用史巫，纷若吉，无咎。九三：频巽，吝。六四：悔亡。

田获三品。九五：贞吉，悔亡，无不利，无初有终。先庚三日，后庚三日，吉。上九：巽在床下，丧其资斧，贞凶。

彖传：重巽以申命，刚巽乎中正而志行，柔皆顺乎刚，是以“小亨，利有攸往，利见大人”。

象传：随风，巽。君子以申命行事。（初六）“进退”，志疑也。“利武人之贞”，志治也。（九二）“纷若”之“吉”，得中也。（九三）“频巽”之“吝”，志穷也。（六四）“田获三品”，有功也。（九五）九五之“吉”，位正中也。（上九）“巽在床下”，上穷也。“丧其资斧”，正乎“凶”也。

兑

卦辞：兑，亨，利贞。

爻辞：初九：和兑，吉。九二：孚兑，吉，悔亡。六三：来兑，凶。九四：商兑未宁，介疾有喜。九五：“孚于剥”，有厉。上六：引兑。

彖传：兑，说也。刚中而柔外，说以“利贞”，是以顺乎天而应乎人。说以先民，民忘其劳；说以犯难，民忘其死。说之大，民劝矣哉！

象传：丽泽，兑。君子以朋友讲习。（初九）“和兑”之“吉”，行未疑也。（九二）“孚兑”之“吉”，信志也。（六三）“来兑”之“凶”，位不当也。（九四）九四之“喜”，有庆也。（九五）“孚于剥”，位正当也。（上六）上六“引兑”，未光也。

涣

卦辞：涣，亨。王假有庙，利涉大川，利贞。

爻辞：初六：用拯马壮，吉。九二，涣奔其机，悔亡。六三：涣其躬，无悔。六四：涣其群，元吉。涣有丘，匪夷所思。九五：涣汗其（其汗），大号。涣王居，无咎。上九：涣其血，去逖出，无咎。

彖传：“涣，亨”，刚来而不穷，柔得位乎外而上同。“王假有庙”，王乃在中也。“利涉大川”，乘木有功也。

象传：风行水上，涣。先王以享于帝，立庙。（初六）初六之“吉”，顺也。（九二）“涣奔其机”，得愿也。（六三）“涣其躬”，志在外也。（六四）“涣其群，元吉”，光大也。（九五）“王居，无咎”，正位也。（上九）“涣其血”，远害也。

节

卦辞：节，亨。苦节，不可贞。

爻辞：初九：不出户庭，无咎。九二：不出门庭，凶。六三：不节若，则嗟若，无咎。六四：安节，亨。

九五：甘节，吉，往有尚。上六：苦节，贞凶，悔亡。

彖传："节，亨"，刚柔分而刚得中。"苦节不可贞"，其道穷也。说以行险，当位以节，中正以通。天地节而四时成，节以制度，不伤财，不害民。

象传：泽上有水，节。君子以制数度，议德行。（初九）"不出户庭"，知通塞也。（九二）"不出门庭，凶"，失时极也。（六三）"不节"之"嗟"，又谁"咎"也？（六四）"安节"之"亨"，承上道也。（九五）"甘节"之"吉"，居位中也。（上六）"苦节，贞凶"，其道穷也。

中　孚

卦辞：中孚，豚鱼吉。利涉大川，利贞。

爻辞：初九：虞吉，有它不燕。九二：鹤鸣在阴，其子和之。我有好爵，吾与尔靡之。六三：得敌，或鼓，或罢，或泣，或歌。六四：月几望，马匹亡，无咎。九五：有孚挛如，无咎。上九：翰音登于天，贞凶。

彖传：中孚，柔在内而刚得中，说而巽，孚，乃化邦也。"豚鱼吉"，信及豚鱼也。"利涉大川"，乘木舟虚也。中孚以"利贞"，乃应乎天也。

象传：泽上有风，中孚。君子以议狱缓死。（初九）初九“虞吉”，志未变也。（九二）“其子和之”，中心愿也。（六三）“或鼓，或罢”，位不当也。（六四）“马匹亡”，绝类上也。（九五）“有孚挛如”，位正当也。（上九）“翰音登于天”，何可长也？

小　过

卦辞：小过，亨，利贞。可小事，不可大事。飞鸟遗之音，不宜上，宜下，大吉。

爻辞：初六：飞鸟以凶。六二：过其祖，遇其妣；不及其君，遇其臣，无咎。九三：弗过防之，从或戕之，凶。九四：无咎，弗过，遇之。往厉，必戒，勿用永贞。六五：密云不雨，自我西郊。公弋取彼在穴。上六：弗遇，过之，飞鸟离之，凶。是谓灾眚。

彖传：小过，小者过而亨也。过以“利贞”，与时行也。柔得中，是以“小事”吉也。刚失位而不中，是以“不可大事”也。有“飞鸟”之象焉。“飞鸟遗之音，不宜上，宜下，大吉”，上逆而下顺也。

象传：山上有雷，小过。君子以行过乎恭，丧过乎哀，用过乎俭。（初六）“飞鸟以凶”，不可如何也。（六二）“不及其君”，臣不可过也。（九三）“从或戕之”，“凶”如何也。（九四）“弗过，遇之”，位不当也。“往厉，必戒”，终不可长也。（六五）“密云不雨”，已上也。（上六）“弗遇，过之”，已亢也。

既　济

卦辞：既济：亨小，利贞。初吉，终乱。

爻辞：初九：曳其轮，濡其尾，无咎。六二：妇丧其茀，勿逐，七日得。九三：高宗伐鬼方，三年克之，小人勿用。六四：繻有衣袽，终日戒。九五：东邻杀牛，不如西邻之禴祭，实受其福。上六：濡其首，厉。

象传：“既济，亨”，小者亨也。“利贞”，刚柔正而位当也。“初吉”，柔得中也。“终”止则“乱”，其道穷也。

象传：水在火上，既济。君子以思患而豫防之。（初九）“曳其轮”，义“无咎”也。（六二）“七日得”，以中道也。（九三）“三年克之”，惫也。（六四）“终日戒”，有所疑也。（九五）“东邻杀牛”，不如西邻之时也。“实受其福”，吉大来也。（上六）“濡其首，厉”，何可久也？

未　济

卦辞：未济：亨。小狐汔济，濡其尾，无攸利。

爻辞：初六：濡其尾，吝。九二：曳其轮，贞吉。六三：未济，征凶。利涉大川。九四：贞吉，悔亡。震用伐鬼方，三年有赏于大邦。[①]六五：贞吉，无悔。君子之光，有孚，吉。上九：有孚于饮酒，无咎。濡其首，有孚失是。

彖传："未济，亨"，柔得中也。"小狐汔济"，未出中也。"濡其尾，无攸利"，不续终也。虽不当位，刚柔应也。

象传：火在水上，未济。君子以慎辨物居方。（初六）"濡其尾"，亦不知极也。（九二）九二"贞吉"，中以行正也。（六三）"未济，征凶"，位不当也。（九四）"贞吉，悔亡"，志行也。（六五）"君子之光"，其晖"吉"也。（上九）"饮酒濡首"，亦不知节也。

① "大邦"，今本《周易》作"大国"，因汉儒避高祖名讳而改字。《周易集解》引虞翻本即作"邦"。"邦"字与上句"方"字叶韵。